PHARMACEUTICAL MARKETING DECODED

OTC Strategies for the Digital Age

药界营销密码

数字时代OTC的出路

王泓涛　著

系统方法　×　痛点解决　×　数字转型

复旦大學出版社

前言
FOREWORD

自从 2019 年出版了《医药系统营销之道》以来，医药市场不断地发生着变化，新冠疫情的暴发、医药集中采购试点扩大、行业监管趋严、互联网医疗的发展、医保支付方式改革等，都在不断影响着行业发展。随着社会消费结构的改变，医药零售行业已经进入"寒冬"。医药产业在 2024 年普遍业绩下滑，显然市场从"增量时代"经过"存量时代"已经进入"缩量时代"。作为医药人我们必须思考未来市场的脉络和应对策略。越是经营艰难越要夯实基础，越是市场不振越要不断完善管理体系，越是经济"寒冬"越要谋划好对未来的布局。

本书以数字化时代的视角，围绕着当前非处方药市场，为医药企业未来发展之路建立系统、理清思路、研究方法、选择模式、量化管理。本书以我多年在医药行业的实操经验总结出的"系统管理法"为出发点，针对医药 OTC 营销管理的痛点进行自我诊断并试图帮助企业找到最佳的营销解决方案。

近些年随着"双通道"① 和"四同政策"② 的落地，很多以处方药销

---

① "双通道"政策旨在确保国家医保谈判药品顺利落地，更好地满足广大参保患者合理的用药需求。政策明确了"双通道"的定义、纳入品种标准、零售药店遴选程序及支付原则等，为零售药房带来实质性利好。

② "四同政策"是指针对通用名、厂牌、剂型、规格均相同的药品（"四同药品"）实施的价格治理政策。这一政策的主要目的是促进药品价格在省际间的公平诚信和透明均衡，消除不公平高价和歧视性高价，维护患者群众的合法权益。

售为主的企业开始向零售市场布局。处方药转战零售市场的过程中，许多企业走了不少弯路，本书也将针对不同类别的处方产品进行零售布局提出建设性意见。

本书适合医药 OTC 营销各层次人员阅读，无论是企业管理者，还是医药行业从业者。希望帮助大家从市场思考的角度去解决问题，而不提倡拿来主义的刻板套用。建议读者用系统性的营销思维来思考市场的布局和营销战略。本书从零售现状解析到营销模式设计，从品牌建设到 OTC 线上、线下销售的逻辑都做了大量的表述，并对渠道管理和促销设计也有一些经验分享。由于日常工作繁忙且业余写作时间比较紧张，文辞之间难免有疏漏之处。谨愿读者能在本书中发现自己想要的方法论，更能找到对日常工作有益的工具箱。正所谓"笔耕处愿能妙笔生花，品读页但看仁者精华"。

目录
CONTENTS

第一章

医药营销的未来

医药营销这个看似很大众但属于特定渠道的标准化产品的营销活动，近些年在国内做得风生水起。药品不同于快消品，它是标准化产品，无论从工业、商业还是零售终端，还是医院终端都受到国家政策的较大影响，于是医药营销战术上也会有相应的"天花板"。正因为医药营销的渠道比较窄，营销手段相对单一，产品同质化又相对严重，故药品的营销压力空前巨大。加之近几年由于行业政策的密集出台，规范性制度层出不穷，这也对医药行业的发展带来了巨大影响。对于药品生产工业来讲，未来几年亦将步入关键发展时期，而一些理念落后、思维落后和质量标准差的企业必将面临市场的淘汰。说起医药营销的本质问题，其实推广的逻辑一直没有变化，即医生、药师推荐再加上品牌营销，但不同的管理能力和市场运作策略导致了不同企业的营销面临着不同的境遇：有的企业在红海中崛起，有的企业却奄奄一息。差异在哪里？我们面临的行业环境应该用什么样的方法来应对呢？我想这是很多从业人员感到困惑的问题。医药 OTC营销的未来不是一个方法、一套理论、一个产品就能成就企业的，随着信息化程度越来越高，医药营销的发展也日新月异，未来的营销一定是要建立在一个系统之上，搭建一个平台，导入适应市场的模式，调动一个凝聚力强的团队，聚焦一个品类才有成功的可能，因此，我们需要用系统的思维方式来思考医药营销的未来。

第一节　传统营销演变及新营销时代

随着医药行业的不断发展，国内医药产品的同质化竞争日趋严重，相同成分、相同作用的产品在市场上进行着激烈的"肉搏战"。过去我们采取的"渠道＋分销"或"渠道＋终端"的模式开始缓慢下沉，基层市场逐步崛起，"控销"模式应运而生，很多企业便采取了合作制或合伙制运作。对此，我们深入思考和研究本质就会发现，营销的原理并没有发生变化，营销的管理方式和渠道却发生了改变。例如，网上营销和O2O即时零售等新的形式出现，导致销售出口和管理方式发生了相应的改变。需要注意的是，管理方式决定着企业的效率，这让一些企业必须高度重视营销管理方式的转变，只有不断优化管理方法，才能促进市场的开拓。近几年，OTC的营销模式转变得相对较快，加上信息化的应用，衍生出非常多的新手段和新方法：有通过在线培训达到推广目标的；有通过远程医疗来带动销售的；有通过社区康复来进行健康管理的。各种各样的互联网应用工具层出不穷，有的是为企业营销服务的，有的是为内部员工管理服务的，这些工具的产生无不折射出企业对营销管理的强烈需求。

随着经济水平的大幅提高和需求的增加，以及新生代基层员工群体的出现，90后甚至00后已经开始加入营销队伍，这一代人的自我价值实现意识和开放自由的心态，也决定着未来营销管理的方式要有变化，因此我们在市场上能够看到越来越多的企业基层业务人员已经成为"伪员工"。这个词是笔者在几年前医药行业的论坛上提出来的，当时提出来是讨论如何解决"伪员工"的管理问题，提出后便有非常多的争论。那么，我来解释一下什么是"伪员工"？"伪员工"主要是指一些基层销售管理人员或基层业务人员，他们同时拿着两家以上公司薪水，或者拿着本公司薪水的同时还在做其他产品。经过笔者亲自到终端走访调研发现，这些掌握着终端资源的基层员工只要有精力，绝对不会仅仅做一个企业的产品，更有能力的员工干脆在本地区做了老板。当然，这是行业发展和社会发展的产物。经过调查发现，外企和大型国企的"伪员工"相对较少，分别为23%和34.5%左右，而民营企业和中小企业居多，分别为47%和63%，这组数字是根据全国20多个地区上百份沟通问询得出的，也许不完全准确，但是大体的数字上已经足够证明，现有市场上企业对终端资源的争夺已经达到白热化的程度。由于"伪员工"对于企业来讲其自身有很强的隐蔽性，因此企业主要是通过过程管理来进行约束。这些掌握着大量终端资源的基层员工，一旦有了自己的终端资本后，便不再愿意受原有企业的管理约束。这从中也折射出，国内中小型民营企业的文化管理和系统管理让员工的归属感不强；而大型国企有良好的福利和稳定性，外企有良好的员工培养计划和激励管理系统，从而让员工变得相对稳定，这都是我们很多国内私企需要认真思考的问题。"伪员工"的主要目的是紧紧围绕着自己的经济利益展开的，一旦在企业中大面积出现，就会给很多企业的营销管理、品牌建设，甚至是企业发展等方面带来新的挑战。这时候企业就需要重构一套合作管理体系来面向未来的挑战。据此，新营销模式需要适应现代市场的发展规律，既然一家企业无法满足员工的全部需求，那么新的营销模式设计就需要充分考虑其中的各种因素，为大家搭建一个可持续发展的平台。

随着医药行业从工业到终端市场的大环境不断发生变化，"平台化"营销模式将成为企业发展的重要基础，如果企业还抱着"控制、强压"式的管理思维，必将被社会所淘汰，未来属于平台共享的时代，企业服务客户的理念要真抓落实，要将员工视为合作伙伴，建立支持和服务体系，进行市场督导联合体，从而形成平台化运作模式。未来创新也一定是平台之间的竞争。

第二节 "前终端"管理的大趋势

目前医药行业终端的构成，普遍认为第一终端为医院；第二终端为药房；第三终端一般是指社区诊所、乡镇卫生院等；第四终端为网上商城。但是从目前市场状况来讲，"第三终端"的概念显然有些不合时宜，也许用基层终端来描述会更具体一些。这里先不讨论第几终端的问题，而是通过行业发展和市场营销模式的演进，来对未来终端的营销做一个趋势性分析。

那什么是"前终端"呢？"前终端"的概念是笔者在 2015 年的一次行业论坛上第一次提出来的。从行业的整体发展趋势来看，从"饱和广告＋

产品"的时代到后来发展到渠道驱动的广泛分销的时代，在广泛分销时代，商业物流体系开始发达，因此也成就了像九州通这样的企业。然后就是全终端拓展时代的来临，从"渠道制胜"开始向"终端为王"转变。市场的规律是谁离终端越近谁就是赢家，因此也成就了一大批以"控销"① 为主要模式的企业。由于渠道和终端可控，因此价格也可控，价格稳定后每一个层级的利润就能够保障，所以 2015 年以后"控销"的概念开始在医药工业流行，但每个企业"控销"的具体方式方法都有一定的差别，以终端"控销"为主的企业实际上是通过这种模式直接打通了企业与终端的链接，然而，企业在应用这种模式操作市场的时候，往往需要具备一定的条件：第一，要有合适的产品群，通常有 15—30 个产品；第二，有较高的毛利空间；第三，有一定的品牌基础；第四，有一定的资源或者是销售网络。销售网络又分为两种：一种是自己建立销售体系，另一种是合作共建销售资源。

销售终端一直是厂家的必争之地，然而随着老龄化社会的来临以及传播碎片化时代的到来，仅仅在终端以坐等的态度面对营销显然是被动消极的，因此"前终端"管理即将粉墨登场。所谓"前终端"管理，就是利用相应的模式增加顾客对产品的认知和黏性，从而间接影响终端动销的行为。"前终端"管理和过去的广告营销是有区别的，"前终端"主要针对慢病人群，如通过健康教育、健康管理、AI 数据化设备应用、康复管理、在线问药问诊、社区教育等公域或私域手段进行的以"服务＋工具＋产品"的方式进行动销活动。在这个过程中，销售产品往往并不是直接的目的，在大健康发展的过程中，以社区为主的"医、养、康、教"活动一旦产生顾客黏性和建立起顾客互信机制，那么产品的推广也一定会成为动销的另一个重要渠道。随着社区发展以及百姓对健康需求的增加，"前终端"管理也会成为医药传播推广的重要阵地和发力板块。

---

① 控销是指对货物渠道和终端进行严格管控的销售方式，一般会规定出货价格、规定销售方向、规定销售数量等管理措施。

第三节 后品牌时代的品类品牌化

品牌是一个古老的话题。"品牌"这个词来源于古斯堪的纳维亚语"brandr"，有"燃烧"的意思，指将印章烙印到产品上，早在 1 200 年前，意大利就利用水印在纸上做品牌了。今天，品牌的价值不断地在各个行业间显示出巨大的市场威力，它是一个复杂性的话题，形成一个品牌需要有系统性、科学性、有效性的管理规划。

首先，品牌是企业的战略。是否做品牌与如何做品牌应该是企业战略的一个重要组成部分，如果说产品是根，质量是核心，那么品牌就是产品的灵魂，一个有了灵魂的产品一定拥有很多信仰它的客户。一个产品获得从满意度到美誉度再到知名度要经历一个缓慢的过程，因此再成为名牌和品牌就更加不容易。经过初步调查，目前能称得上品牌的企业，其经营时间大多在 15 年以上，可见时间的积淀在品牌形成的过程中很重要。很多企业都想成为百年企业，通过审视历史的兴衰更替，我们回顾那些历经沧桑的百年企业，发现真正能够传承下来的只有品牌，它或许是一个人的名字，或许是一个标志性的符号，或许是一种文化标签。因此，我们可以充分地通过市场论证得出，品牌一定是产品市场化的终极目标。

其次，医药行业经过轮回变迁，尤其在当今竞争激烈的市场上，品牌的价值成为稀缺资源。每一个企业通过什么样的方式来展现，这就是笔者要讲的品牌的支点，过去伞状结构的品牌搭建方式在信息化和个性化的时代已经开始显得不合时宜，那么围绕着当今的市场环境，我们应该如何塑造药品品牌、打造品牌概念，从而提升医药产品生存能力呢？

由于医药工业是标准产品的生产企业，显然不同于五花八门的快速消费品行业。笔者在 2010 年提出，未来医药行业的品牌一定向品类品牌化发展，在传播受限、渠道受限的前提下想做品牌，一定要专注于某一品类产品，做到专业和极致才有可能形成品牌效应。为此，笔者通过多年经验，专门总结了"OTC 品类品牌七步法则"，并简要叙述与读者分享。

一、品类总分法则

当前，媒体碎片化时代的品牌打造可谓难上加难，那么在品类品牌化的时代，品类管理一定会成为"后品牌时代"企业的竞争集中点。市场上从来不缺同类的产品，从不同的品类当中进行汇总再进行专业细分就是品类总分法则，笔者主张将产品品类进行细分到不能再分，形成品类中的聚焦产品，随后对这些经过细分的产品进行深入的调研和测试。不同品类的管理在企业中所需要配备的资源是不同的，如心脑血管疾病和补益类产品所配备的资源就完全不同。在医药行业中，品类品牌化就是高度专业化。因此，在品牌化过程中，我们要先占位再定位，占是占品类，定是定市场。

二、趋势调研法则

有了品类总分之后需要测试产品在市场上的适应性，这首先需要对消费者用药习惯进行详尽的研究，同时要对社会消费趋势和产品转换趋势高度敏感，可以通过区域调研法和广众调研方式相结合、封闭问卷和开放问卷相结合的思路进行深入的市场研究。调研并不像传说中那么复杂，通过客户走访、消费者沟通等手段就能获得非常有价值的信息。调研过后，对于不适合市场发展的产品暂行搁置，对于有发展机会的品类，就要对产品的每一个细节进行持续的打磨和优化，同时开始设计产品运营计划。

三、模式设定法则

选定了产品之后就需要按照"以产品定模式，以模式导流程，以流程立制度"的基本顺序来进行营销和市场体系设计工作。每一种产品品类的品性差异决定了其运营方式的差别，因此营销模式的设计即成为整个营销工作的核心，模式的好与坏会直接决定市场运营的成败，因而模式的顶层设计至关重要。医药行业的业务模式设计可以参照"系统管理工具"一章的内容进行思考。

四、差别测试法则

差别测试是指不同品类或相同品类在不同层次、地域市场的测试方法，这是选择产品渠道之前必须做的一件重要工作。只有分产品、分地区、分层次进行试点，才能有机会进行全面复制和全面推广，盲目铺开就如赌场赌博，断不可取。由于国内市场地区性差异较大，南北用药习惯也有很大的差别，因此不同市场的测试工作将对公司产品未来的市场战略产生深远影响。建议一个品类要在 2—5 个市场进行测试，将可复制的共性找出，去除差别市场的特殊性问题，在重新梳理流程和管理制度后，测试问题可暂告一段落。

五、定向渠道法则

在品类投放的初期，建议采取 1—2 个重点定向渠道，不要多个渠道开花，集中度不高并且耗费人力物力。一旦销售在相应的渠道稳定下来，便可以再向其他渠道拓展。定向渠道可以保证产品在销售过程中的竞争力，如果能在特定渠道中做到排他性销售，这将成为产品品牌飞跃的一个高速通道。

六、集中传播法则

品类的传播是一项要求很高的工作，有时需要专业机构的参与，尤其在策划品类传播投放的初期，产品的诉求和表现手法非常重要。**同时，需要保证传播中的三个集中：一是人群集中；二是诉求集中；三是投放强度集中。这是产品提高知名度非常有效的手段。**当今传统媒体碎片化严重，但集合度高的媒体依然有着不可替代的作用，如前些年的《中国好声音》《爸爸去哪儿》等节目。由于 OTC 产品可以通过大众媒体传播，但处方药只能靠医师或药师推荐，因此在推广传播途径狭窄的情况下，只能聚焦不同的板块或特定层次进行传播。目前，抖音、快手中的医生、网红也成了许多公司争相获取的资源。药品毕竟是特殊产品，医生的背书非常重要，目前在专业媒体上（如宝宝树、糖豆、好大夫在线、春雨医生等平台）的医生资源也是重要的产品传播途径。

七、助销联推法则

助销联推就是在渠道稳定、战略清晰的基础上，由"地面部队"进行终端拉动和顾客教育活动。无论你采取的是代理制度还是自建队伍制度，都应该以产品的渗透教育为基本工作。当前的市场消费是教育出来的，无论是线上广告还是线下推广，教育成本都在逐年提高，那么，我们如果聚焦到一个品类，进行系统化、科学化的传播还是会获得非常好的效果。**因此，一个企业能够创造产品仅仅是基础，能否创造市场才是企业发展的核心要素。**

最后，品类品牌的打造绝不仅仅是一个单一或孤立的市场策略就能够解决的问题，它是一系列市场管理与科学规划在一起的营销行为。品类品牌的打造将成为未来企业竞争的基础，企业从产品组合到优势品类，再到大单品带动产品群是一个交互更替的过程，但这一切都起源于消费者对产品的认知和企业对市场发展脉搏的把握。

第四节　新时期医药营销创新模式的逻辑

谈起医药行业的营销创新模式，实际上并不是一个新的话题。随着国家医疗改革的推进等政策的落地，医药行业各种营销改革的话题不断，而说到改革的本质，无非就是如何让自己的销售组织更加接近现实的市场逻辑而已。

医药行业中有很多过去做得优秀的企业，有在处方模式销售上比较好的扬子江、恒瑞、济民可信、步长等企业，有在 OTC 销售上比较突出的华润三九、修正、云南白药等企业，但未来的企业是否还能够像过去一样高速发展？这是一个值得思考的问题。当医药营销之路日渐崎岖，当行业政策越来越多地改变营销环境的时候，未来，我们如何把握？当过去的经验已经失灵，当营销的渠道开始步入碎片化时代，我们过去的组织模式已经不能适应新时期的营销环境的时候，模式创新再一次被推上了风口浪尖。如何进行模式创新？什么样的模式又是对未来有预见的模式呢？从行业现状来看，今天的创新对于多数企业来讲基本属于被动的，只有少数企业是适应时代发展并一直不断地进行自我蜕变、自我创新发展的。

从经验上来谈，企业的创新往往是从上到下的"一把手"工程，很多企业由于过去的成功，从高层管理人员到中层的管理干部还停留在过去的成功经验当中。企业的发展是内部"生态环境"管理的一个过程，其中最主要的是针对市场情况进行不断的机制变革，让自身的"生态环境"适应整个行业或社会大的生态环境。从医药行业 2020 年以后的整体行业环境来看，新冠疫情的暴发，无疑给未来医药行业营销的发展带来空前的挑战，那么后疫情时代的 OTC 渠道竞争将会更加激烈。从《"十四五"中医药发展规划》的发布来看，未来 OTC 中成药的空间会得到很大的提升，无论是从研发基础、品类选择，还是营销模式的搭建方面，都会给企业发展带来巨大的考验。在这一新环境下，我们认为创新的基础应该遵循以下几个方面。

一、创新的不是方法而是思维

提到方法论，只要是做过营销管理工作的都不陌生，医药行业不同于快消行业，销售渠道和终端非常有局限性，因此在销售管理的过程当中，实际的动销工作强度并不大。为了研究有效的营销手段和方法，笔者在 2017 年就开始关注快消、微商营销、直播带货和专业化营销等业态的发展，并进入不同的体系进行深度调研。我们发现，在医药行业 OTC 终端的操作上，往往是"促销过度而管理不足"，这使很多企业陷入了"促销依赖症"的困境当中。即便如此，医药的销售对比于快消等其他行业的终端工作来讲，终端的管理强度仍然相差很多。换言之，医药营销行业以往的好日子太多了，致使大家在遇到环境变化的同时感到了很多的不适应。

每年都有人喊"狼来了"，每年都在议论改革步入"深水区"等话题，无形中这类话题不断地在行业各种大小论坛中被推到前台。如果大家在其他行业的营销领域体验过则会对营销有一个共同的认识，那就是比较艰难，其实不难的话就不是营销。做销售需要不断地挑战新的目标，勇于承担企业的业绩压力。我们再回过来看医药行业，鉴于医药行业中的普通顾客对用药知识的匮乏，以及在销售过程中对医师、药师的依赖程度较高，再加上销售人员对药品的购买建议的影响，我们可以看到，越是基层市场购买建议的影响就越大。因此，医药行业的营销便有了自己独特的营销方式和方法。这种方法是以医院医生处方（强制推广）和药店推荐（专业建议）为主，尤其是院内销售的方式，药品在推荐过程中往往带着一些利益驱动，这也是我们国家在医疗改革中所重点关注的地方。那么以权威医生的身份对患者人群进行产品推广，本身就不是真正的市场化营销，由此我们可以导出一个概念，对于角色不平等的群体进行产品推荐的活动是非暴力强制性购买行为，而绝不是真正意义上的市场化营销。随着医疗改革的实行，医疗体系对医保目录产品实行的是零加价销售，大大降低了药品的价格，同时也大幅度削减了病人购药的比例，但某些医院的过度检测却大幅度提高，用来弥补病患人员客单价。我们再看看OTC产品的销售，这类产品是相对市场化销售的，但药品毕竟不同于快消品，药品是有一定副作用的，而非食品，所以纯粹以快消的方式进行推广活动也一定不是药品销售的本质。事实证明，以纯粹的利益驱动进行的销售方式，对于顾客和产品本身的伤害都很大。因此，我们可以看到，仅仅关注利益的营销手段是没有灵魂的销售方法。在利益驱动下，很多产品初期销售增长量很快，有些企业为了扩大产品的销售，在公司制定的指标压力和市场销售利益驱动下，将产品宣传为包治百病的神药，无选择性促销、治疗多病种、拓展适应证等就成了很多公司的常规促销手段，结果我们看到的就是产品渐渐被顾客遗弃，由于对产品承诺过多，顾客的满意度相对就会降低，这是正常的逻辑规律。

其实在医药行业终端营销用的方法在其他行业早就用过，因此谈到销售方法的创新的确非常勉强。新的医药发展环境给大家带来的显然不仅仅是新技术的应用，还考验着企业的学习和创新能力，医药营销如今面临的是信息化和数据化时代，这和以往任何一次市场环境变化都不同。因此，企业领导团队的学习能力变得越来越重要，新技术的应用改变了一些传统的营销方法，数据化的管理已经成为医药营销传统方法转型的一条必经之路，医药专业化之路变得比以往任何时候都更重要。同时，让我们回顾国家对医药行业的治理过程，虽然在具体落实的一些改革环节还需要改进完善，但大的方向一定是有意义的。在这次行业变革的大潮中，"淘汰"将成为医药行业在这个时期的一种常态，合规运营成为医药营销的基本准入法则。

创新的不是方法而是思维，笔者在第六章"企业的隐性价值"中会详细表述。企业的隐性价值之一是决策价值，这已经可以充分体现在营销创新中企业决策层起到的关键作用。很多企业总在喊改革创新，然而真正需要创新的是企业领导者的思维，企业管理中从上而下的创新管理是带有主动性质的，企业创新是由市场开始自下而上的，总带有一些被动的性质。我们谁都不可能做到对行业的发展先知先觉，但企业领导者的决策能力和管理风格一直都在接受着考验，企业领导者的决策思维关乎一个企业的发展命运。

经过前些年的行业高速发展，有些企业已经习惯按照业绩任务模型来定发展目标，高增长成为一种惯性，高速发展是每个企业家和管理者都希望看到的，然而我们不得不承认，很多企业在高速发展的同时，背后隐藏着巨大的风险隐患。笔者经常讲："资金决定企业做大，人才决定企业做强，但只有良好的机制和管理系统才能让企业做长。"企业创新的关键点往往在于机制，机制的创新最根本的就是领导层思维的转变，领导思维决定了机制的构成，机制的构成决定了企业的效率，未来高速发展的企业一定是将机制调整到最佳状态的企业。

二、从营销手段创新到营销技术发展

专业化一直是营销领域中常胜不败的要件，从学术专业化到促销专业化，从推广专业化到话术专业化，很明显这一系列变化需要营销手段到技术的升级。专业化也不是现在才有的新名词，只不过现在医药行业的发展更需要大量专业化的运作，同时也需要大量专业化人才的培养，这一点我们应该向外企学习。**国内的很多医药企业还是停留在"人治"的阶段，很多业务流程是按照权利平衡来设置的，而并没有真正按照市场的发展情况来思考，于是造成很多业务人员在回公司做沟通的时候，内部沟通的成本甚至比跟客户沟通的成本还高，从而导致管理链条冗长和贻误市场时机。**

　　拿医药零售促销销售手段来讲，以往我们应用的 POP 单页，现在有一部分被自媒体传播所替代，柜台销售的推广也从过去按进货或者库存统计到今天的直接用终端数据流量统计，信息化给整个行业都带来了极大的便利性，但也给很多企业带来一些困扰。例如，信息化建设过程中一定会打破过去建立的传统运行模式，网上低价销售行为不断扰乱着线下的销售秩序；再有，有些企业发现线下传播效果不好，就转到线上传播，结果发现线上传播的效果也并不尽如人意，到底该用什么办法？在信息化从不同角度往医药行业渗透的时候，企业的取舍往往显得非常重要。医药互联网一定是"资本＋专业技术＋运营模式＋线下资源"的平台，其只要任何一条不成熟，建议企业还是慎重考虑自己的强项，并将其做好，其他的可以寻找合作，这些问题都值得企业系统地思考。在这个时期，企业需要对扩展的业务板块做取舍，同时要对已经确定下来的业务发展方向做加法。企业需要保证有 1—2 个核心竞争力的板块在运营，也许是专业化院内推广，也许是 OTC 产品的专业化运作，或者是切入专业化合作平台的打造。总之，未来几年医药企业需要不断地完善强化自己的核心竞争力，没有核心竞争力的企业或将无力应对并购带来的挑战，甚至被市场淘汰。

　　说到营销技术，我们不能抽象地理解它，它贯穿着营销活动的每一个环节，变得越来越重要。下面我们从产品推广和商务谈判两个角度来看。产品的推广在"全媒体时代"只要找准卖点，提炼好诉求，再加上一定的广告量，足以让自己的产品在一定的区域有好的销量。然而进入媒体碎片化的今天，只用传统的方法显然是行不通的，我们先不提所谓的"精准传播"，在未来的传播策略上，很多产品要开始从品类进行分化研究，从用户心理开始研究，价格带研究，推广策略的实施，临场推广标准话术等，都需要系统考虑。过去有很多企业也是这样做的，但是未来，更多的企业必须这样做，否则连获胜的机会都没有。好在我们现在可以利用大数据做各种数据模型分析，根据数据分析的结果来制定市场营销决策，比过去容易得多。过去我们做促销仅仅停留在发发单页、讲讲产品的简单流程中，**导入营销技术后，一定是从"问，听，答，转"中进行系统化营销**。也就是说，与顾客接触，通过几个标准问询迅速判断他是不是你的主要目标人群，然后听他讲自己的情况，并马上利用标准话术进行回复、排除顾虑，再采取有效促单办法对适用于我们产品的顾客进行最后成交动作，这就是营销在促销中的技术应用。很多企业邀请笔者去做实战类的系统培训，从客户需求分析来看，企业在加强分销和终端管理和品类管理等方面需求量较大，这也是市场关心问题的又一个集中体现。

营销技术当中比较重要的一项就是谈判技术。说到谈判，过去我们都是从几个基本简单的处理异议和报价策略中获得的一些谈判话术，现在我们面临的环境有所不同，竞争的压力也不断增加，我们需要商务人员掌握更多的谈判技能，也就是在谈判中的沟通技术。例如，通过简单的肢体语言判断对方对合作的想法；面对对方打压式谈判时，我们通过几个步骤来解决；如何在谈判过程中把对方的思路构建到自己的逻辑里面来。这些技能都对我们现在的商务人员提出了更高的要求，在微信和短视频发达的今天，传统的面对面沟通技能显得更重要了。

三、从组织改革到营销机制创新

企业的整个营销发展过程，总是伴随着营销组织的调整和改革展开的，使企业的营销体系适应市场的发展。我们讨论组织，到底应该用什么样的组织来面对目前的营销环境？我们的营销体系很完善，为什么还是销售乏力？很多企业也与笔者探讨过此类的话题，笔者近些年不断尝试着深入研究各种营销模式，包括医药营销之外的品牌、电商和私域营销，通过几年不同层次的深入实践和学习，再反观医药行业，我们的营销手段和模式相对来讲还是比较简单和容易的。其实，任何一种营销模式在不同的企业中既有成功者，亦有失败者。模式的发展问题最关键因素有六个方面内容：① 市场发展阶段；② 企业成长现状；③ 渠道推广策略；④ 目标客户构成；⑤ 产品品类特点；⑥ 企业资金计划。

医药行业的模式发展，从目前来看，一定要走专业化推广之路，以单纯"带金"方式的推广销售一定是强弩之末。近些年，国家已经落实诸多的医药法规细则，加上税收体制的不断完善、监督机制的不断深化，医药行业健康发展的大方向是不容置疑的，医药营销的模式也一定会面临更大的冲击，下面就现阶段几种模式的优劣做些简要分析。

（一）自营模式

自营模式是比较常见的营销管理模式，通过自己建队伍，实现各个层级的管理和执行，通过总体的预算制，来控制支出和投入计划（见图 1-1）。纯粹的自营模式在国有企业中应用较多，自营模式的优点在于忠诚度比较高、控制力相对较强、初期的执行能力较快。缺点是自营模式在市场发展相对稳定后，各个层级之间信息传递速度较慢，决策反应迟缓，工作效率低下，吃大锅饭等。

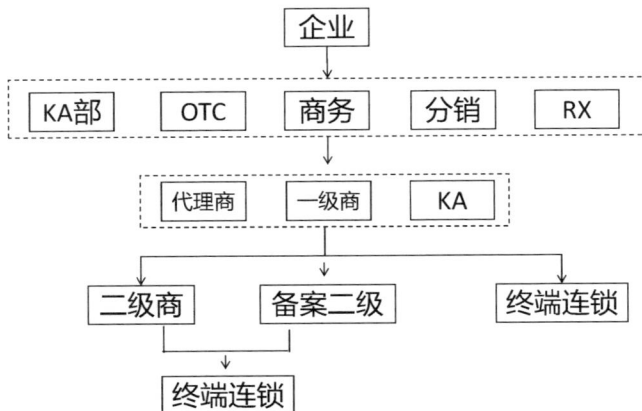

图 1-1　自营模式

自营模式比较适合资金回笼良好、有一定市场基础的企业，对于中小企业来讲，自营模式的财务成本比较高，一般中小企业采取的模式都是代理，稍有些规模的企业一般采用的是直营加招商的模式。

（二）控销模式

控销模式在医药行业近两年被很多企业所关注，也被一些培训公司将概念进行炒作。其实"控销"不能算作一种模式，这仅仅是我们在销售过程中使用的一种方法而已（见图 1-2）。在这里要谈谈"控销"的核心内容。医药企业和笔者所了解的快消企业一样，都会在发展过程中遇到串货、终端竞价、促销竞争等问题。当企业进入全渠道时代，也就是说自己的产品无论是市场成熟度还是品牌知名度到了一定程度，市场对产品的需求相对稳定，由于是旺销产品（也叫聚客类产品），市场商业公司的竞争和终端的竞争都会存在。先说商业公司，无论是一级商业还是二级商业，往往面临的终端有一部分都是重合的，零售终端在从商业公司进货的时候主要考虑的因素是价格、配送速度，当然现在也有一部分会考虑授权资信等。进而价格是市场最核心的问题，商业公司如果能够有额外的政策，很明显就会有销售的成本优势。商业和商业之间都需要终端的采购，因此它们之间的竞争往往也存在着相互压价的行为，这种行为一旦没有管理就会在市场上产生无序的状态，对此渠道控制就成了很多企业在发展过程中的改革目标。往下再到终端，医药的终端分为医疗终端和零售终端，由于医疗终端不是纯市场化的终端，因此我们只说零售终端。零售终端之间也存在价格竞争，消费者对一些产品的价格敏感度越高，终端药房就越要从价格上做文章，因此，终端的控价成为企业最大的痛点。零售终端为了获得更多的客源，往往将聚客类产品低价甚至是亏本销售，这种行为无疑给产品的零售市场造成了严重的价格冲击，为了给零售终端留有一定的利润空间又防止其他零售终端即店与店之间的竞争，企业开始将一部分产品专供给特定的零售终端，并规定零售价，将获得的利润分配给各个层级，这一系列的措施归结起来都是一种方法。由于"控销"能够保障各级利润，因此各个层级的执行力都会得到动员。"控销"对品类要求较高，或者有品牌或者是旺销品类，需要做不同价格带设计，或者中药、西药的产品组合，每个组合产品以15—30个为宜。因此，在医药行业对终端动销一筹莫展的时候，"控销"就成了很多企业争相试水的方法之一。

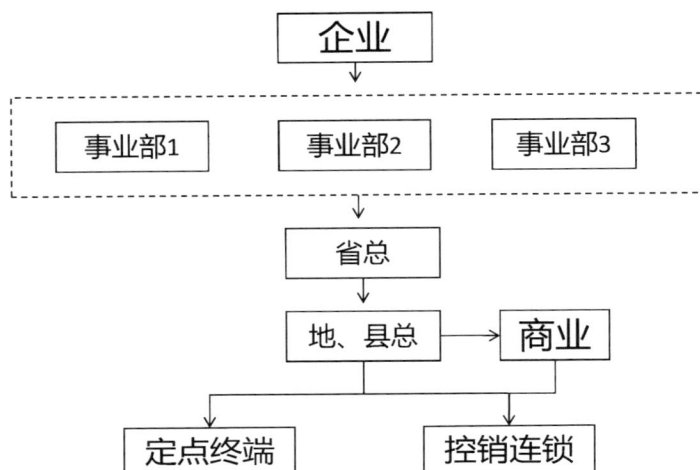

图1-2 控销模式

所谓的"控销模式"，其实不是每一个企业都适用，再有，每个企业的"控销模式"也不尽相同。不过"控销"有几个优点是值得一提的：第一，在稳定价格的基础上，对终端产品动销的能力大大提升；第二，"控销"能够让基层员工更加有积极性，对于终端的开发速度更快。而"控销"带来的一些问题则是：第一，由于"控销"队伍多数都是以事业合作制为主，因此终端的逐利特征明显，过度的逐利会对品牌造成一定程度的伤害；第二，"控销"往往需要大量的产品组合，许多公司会通过OEM或者并购企业进行品类扩张，低成本的要求也越来越高，低成本虽然不等于低品质，但从目前市场的反馈来看，的确有些公司OEM的产品质量和自己本厂生产的质量有差别，这会对企业长期发展埋下很大隐患；第三，随着企业经营成本的上升，尤其是中成药企业，利润压缩逐渐明显，这对"控销"价格体系会造成一定影响，因而原来的"控销"体系需要加强完善改造。

（三）商销模式

商销模式是很多企业销售体系中的一个板块，这个板块销售额较大，主要是通过商业公司进行销售，也是过去经常讲的"快批"模式，这类企业是以品牌药、低价药、常用药产品的销售为主（见图1-3）。我们可以看到，纯粹以商业渠道销售的企业目前面临着两大问题：第一，渠道驱动明显乏力，这是由全渠道时代向全终端时代过渡的产物。第二，利润薄，没有更多的费用来做终端工作；驱动力单一，面临市场被挤压的风险。这种模式面临的挑战是不断的终端竞品拦截和渠道过宽过乱的问题，渠道管理难度较大。

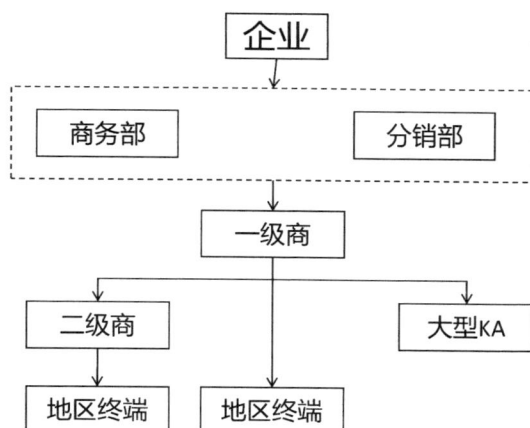

图1-3　商销模式

（四）精细化招商模式

精细化招商模式是目前中小企业应用最多的模式，尤其是处方药企业。全国大约有80％的药企采取招商代理模式，传统的招商模式主要是简单的代理制，加上一定的市场保护和任务目标组成（见图1-4）。随着代理招商的发展，企业对于代理商的管理显得更重要了，那么精细化招商模式主要在哪几个方面体现它的"精细"呢？

1. 招商地区精细化

为了把招商代理做好，企业从过去的省区招商，越来越细化到地区其至是具体销售终端（医院、KA 药店）。

2. 管理流程精细化

这要求我们从传统的一手交钱一手交货的代理销售模式开始对经销商进行管理，包括开发目标管理、库存管理、拜访流程管理和销售行为等一体化的管理。

3. 推广支持精细化

这对企业的成本控制明显是个考验。我们认识到，仅仅靠低价供应代理商进行的推广，代理商往往追求自己的利润目标，品类好的产品代理商容易做大，但公司对管理权也容易失控，同时区域代理商一般不会有长期打算，更不会考虑品牌建设，继而容易对公司的稳定发展造成影响。

4. 数据管理精细化

在招商代理的模式中，数据管理一直是个比较大的问题，由于很多代理商有自己的终端团队，所以企业和团队成员之间一般处于绝缘状态，虽然货物流向数据可以采集，但比较粗放，企业需要提供给终端代理商一个比较实用方便的数据管理平台，以便于代理商的销售分析和数据管理。

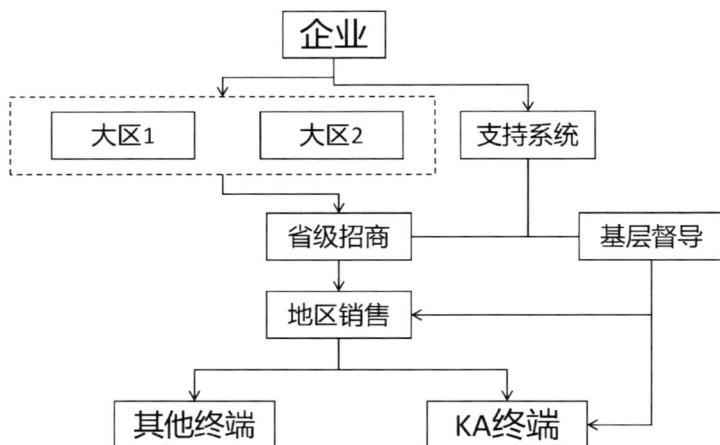

图 1-4　精细化招商模式

（五）混合模式

混合模式是现有医药行业多数企业都存在的模式之一，采用这种模式经营的一般都属于中大型企业。这种模式需要企业能够专注于某一个渠道然后聚焦发力，同时需要在品类规划上做好前期的设计工作，第一是要防止各个渠道的产品冲突；第二是防止产品在市场上产生同位竞争（见图1-5）。

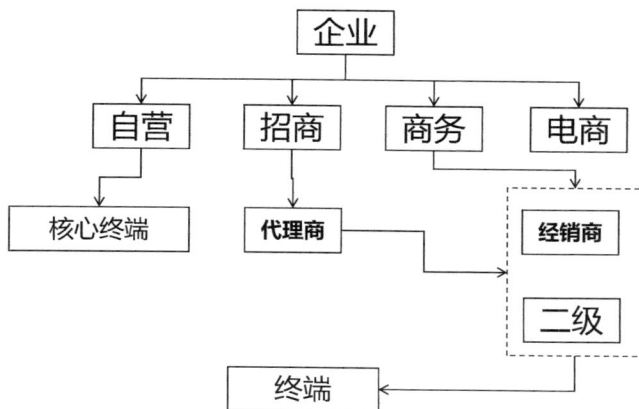

图1-5 混合模式

混合模式对总部的管理能力要求很高。由于小企业发展的主要因素是能力和效率，大企业发展的主要因素是体系和制度，因此需要根据企业的具体情况建立相对完善的配套体系。在医药行业专业化推广大趋势下，普通的招商模式进入瓶颈期，渠道的推广方式也需要发生变化，临床学术推广和零售学术推广会成为医药营销模式转变的主流，模式的变化很简单，难的是管理思维和工作机制的转变。

（六）平台模式

这里需要重点介绍一下平台模式。说到平台，目前很多企业其实已经开始向这个方向发展，并取得了一定的成绩。随着数字化对医药行业的渗透，医药行业的营销发展也随之变化，由于数据化营销是未来的必然方向，同时行业的雇佣关系也在不断地发生着变化，近些年，有能力、有资源的职业人也在朝着"职业合伙人"的方向转变，因此企业的营销平台化发展已经成为一种趋势。

为保证平台化的发展，建议企业在平台事业部门建立三级管理体系：

第一层是核心层，这一层是命运共同体；第二层是管理层，这一层是事业共同体；第三层是执行层，这一层是利益共同体（见图 1-6）。

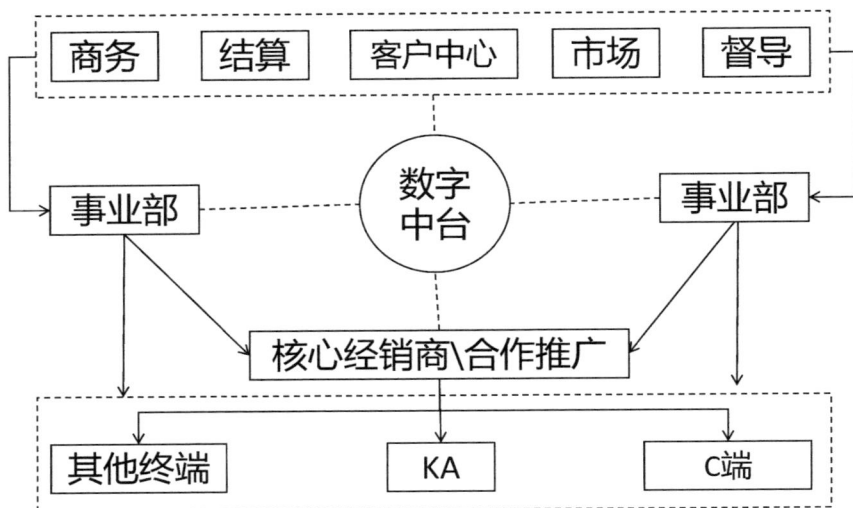

```
┌─────────────────────────────────────────────────────────┐
│  ┌──────┐  ┌──────┐  ┌────────┐  ┌──────┐  ┌──────┐      │
│  │ 商务 │  │ 结算 │  │ 客户中心 │  │ 市场 │  │ 督导 │      │
│  └──────┘  └──────┘  └────────┘  └──────┘  └──────┘      │
└─────────────────────────────────────────────────────────┘

     ┌────────┐         ╱────╲          ┌────────┐
     │ 事业部 │        │ 数字  │         │ 事业部 │
     └────────┘        │ 中台  │         └────────┘
                        ╲────╱

              ┌──────────────────────┐
              │ 核心经销商\合作推广 │
              └──────────────────────┘

┌─────────────────────────────────────────────────────────┐
│  ┌──────────┐       ┌──────┐       ┌──────┐              │
│  │ 其他终端 │       │  KA  │       │ C端  │              │
│  └──────────┘       └──────┘       └──────┘              │
└─────────────────────────────────────────────────────────┘
```

图 1-6　平台模式

第二章

百家争鸣中的
品牌发展之路

第一节　医药厮杀大健康领域的成败思考

近些年，医药行业跟随行政制度的变化，无论是处方药板块还是 OTC 板块都受到前所未有的冲击，底价代理制的尴尬、KA 终端连锁高毛利的平衡，都让工业企业在行业的变革当中如背重负。在此期间，关于大健康的概念在医药行业中风起云涌，虽然方向越来越清晰，但医药行业在大健康的成功路径探索并没有停止，同时也伴随着很多操作层面的困惑和疑虑。笔者从一个医药人的角度依据自己连续几年对健康领域和快消品的研究做一些总结，主要针对保健食品品类给医药行业涉及此领域的企业提供一个参考。

医药行业进入大健康板块并不是新鲜事物，从几千年前的中医"治未病"，到前些年的大保健时代，历史总是阴阳消长、日月更替。从补血、补钙再到补肾产品，国内的健康保健产业如同潮水般交替涨退，但是今天草莽为王的时代早已远去，我们只能从自身的优势开始，进行系统的布局和运作。首先，医药行业有着质量和研发优势，很多医药企业都有很好的研发团队和质量管理体系，显然医药企业的产品质量控制和普通的保健品食品企业是有一定差别的。质量是市场价值核心，对于医药行业而言，进入健康产品领域几乎没有技术壁垒。不过，在品类上，由于近些年国外的膳食补充剂和健康保健食品层出不穷，也给潜在进入大健康的企业带来了一定的障碍。同时，医药行业有着品牌与市场优势，一些医药企业经过多年的经营已经有一定的品牌基础，如天士力、东阿阿胶、云南白药等企业进入健康板块可以按照品牌属性进行强弱背书的选择。同时，医药行业固有的渠道和终端资源也会在企业进入健康板块的时候如鱼得水。其次，医药行业的市场部门更多引入专业科班出身的人才，故而在产品的功能和作用机制上更加专业，能更清晰地表述产品内涵，更有一些主要以院线产品为主的企业利用医院的推广网络适时导入健康产品，如韩美收购圣元奶粉，希望在妈咪爱的营销网络中加推婴幼儿奶粉就是最好的例证。

尽管如此，虽然很多企业未雨绸缪开始布局大健康板块，但很多大健康的布局，仅以"布局"为核心，并未入道立根，别人做水你也跟着做水，别人卖补肾产品你也跟着吆喝叫卖，依笔者看来无非是舍本逐末罢了，无根之木，很难长久。一个以医药为根本的企业涉入大健康板块需要有三点基本认识。

一、正确的零售思维方法

大健康有着广义和狭义概念之分：广义概念包括了日常健康管理、健康器械、美容美体、养生膳食等；而狭义概念的大健康往往指依靠医药和医疗资源的药品、护理、康复、疾病管理等。企业需要根据自身的优势进行系统的思考，在起初导入时期一定要专注地切入某一个板块，如强生（现已更名为"科赴"）专注在儿童护理和妇女用品领域，葛兰素史克（现已更名为"赫力昂"）专注在口腔护理领域。同时，要从大健康板块的若干模式中选出或创造出可发展的基本市场运营模式。我们需要思考的是用什么产品、从什么领域去做大健康板块，如果还没有想清楚这个问题，那么还是建议谋定而后动为妥。尤其以处方药为主的企业，更需要在顶层设计中预先搭建相应的市场体系，转变处方药低调运营的习惯和市场传播投入的惯性思维，由于以处方药为主的企业和OTC品牌企业在市场的投入产出评估方法上有着很大的差别，因此，笔者一再提及处方药进入大健康板块首先需要转变固有的思维方式。

二、品牌与品类的关系

在准备进入大健康板块之前，我们往往看到很多企业进入的盲目性，尤其是品牌企业，经常会将自己现有的品牌广泛地背书给旗下产品。很多传统企业由于一直保留着伞状结构的品牌管理体系，因此在市场投入的过程中有些产品带来的品牌稀释也在所难免，更有甚者会影响到品牌本身的文化传承。在目前品类繁多、市场全品类竞争的时代，想要在市场获得回报，第一项就是做市场现有品类的调研。我们知道当前市场上最大的健康品类，主要集中在老年健康、慢性病调理、补钙、益肾、美颜等几个大的板块，那么我们应该从品类市场表现、营销渠道、产品消费基础人群、消费趋势数据等进行相对深入的研究，才能正确把握市场脉搏。提前思考建立和同类主要产品的市场关系，品类品牌的打造对于大健康产品来讲就更为重要。如今，从家用的医疗器械穿戴设备到日常的保健食品再到快速消费食品等，笔者调查了行业里几十家涉及健康产业的产品，其市场情况并不都是乐观的。一个医药企业如果涉及大健康领域，其"品类占位"是非常关键性问题。虽然品牌可以助推产品在市场的落地，但并非企业现有的品牌可以支撑一切产品品类，而品类应该遵循"先占位后定位再品牌化"的过程。那么对于非品牌的处方药企业，品类的选择就更为重要。笔者早前提出，医药行业未来是"品类品牌化"，这一定是发展的大趋势，那么一个企业选择什么样的产品，用什么样的诉求击穿客户的价值体系，形成稳定的价值等式就是大健康产品的终极目标。如果说顾客主动购买是 OTC 产品的销售根本，那么如何让客户重复购买并传播就是大健康产品的销售根本，如图 2-1 所示。

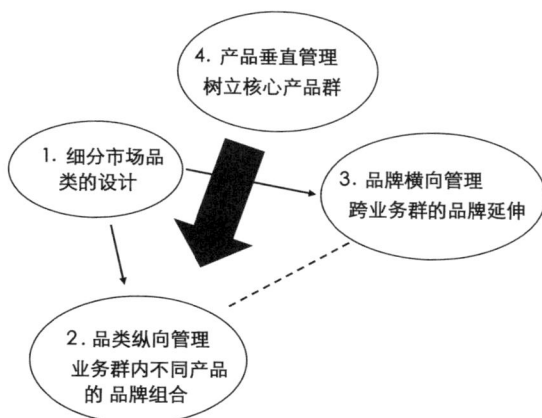

图 2-1　品牌与品类

三、运营模式和管理模式的问题

　　大健康品类的丰富性也决定了其渠道模式开发的复杂性，相对于医药行业销售模式的狭窄而言，大健康的销售模式可谓百家争鸣，其营销手段变化无穷，从直销到团购，从网上购物再到会议营销，以及社区推广模式再到直播带货，都是药品销售难以企及的，传播渠道从终端的推广到电视购物，从互联网投放流量炒作到软硬平媒种草联推，抑或电台专栏等也是手段众多。目前，多数医药企业转战到大健康领域，很多企业首先选择的终端渠道是医药行业的 KA 连锁网络的资源，当然这个资源是做保健产品最好的土壤，如药店中占比最大的某保健系列产品是很多中型连锁的重要毛利提供源。然而，如果没有整体布局和非常好的利益链搭建，百强连锁往往也会成为保健产品的墓地。再加上医保控费，会给保健品在零售药房的发展带来巨大压制，在大健康产品的运营模式中是想造就黄金单品还是做品牌系列产品，这是仁者见仁、智者见智的问题，管理模式中是采取招商地区深耕还是自建团队逐级开发也需要看公司的预算和整体规划。因此，医药企业要想在大健康产品领域占有一席之地，需要从产品投入和品牌管理再到传播路径以及管理体系搭建等进行全面的筹划，只有不断地提升客户的满意度，不断地提高产品和顾客的契合度，才有制胜的可能。一个产品是否能获得市场的支持，一定是市场规划在销售之前，而为什么做这个产品一定比做这个产品本身更重要。

第二节　连锁业态发展与 OTC 工业布局

一、市场变化

（一）OTC 营销将被更多医药工业重视并布局

招标采购等政府主导的基药市场将进一步严格规范。很多企业因不具备运作基药市场的能力或进入不了基药运作体系，他们的产品就会考虑向 OTC 营销转化。

临床用药市场由于政府监测加强和医保目录采购问题，部分产品将转战 OTC 渠道营销，或者部分产品进行双跨销售，向 OTC 渠道过渡，特别是一些外资企业、合资企业的成熟产品。近几年外资企业不断收购那些具有 OTC 渠道或终端的企业，就是看好我国 OTC 市场的发展前景。国内国外医药工业通过收购、兼并、重组、重构连连布局 OTC 大市场。

（二）连锁药房单品突破将有可能

受连锁药店品类的管理影响，医药工业已经适应连锁药店的品类管理体系，加上连锁药店入场的门槛较高，工业打包产品群进入连锁门店的难度很大。所以，能满足连锁品类与利润需求的单品上柜，仍然是医药工业与连锁打交道的主要手段。而为了抵御竞品同柜竞争，最大限度地让利，并联合连锁长期主推，是工商合作的最佳方式。特别是一些独家产品的主推，OTC 产品将会在连锁领域出现单品突破的趋势。

1. 药店慢病产品销售占比提高

药店、中医馆、社区服务中心将会把消费者健康管理纳入业务拓展的主攻方向。在此过程中，慢病产品必定被纳入药店、中医馆、社区服务中心经营的品类结构中，并不断通过售后服务牢牢抓住消费者。过去，很多慢病产品都是处方药，但随着医改政策的不断深化，这类处方药大部分将向 OTC 市场转型，在药房的销售占比会越来越大。

2. 线上会员管理会通过私域释放能量

随着数字 AI 技术的不断发展，通过私域流量接入的各种健康类产品逐步被广大消费者所接受，通过零售终端的会员管理体系和健康管理等手段激活"睡眠会员"，通过健康监测等手段进行诊疗外挂服务，通过数据中台进行健康档案管理，并进行数据沉淀及分析。未来自我诊疗类的产品会层出不穷，先知先觉的药房当然不会放过这些产品的引进与推荐，如血糖监测、血压监测、血脂检测等。

二、企业发展趋势

（一）两极分化加大，OTC 品牌集中度提高

有品牌、有团队的 OTC 传统强势企业将利用其强大的品牌优势、产

品优势、资金优势，通过资本运作兼并重组。一些生产企业开始拓展一些健康产品线，完善自身产品群，通过独家定制品规包装、独家经销的模式与主流连锁零售企业强强合作，牢牢占领 OTC 渠道的主流市场。

一些中小型医药企业缺资金、没资源，产品同质化竞争将导致企业逐步走向没落或被并购。由于生产批文的审批更加严格规范，有独家产品的企业将凭借独家产品可以在相关品类中占有一席之地（当然还要看具体品类属性）。

（二）控销模式将在二、三级市场广泛采用

过去品牌力较弱的医药工业面对大型连锁机构时，由于没有话语权，所以会倾向于转战中小连锁和单体药店。但这些药店为了抢占客源容易打价格战。而大企业拥有一定品牌，在相应的品类中采取控销模式，更容易赢得百强连锁的认可。此类企业为数不少，曾经取得不错的成效，并顺势延伸扩宽产品群，建立了自身的 OTC 控销体系和控销产品群。

随着一些品牌医药企业近年增长乏力，他们已经觉醒，意识到丢失了二、三级市场的问题，于是又回过头，开始对二、三级市场采用控销模式。由此一来，二、三级市场上控销模式的竞争会加大，终端对控销方的要求亦不断提高，没有品牌优势、产品疗效不佳、产品质量不稳定、售后服务跟不上、附加值低的产品势必会被淘汰出局。

（三）处方药企业转型进军 OTC 渠道

受基药限价、招投标受限等政策的影响，处方药企业为规避风险，将加大力度拓宽销售渠道，这些企业会逐步重视被忽略的 OTC 市场。院外市场的处方药 DTP 操作将迎来春天。例如，融资额度达到 60 亿元的圆心科技，其业务 90% 来自处方院外市场的销售。

1. 中成药产品或将迎来涨价潮

在质量监管越来越严格的条件下，以及资源性原料供应趋紧的现实中，中成药的成本会不断上涨。这期间同样会是消费者重新细分定位的过程，不同价格带更会衍生出来不同的消费群体。

由于 GSP 经营质量的监控，以及税务控制的影响，药品经营企业无论是日常经营，还是人工等，都会增加运营成本。羊毛出自羊身上，最终还是会转嫁给消费者，这也是引起药品涨价的另一因素。

2. OTC 企业有望加强与消费者互动

以前在药事服务上，往往停留在产品促销、产品知识培训上。但随着药店经营升级，健康产品不断导入，很多连锁都在建设私域会员池，且有部分已经储备了相当体量的企微会员，并建立了相对完善的客户画像，加之很多地方政府的重视与支持，药店的会员服务将更加生动和多样，消费者的健康教育将更加细化。这些具体措施的落地过程，亦将是医药生产企业通过渠道渗透到消费者的最佳机会。

3. 基层健康服务体系迅速扩张

随着人们健康意识的增强，"怕老、怕病、怕丑"的概念已经占据消费者的心智。消费者更加愿意投入健康消费，健康由过去病后治疗转向预防为先。药房、中医馆、社区服务中心将会员体系消费者健康管理纳入业务拓展范畴，通过健康管理实现持续销售，OTC 工业产品当然不会也不应该放过这么良好的销售渠道。

第三节　高毛利终端与品牌的较量

"高毛利"原本是零售药店对不同毛利产品的一种叫法，其实在我们传统医疗推广当中，也有类似的"高毛利"产品，当处方药以带金推广的方式进行销售的时候，处方药的毛利空间也能称得上是高毛利。然而，随着医疗集采政策的落地，处方药开始进入价格普降模式，有些产品的操作空间被空前压缩，处方药的营销本身就不是纯市场化的方式，学术营销显然已经成为未来大趋势。学术营销是不是把钱换成了可替代的利益？国内企业如何做好学术营销？医生的补偿机制如何实现？这一系列问题已经成为行业共同关心的话题，在此我们不对处方药营销做太多的探讨，还是以纯市场化的零售药品为主线来探讨高毛利产品与品牌企业的终端问题。

"赚钱的产品不好卖，好卖的产品不赚钱"这是医药零售终端和分销商一直困惑的话题。前些年，由于各地医药零售药店连锁的不断崛起，药店管理也开始进入科学化管理阶段，品类管理、店面管理、采购管理等技能管理培训都开展得比较火热。另外，近些年由于房租、物业成本的不断提高，药店的生存环境变得越来越艰难，高毛利产品已经成为药店货架上的"座上宾"。但是大家不要忘记，**品牌药是零售终端的"聚客类"产品，当非品牌高毛利产品销售占比达到了一定比例，通常是40%的时候，那么终端顾客流会减少，这是不争的事实，越是发达地区越明显**。因为保健意识的提高和顾客对基本用药知识的了解，产品的质量和疗效成为顾客首先关注的因素。那么在无法判断药品质量的时候，品牌就成为质量背书的重要标志。**随着媒体传播的碎片化，品牌将会成为行业中的稀缺资源，品牌高毛利时代已经到来**。品牌企业如何平衡品牌维护费用和终端利润是需要从营销模式上做突破的。随着大健康产品的市场不断扩大，未来药房的辅助治疗（功能性）食品会越来越多，在国内以中药为主的保健类产品会持续占有较大份额，药房开始逐渐分化成专业化药房和多样化药房。未来治疗性药品的同品类数量随着竞争的加剧会逐步集中，优质品类和特效品类会成为最后的赢家，品类品牌化是医药营销的关键。

零售终端的高毛利产品会持续存在，但高毛利产品最大的弱点也注定了它在此品类发展中呈现弱势的市场地位，尽管终端把它列为首推产品，在一部分终端药房销售也会有一定的增量，但是终端药房的纯粹逐利行为会导致药品供应商出让更多的利益，因此企业在品牌构建、终端服务上会大打折扣。这种终端优势往往是一时的，它适合终端药房的单方面利益，然而这种情况虽然会持续存在，但作为制药工业或许是无奈之举。

因为高毛利产品基本是此品类中畅销产品的替代品，它符合商业利润最大化的规律但不符合顾客价值逻辑，因此用商业逻辑来博弈顾客价值往往商家要自食其果。当然，高毛利产品又是零售终端的有力补充，从而零售终端需要在高毛利产品和品牌产品之间做相应的平衡。成熟的品牌企业，现在也在为药房终端提供定制化服务，提供一线产品和二线产品的利润捆绑销售、单独品规供应策略等。

可以断定，"品牌＋利润＋推广"的模式会成为近些年主要的终端操作方法，而"直营＋CSO"的模式在零售终端推广的组织上则会成为主流，笔者在前面已讲过平台化发展的思路，在此不再叙述。

第四节　用"占位"法则来面对
医药营销困境

未来几年，国内传统管理模式的医药企业会遭遇集体困境，笔者认为这是医药行业发展的必然。随着金税系统的不断推进，医药行业在传统销售的过程中一定会遭遇前所未有的挑战，出路在哪里？笔者提出"占位"法则来给企业发展提供一个发展的思维脉络。

一、"占位"法则

基于药品是标准产品，我们不能用全市场化的营销思路去思考。又因品类限制和规范性审批药品的功能与主治等原因，产品的功能定位已经在市场上基本确立。而标准化产品的营销逻辑和快消产品有着本质的差别，简言之，药品的产品属性不需要刻意去定位。市场区隔和动销手段等基本措施往往成为关键。另外，药品的品类已经在终端进入饱和状态，品类重复比率在未来会大幅降低。每一个品类到底如何在市场生存就成了现阶段首要的问题，要想生存，企业务必要找到自己生存的土壤和位置，即在哪个板块生存，在什么层次的市场生存，聚焦哪一类病种生存，这就是"占位"思维。因此，"占位"一定是我们这个行业营销发展的关键性因素。由于目前国内重复性批文非常多，那么企业如何能够以"占位"法则来思考就非常重要。我们一定要认识到，目前不仅仅是谋发展，更要懂得扩大存量问题。此方法笔者在《品类品牌化之路》一文中略有提及，"占位"法则包括品类占位、价格带占位、市场占位、区域占位四个基本条件，由于我们已经不再是"饱和广告轰天下，人海大战抢终端"的时代，"占位"

的因素开始决定着市场的竞争，只要企业能在市场聚焦力量占有一席之地，就能有生存的立基之本。

二、市场升级导致企业改革

如果企业还沉溺于原来成功的模式当中，那一定要警惕，接下来的市场发展将会让企业面临更大的挑战。"铺货＋促销"的模式已经开始失灵，我们要明白，**目前的终端什么都缺就是不缺产品，也就是"促销过度而管理不足"**。无论你认为自己的产品有多好，是独家产品或是疗效确切的组方，都未必会得到市场的垂青。

如果说处方药已经经历了"一致性评价"的过滤和集采招标的考验，那么零售药品则面临着品类选择和动销模式的大考。医药消费的升级虽然很缓慢，但同类或同效产品的竞争已经达到有史以来最高峰。**笔者判断，5年之后我们将会看到医药行业迎来"百团大战"的局面，即排名在前一百位的企业将进入集体"火拼"的时代，而到时没有找到位置，仍然游离在市场边缘的企业将会震仓出局。**

这一次的企业营销变革，不仅仅是市场模式的变革，更将是企业内部整体的改变，从财务结算体系到市场支持体系，再到运营保障体系都需要进行联动改变，数据营销将逐步成为企业营销发展的主流，也将营销从"促销＋分销"的模式更加趋向于场景化和企业数字化发展。

三、引爆单品的精准占位

在众多的产品营销中，一般分为三种销售引流：第一种是处方带动；第二种是零售推广；第三种是品牌效应。广铺货和渠道压货的方式已经成为强弩之末，以价格折让、促销等手段的销售方式还是停留在产品思维的传统模式当中，只有我们真正能从产品品类上找到突破点进行"占位"，并集中火力将产品从弱品做到爆品才是真正的营销思维模式。如何找到该品类的位置或者缝隙进行"占位"呢？这需要关注其他几个因素，即仅仅考虑在一个品类中的状态是片面的，我们一定要考虑目前品类当中的主要产品有哪些？在此品类当中的市场机会是大还是小？还有同品类当中的企业对此品类的操作动态分析，根据分析结果来评估市场进入机会以及会面临的主要问题。

首先，选择好品类之后就要考虑进入的时机和进入的价格带设计。很多企业认为自己的产品好、成本高，就设定一个自己想当然的较高市场零售价格，其实高价格也不怕，怕的是你仅仅设立了一个高价格的产品，而没有支撑高价格产品的服务和市场动销体系，这就非常尴尬，而这样的问题我们屡见不鲜。因此，不能想当然地定价，我们一定要和基层一线市场人员打成一片，吸收一线市场真实的反馈情况，才能作出有效的决策，而非纸上谈兵。

当我们零售终端竞争越激烈的时候，产品的价格带管理就越重要，我们需要以市场为基准的价格带设计倒推出产品的利润和计算量价盈亏平衡点。价格的设定是产品本身与顾客达成价值等式的基础，不同价格带对于营销的投入和推广模式显然会产生非常大的影响，因此定价不能盲目和想当然，需要按照同类比对原则和投入开发原则来进行整体衡量。

其次，就是市场占位。在传播碎片化时代，推广试错的概率越来越大，我们现在的传播手段开始不断地汇集在自媒体终端，而自媒体终端根据个人喜好也会有诸多的区别，如抖音、微信视频、小红书、B站的用户人群分布都略有不同。在我们对准一个市场切入点的时候，无论是学术还是传播都应该精确无误，越是竞争激烈的时代，对于市场管理能力的要求就越高，对于销售管理的要求也越高。市场占位需要用三个关联思路来思考：第一，我们的客户是谁？有时候我们的客户并不是患者本身，这点要非常明确。第二，我们通过谁来销售？是自己来做，还是通过合作实现销售。第三，动销手段是什么？用什么方式推广和销售是营销中最难和最关键的问题。

最后，是区域占位，我们是主攻基层还是城市市场？我们是控销零售连锁还是直面第三终端？我们调集什么样的力量来做？我们的资源如何匹配？这些问题都需要进行系统思考。这个时代赋予企业的使命，就是根据现有的市场环境做系统改革，传统只能保存量，要想增量则需要变革，从销售的思维转变成营销的思维，从促销的概念转变成市场的概念，从销售的方法到销售技术的提升，从流程性思维向系统性思维转变，用开放的心态迎接数据化营销时代的到来。

第三章

系统营销管理中的
运营之道

第一节 "道"——模式的选择

《大学》中说："大学之道，在明明德，在亲民，在止于至善。知止而后有定；定而后能静；静而后能安；安而后能虑；虑而后能得。物有本末，事有终始。知所先后，则近道矣。"笔者在此提出"系统营销"中的"道"是要看清市场规律的本质并建立一套有效的系统运作模式，所有的资源都是为模式服务的。系统运作模式中又有运营模式、管理模式、资本模式之分。

运营模式决定着企业的盈利方法，而企业的特点又决定着运营模式的基因。一个奇怪的现象是，无论什么样的运营模式都会有很成功的企业案例，也就是说，一种运营模式在不同团队、不同领导的带领下会展现出不同的效果。因此，在日常管理工作中，管理不仅仅是体系的健全和制度的健全，更重要的是管理文化的打造。往往严密的企业制度和企业的发展速度并不是永远成正相关的，现实中会发现制度越健全的企业，创新能力也会受到一定的制约。因此，文化管理就成了企业管理当中的又一个有趣的话题，笔者把它归结为"隐性价值"，后续还会提及。企业文化直接对管理模式产生深远的影响，而管理模式又直接决定着企业的运营效率。管理模式和运营模式两者是相辅相成的，管理模式为运营模式服务，而运营模式又为企业目标服务。因此，决定着效率的管理模式就成了企业制定战略目标后的首要任务。

是什么决定着管理模式呢？在当代的企业当中，企业文化是决定管理模式的重要因素，由于管理模式直接决定企业运营的效率，下面着重探讨之。

在笔者多年上市公司从业的经历中，对企业的管理体系及文化管理体系做了大量的研究和思考。为什么一些企业资金规模已经做到了几十亿元甚至是上百亿元，但是使企业困惑的东西似乎越来越多，束缚市场发展的因素也越来越多。常见的困惑如：效率低下、责任推诿、管理混乱，这些问题随着企业的发展不断地壮大成了限制企业发展的枷锁，挥之不去，弃之不能。随着经历的公司增多，逐渐发现企业问题的一些共性。其实多数时候能解决问题的只有一个人，那就是——企业老板。

重新平衡权利与责任，企业家艰苦创业大半辈子，创立了初具规模的企业，自己的威信在多年的积累中形成了在企业至高无上的权力，几乎是说一不二，所以员工多数都是看着老板脸色做事，那么老板做事的习惯和性格特点就会慢慢沉淀到企业的各个角落，继而慢慢形成了以老板做事风格为基础，以老板喜好来取舍的企业文化制度。但老板是一个自然人，他一定会有自己的优势，也会存在不足，因此在塑造企业文化的时候，老板的优缺点便会逐步渗透到企业文化当中，在优势得以发展的同时，这种不足会在企业发展过程中逐渐扩大，有的甚至会发展成为企业的致命伤。

于是，有些企业会引入咨询公司来解决问题。在咨询公司给企业提供了大量的管理文件和方案之后，有的企业经过一段时间又会慢慢回归原状或重蹈覆辙，但在此过程中的确有了新的制度加入，然而该有的问题似乎并没有得到彻底的解决，原因是别人能改变你的制度但是不能改变你固有的企业文化和多年沉淀下来的约定俗成的潜规则，这也是咨询公司多数都不愿对结果负责的原因。

再谈谈管理中的放权对运营模式的影响。放权不仅仅是一种信任，更是一种责任，放权不仅是把权力下放给部下，更要有完善的考评和监督体制来配合，**只有在有效的监督下放权才是放权，否则就是弃权**。人和人之间的信任是很难建立起来的，何况企业面对着许许多多的员工呢？每个企业的成功机会都经过无数次的困难，因此放权和信任就成了企业管理结构中重要的问题。

如何有效放权其实是现代企业管理的一个重要话题，那么如何才能有效放权管理呢？

1. 在监督的前提下授权给专业性更强的人

因为自己脱离市场很多年，公司需要找一个专业性更强的人来做管理，尤其是营销管理部门，因这是为企业唯一创造利润的部门，找专业的人来做专业的事永远都不会错。

2. 威信授权至关重要

一些企业只把人事和规定内的财务权力下放了，但领导还经常越级授权，这种放权最终会失败。越级授权往往会让下属和老板建立直接权力通道，而中间的管理者却在下属面前失去威信，没有威信的管理者是不可能做出让大家感觉有威信的事情的。老板要遵循的原则就是可以越级沟通，但绝不能越级授权和越级下达指令，涉及哪个部门时需要进行权力转移。

3. 建立动态考核监督系统

针对各部门的考评不能流于形式，一定要进行动态化管理，可采用360度考评体系和业务体系的 KPI 考核，定期要求各级主管进行述职，建立内部层级晋升和降职的动态管理机制，让员工始终有激励目标。

资本模式决定着企业的规模，在数据化快速发展的今天，资本再一次爆发出它的威力，用资本模式驾驭梦想，是很多企业的现实想法。但资本是企业的双刃剑，经营好必然会扩大规模增速发展；反之，经营不好对有的企业来说就是灭顶之灾。一个企业需要解决发展目标的认定问题，即企业成长是把它当"儿子"养还是"女儿"养。当儿子养需要不断盘大各种资源，还需要有资本运营能力；当女儿养就需要把企业经营得规范再规范，最后可以出让股份甚至是控股权。

管理的本质是人的因素，人的因素也是企业管理中最不稳定的因素，因此非常多的案例都是因为人的问题最终出现了管理上的纰漏，上文所说的授权关乎信任和被信任主体之间的平衡。中国早有《周易》、五行，其中最重要的道理无外乎就是平衡，管理也需要这样内外平衡、上下平衡、资源平衡和心态平衡。管理最难的并不是行为的约束而是人心的满足，然而每个人又会有不同的利益需求，因此管理显然要系统地进行从行为到心理的立体干预和引导。因此，一个企业不仅仅要有制度和体系，更要有完善的训练系统，培训仅是其中一个方面，而更多的是从企业核心层的言传身教中传导出的团队文化。**管理的氛围搭建和员工的欲望经营显然成为营销管理的最高目标。**

第二节 "根"——产品为基石

所有营销的根基皆来自产品本身，产品是"根"，是企业的生命线，企业产品的定位决定着企业的品牌水准，一个企业如何立根，在数据化时代早已从传统的营销中变得个性化起来，个性化是这个时代赋予的崭新符号。传播渠道的多样化和碎片化也是产品营销的新思考，如果现在我们还用传统的产品思维来思考市场，这必将是危险的。我们习惯于从大众熟悉和销量比较好的产品中找出我们产品的定位，然后不断打磨，提升质量，将产品深入开发，这也许是对的。最重要的是，我们没办法确认定义是错的，因为聚焦和追求精品，这是万万不会错的。但在今天的市场上，我们却看到了曾经热卖的产品不断地销声匿迹，到底是企业错了，还是产品错了？

在信息化时代的市场经济中，品牌更迭的速度日益加快。我们发现消费者的忠诚度在不断下降，这背后有什么规律吗？我们不得不承认，繁荣的市场给消费者带来了更多的欲望刺激和产品选择，消费者并不是不忠诚，而是在不断地尝试和升级自己的消费欲望，因此我们发现，似乎普通的消费者调研工作也出现了问题，即我们很难发现消费者真实的意图和内心想法。因为信息化和自媒体的发展，导致了消费者本身真实意愿的自我封闭，而需靠网络和社群交流来获得自己想要的信息。

社群与社区有所不同。社群是由近似同样利益的团体组成的边界模糊的群体，甚至没有地域限制；而社区是我们通常认为的在一定的区域范围内组成的群体。社群的含义相对社区更广泛，因为消费者是由社群人员组成的，社群的分散就会决定着传播途径的分散，从而我们应该在产品传播过程中更多地考虑传播的聚合效应以及传播的有效性问题。

产品营销本身就是从反向思维得出的结果。反向思维让我们思考：到底谁会需要这样的产品，他们需要的产品和我们现有产品的契合度如何，以及我们提供的产品是以什么途径让消费者知道的。当然，笔者所从事的医药行业和传统意义的普通产品销售是有很大区别的。医药行业产品的营销策略已经从全媒体时代的品牌营销演变为今天的顾问式销售。处方药品外溢到零售市场会越来越多，主要是由于政策等因素造成的处方药销售"千军齐过独木桥"的情况。虽然我们看到很多企业都将处方药向零售市场转移，笔者认为，这仅仅是当下一些企业的无奈之举，并且一定有一部分企业在进军零售市场的同时会无功而返。科研、创新成为我们这个时代制药人又一个重要的话题，生物制剂、基因疗法等新的产品层出不穷，科技在进步，生命科学的发展亦不能同日而语。随着治疗方式的转变，产品销售模式也会从医院向终端市场不断延伸。

我们这个行业，不，也不仅仅局限于我们这个行业，在每一个高速发展期都会有一众参与者，从而会形成板块泡沫。例如，在2016年前后，连锁并购中不计成本地跑马圈地，以及新药研发机构中大量资本的助推，有的药品甚至还没问世，公司股价已经炒得很高了。当然，研发是产品的保障，我们很乐观地看到，政府对医药研发会越来越鼓励和支持，尤其是创新药物的开发。未来的医药行业一定是属于两种企业的天下：一种是研发型的企业；一种是营销型的企业。

药品的创新研发过程充满挑战且风险很大，因此很多药企并没有真正沉下心来做研发。我们同样看到了，现在以销售模式为核心的一些企业，虽然知名度挺高，但产品的质量的确是个问题。新政的"药品一致性评价"的确让有实力的企业受益良多。以前，同样是从符合GMP标准的生产车间出来的产品，质量差别依然显著，这几乎是医药行业众所周知的事实。那么中成药，质量就更加千差万别，只能用"你懂的"来表达我们对中药企业的看法。中药材的规范和溯源管理是留给政府监管的一个挑战，加上我们过去检测手段相对落后，除了对各种菌落、重金属、农残的检测之外，对于一些中药的有效成分的定性定量检测并不完善，这给很多企业留下了钻空子的机会。随着科技的进步和发展，对中成药的含量测定将会日新月异，产品的质量保障也会大大地提高。在医药政策频出的时候就像一次"考试"，学习好的同学总是希望题出得难些，这样才能真正地分出伯仲。

产品是根，质量是本，本立而道生，这是亘古不变的道理。在保证质量的同时，如何探求市场所需，有方法、有效率地引导市场销售将成为营销管理未来一段时间的思考课题。

第三节 "局"——运筹的设计

在医药营销的历史上，各种模式都有成功的典范，各个品类几乎都有一两个领头的产品。我们思考的问题是，企业这盘大棋应该用什么方法去下，局内和局外如何谋划、如何设计，这成为推动企业发展的必备力量。每个企业基因不同，就像不同的人拥有不同的性格、背景和学识，无法用统一的思路和方法来规划企业的营销格局。因此，我们经常看到，很多企业在遇到问题时盲目求医问诊，有的支付了高昂的费用，却只换来了一本本策划手册和无法落地的方案。老板听着方案中的理想和似乎合乎逻辑的推理过程，感觉终于找到了一个正确的方向，但在落地应用的时候，我们经常会看到无法实施的迷茫。**由于企业的基因不同，咨询只能解决共性的问题和提供标准的方法，个性的东西很难通过一个方案彻底解决。**企业管理层对企业问题的认识和对企业问题维度的观察都决定着企业生存的状态。例如，对于事必躬亲的老板，在组织设计上需要用更多执行型的中层干部；而对于相对放权的老板，中层设计就需要有管理型的干部，可以说，**企业的内因设计会影响企业的外因，同时外因的改变也会不断冲击内因。**局中有启局、承局、胜局之分，因此"系统营销思维"之局并非固定模式的思维模式，它是根据企业具体的情况进行分析得出的结果，不同的结果需要用不同的局法。**"系统管理方法"之"系统思维"的一个根本就是要打破管理过程中的"定式思维"。**

每个企业都有自己的基因和传承，所以我们通常看到一个企业在成功的道路上经常会忽视企业运营中的布局问题，而去放大企业的某一个闪光点，然后将它作为一个案例来讨论，关注的点就变成了主题。反之，我们看到某一个企业的失败，经常会通过一个点来窥探企业失败的原因，这都是片面的。

我们再回头看看企业成功的内因，往往和商业模式及管理模式有着直接的关系。假设同样的企业在商业模式和市场都是一致的前提下，会出现不同的业绩表现，究其原因更多的是管理的差异，但是管理更离不开布局。有时候我们在企业里开会，领导经常会讲："大家一定要有大局观。"何为"大局观"呢？真正的大局观不是每个人都会有的，因为每个人的经历不同，不可能有一个统一的认识。正所谓"夏虫不可语冰，井蛙不可语海"，我们在国内的优秀企业中都会发现一个类似的现象，就是企业家基本是能人、强人。他们不仅要有高超的智慧，还需具备处理社会关系的能力。一个成功的企业家，往往是经过魔鬼训练才能得以成就的。**企业对市场的辨识能力就是企业的生存能力。作为高管，可能不会和企业家有同样的感觉，因为定位不同，所承担的使命也不同。故而许多国内企业都是在一个强势的企业家带领下开拓出来的事业，有大局意识的人在企业中少之又少。因此，孤独是很多企业家的共同感触，因为一个优秀的企业家会看到别人看不到的世界，但往往别人不会相信。如何让其他人都相信企业未来的梦想，这便是一种管理艺术了。**

如果说企业的发展和经营中有布局之法，那么从不同的层次来讲，更多贯穿着用人之道、运营之道。我们来研究一下局法，每个企业都要从启局开始，不管中间经历多少波折，最后达成胜局才算是成功。否则，在整个经营过程中，一个环节不通畅都会引发问题。

启局是梦想，每个企业的成功都是把人经营成功的过程，从无到有，不断实现每一个目标。一个创业团队或企业核心人员的资源如果大于梦想，那么创业将是件相对容易的事情；**如果本身的资源很少，很难驾驭目前的梦想，那么创业将是艰难的，甚至是痛苦的。**如何能说服别人和你一起干，这是门艺术。就像一位成功企业家创业之初，能有那么多人和他一起干，除了个人魅力之外，更重要的是他不停地给团队成员输出梦想，让每个人都相信，启局一定有梦，梦是每个人内心的动力源，没有梦就没有方向，没有梦想就没有起初的动能。

找到合适的人，做合适的事很重要，这个人不一定是最优秀的人，往往我们用对人比做对事更重要。在现实的公司管理中，用对人也要做对事。必须正确审视员工的岗位匹配情况，确保每项任务都准确完成，因为重要岗位关乎企业的发展。说到布局就离不开组织，企业根据不同的发展结构会设立不同组织，那么组织的优劣会直接决定着企业的发展速度和生存能力，组织是公司的生态系统。一个运行良好的组织分成以下三个部分。

第一，就是企业的核心层。核心层是企业的动力之源，核心层成员往往是企业的命运共同体，这个共同体的使命也决定着企业发展的未来。所以在组织上层建设时，有一个比较强势、有威望的核心领导很重要，这是企业有社会属性的一面。我们经常看到，企业由于前期合伙人不和睦造成企业解体或组织矛盾重重的案例。一个人不一定是全才，但一个合格领导者要想成功，必须深刻理解人性，拥有宽广的胸怀，善于发现本质、平衡各种关系。因此，我们经常开玩笑说，企业家几乎是"野生"的，他似乎不用区别学历，不用计较出身，也不用专业训练，骨子里就具有企业家精神。这种企业家精神除了敢于冒险、善于把握机会、具备战略眼光之外，还有对成功的渴望和爱惜人才的特点，这也许就是第一代市场化企业家成功的动力源了。然而，我们进入信息化时代以来，很多企业似乎还在故步自封，企业的创新精神不仅仅体现在企业家的智慧里，还要有革命自省的勇气。不久，在医药行业就会面临另一个问题，那就是企业家的接班人的问题。由于文化属性的使然，父传子、子传孙的世代薪火相传的惯性轻易不会改变，当所谓的"富二代"站到组织的顶端开始成为企业权力的核心时，这时企业的发展和蜕变才刚刚开始。

第二，是企业的管理层。这个层次多数是由跟随公司多年的老员工和经理人组成，他们是公司发展的关键性力量。管理层的能力直接决定着企业运营的效率。这个层级横向的部门较多，也是公司既要相互协作又要相互制约的层级。这个层级多数是公司的利益共同体，但同时也可能产生矛盾和冲突。自古以来，人不可能摆脱动物属性，领地意识就是其中一种表现。这种领地意识在工作中主要体现为对权力和利益的争夺。核心层级的关键人员成了管理层级人员依附的对象，以确保职业生涯的顺利发展和业绩支持。管理层在资源的获取和市场的支持方面需要付出很大的努力，因此一批批职业大军在行业的管理层之间相互流动。当一个新任职业经理人加入一个团队比较稳定的老企业时，企业中的员工会骤然释放领地本能，职业经理人就不得不面临着不同层面的评论和挑剔，以至于很多企业根本没有"空降兵"的生存土壤，外来职业经理人不得不面临重新选择的局面。

第三，是执行层，包括市场销售人员和基层员工。在这个层面，我们需要打造利益共同体。对于基层员工，我们不要大谈理想，而要切实关注收入问题。能让员工赚多少，员工才有多少积极性。基层员工大部分还没有摆脱"生存期"，因此管理手段一定要简单有效。另外，执行层需要通过公司的管理体系进行绩效考核以及行为约束。

总之，最后的胜局在于企业经营的综合方面，企业经营好坏往往是一套综合管理的结果体现。要从深入理解消费者、制定清晰的品牌战略、整合传播资源等诸多方面进行着手，只有这样才能在布局中逐步清晰自己的营销打法，才能根据市场的不断变化而变化。

第四节 "果"——价值的核心

核心价值观是企业文化的核心，是企业的领导者和全体员工对企业的运作活动、企业及其员工行为是否有价值以及价值大小的总的看法和根本观点。它体现了企业最本质、最持久的原则，是企业相对性的自身绝对性，具有不可改变性与不可发展性。久而久之核心价值观也会逐渐变成企业的核心价值。

一、核心价值观的内容

企业的核心价值观通常包括以下几个方面。

1. 服务客户

以客户为中心，关注客户需求，提供高质量的产品和服务，实现客户满意和忠诚。这也是最能外在体现企业核心价值的一部分。

2. 敬人

尊重员工、合作伙伴和利益相关者，营造和谐、包容的工作氛围，促进共同成长。

3. 敬业

倡导专业精神，追求卓越，尽职尽责地完成工作任务，为企业的发展贡献力量。

4. 创新

鼓励创新思维和行动，不断探索新技术、新方法和新市场，保持企业的竞争力和活力。

5. 高效

注重工作效率和效果，优化流程，降低成本，提高企业的盈利能力和市场竞争力。

6. 求实奉献

坚持实事求是，注重结果导向，同时强调企业的社会责任和奉献精神，为社会作出贡献。

此外，还有一些其他常见的企业核心价值观，如全面创新、求真务实、以人为本、共创价值等。这些价值观共同构成了企业文化的核心，引导着企业的行为和决策。

二、核心价值观的作用

1. 凝聚作用

核心价值观能够凝聚企业的力量，使员工形成共同的目标和愿景，增强企业的凝聚力和向心力。

2. 激励作用

核心价值观能够激发员工的积极性和创造力，使员工更加努力地工作，为企业的发展贡献力量。

3. 导向作用

核心价值观能够为企业提供明确的方向和目标，指导企业的行为和决策，确保企业沿着正确的道路前进。

三、核心价值的培育与践行

我们在管理企业过程中经常通过强化宣传教育（如内部培训、文化活动等方式）来加强员工对核心价值观的理解和认同，提高员工的归属感和忠诚度。其中有以下三个重点。

1. 领导示范

企业领导者要身体力行地践行核心价值观，为员工树立榜样，引领企业形成良好的文化氛围。因为企业文化一部分就是领导的文化，我们经常说，有什么样的领导就有什么样的员工。

2. 制度保障

将核心价值观融入企业的管理制度和流程中，确保员工在工作中能够遵循这些价值观，形成规范的行为习惯。

3. 激励与约束

建立与核心价值观相匹配的激励和约束机制，对符合核心价值观的行为给予奖励，对违背核心价值观的行为进行惩罚，确保核心价值观的贯彻落实。

企业的核心价值观是企业文化的核心和灵魂，它引导着企业的行为和决策，为企业的发展提供动力和保障。因此，企业应该高度重视核心价值观的培育与践行工作，才能确保企业沿着正确的道路不断前进。

由上述定义反映，核心价值观对企业来说是非常重要的。它可以让企业明白，世界上为什么要有自己这家企业，顾客选择自己而非别的企业的理由是什么？只有当核心价值观明确的时候，企业才可能在许多方面去寻找、培育实现核心价值所需要的能力，即核心能力。例如，在战略管理、品牌管理、人力资源管理、流程再造管理等方面，没有核心价值来引导，企业面临环境的变化，只会进行一次次"无主题"式的"战略调整"等管理活动，从而使企业被各种"商机无限"的项目和业务拖向经营的沼泽地，企业的核心能力将无法形成，最终走向衰弱或消失。既然核心价值对企业如此重要，那么，随之将进一步深入探讨企业核心价值的表现形式，了解它是如何形成、发展的，以及用什么方法来实现。

四、核心价值的形成过程

一个企业所具备的核心价值观，并由价值观逐步转化成企业的核心价值，是有一个过程的。从核心价值观表现形式的多样性和复杂性看出，企业核心价值的形成及发展需要经过长时间，涉及多方面。

（一）第一阶段

从纵向来看，核心价值是随企业的发展至少经历四个阶段步骤而形成并丰富的。第一阶段是企业初创期。由于企业经营能力差、规模小，企业的核心价值在企业的不断成功中得以形成和强化，相对来说是单一的；第二阶段是企业进入成长期，经营能力增强，规模逐渐扩大，获取了更多资源，取得了许多成功的实践，自身的核心价值得以扩展，可能会产生几个核心价值；第三阶段是企业进入成熟期，规模达到顶峰，面临更大范围的竞争，跨部门合作更为重要，企业需要通过对核心价值进行优化选择，来保持相对竞争对手的优势；第四阶段是企业进入老化期，各主要经营领域都会面临很残酷的竞争，由此需要企业对自身的某些或某个核心价值进行更新，以适应未来环境。

（二）第二阶段

从横向来看，核心价值由企业的各个管理活动的关键成功要素综合体现。企业创造价值的过程涉及各种管理活动，如战略管理、生产管理、研发管理、市场营销管理、人力资源管理、客户关系管理、供应商管理、公共关系管理、安全管理、质量管理、风险管理等。不同企业的核心价值在管理活动中反映的程度不同，一般要通过跨部门的管理活动来实现，特别是能形成企业核心能力的管理活动，这部分活动就包含着核心价值的关键成功要素。例如，北京同仁堂的核心价值是"炮制虽繁必不敢省人工，品位虽贵必不敢减物力",这是一个企业对产品的质量要求标准,也逐渐成为企业的核心价值。

当企业由关键成功因素构成的核心能力得以进一步验证和强化,企业的核心价值也就形成了。相反,如果管理活动背离了企业的核心价值,将会给企业带来灾难性的打击。前几年四川某中药生产企业,其产品由于质量问题被全面召回,该企业有"普药大王"的称号,他们开始的竞争优势来自低价位策略,这种模式在竞争中并没有错,错误的是企业在经营过程中不断地控制成本,导致一些产品的质量出现了问题,这就是典型的管理活动背离企业核心价值的表现。

（三）第三阶段

从利益相关者来看,核心价值经历了由企业创始人初创核心价值、第一批成员通过企业的成功经验认可核心价值、高层管理人员进一步示范强化、所有员工的一致行动、客户确认、股东支持等过程而形成、固化和确认。

五、核心价值的发展

具体来说,企业的核心价值最先是由企业的创始人经过对企业生存的思考和实践而初创的。例如华海药业,一开始企业具备的核心业务领域就在原料药的生产供应上,后来逐步转型到制剂的生产和研发,那么整体的企业管理模式一定是从原料销售管理的标准中延伸而来的。

当企业第一批成员以此来指导自己在企业中的行为并获得了成功,由此产生对企业核心价值的认可,而高层管理人员进一步参与实践,用核心价值来指导企业的经营管理活动,形成企业的核心竞争能力,从而使核心价值得到了强化。特别是所有员工在打造企业的核心竞争力过程中,使核心价值在企业中得以固化。最终,由于客户对企业提供的产品和服务非常满意,进一步对核心价值加以确认,而股东从核心价值为企业带来的长期业绩中获利,会对企业的核心价值进行大力支持。对此,企业的核心价值就深入利益相关者的心里去了。

如果员工不能用心去实践，将会对企业造成很大的伤害。例如，曾以"沟通、尊重、诚信、卓越"为核心价值的安然公司，其员工在实际行为中却唯利是图，采取欺诈的手段牟取暴利，根本没有诚信可言，最终导致了公司破产。

六、核心价值的梳理

由于企业的核心价值需要通过多个管理活动、众多人员参与来体现，如果不加以梳理和清晰，随着发展核心价值和环境的变化，企业将会迷失自己的核心价值。那么，如何梳理和清晰核心价值？

梳理和清晰企业的核心价值，必须找到路径和方法。关于路径，前面所阐述的企业核心价值是如何形成、发展的，其实也为梳理和清晰企业核心价值提供了路径，即企业发展历史、企业经营活动、企业成员及客户的认识和行为等。至于方法，可以通过以下步骤来寻找。

第一，究根溯源来初判企业的核心价值。可采用企业生命周期的方法进行分析。先根据企业历年的销售收入增长率和利润增长来划分企业的不同发展阶段，再收集企业的成功案例和历史中的重大事件，如组织结构调整、高层人员变动、股东变化、重大社会活动等，并按时间进行排序。然后，以企业的成功案例为主线，分析取得成功的要素，结合同期发生重大事件的因素，就可以呈现出企业价值的雏形了。最后，在众多的价值中以是否具有历史延续性来初判企业的核心价值。

第二，通过寻找关键成功要素来明确企业的核心价值。用一句话概括，它存在于企业的管理活动中，特别是那些企业具有巨大优势或相对优势的管理活动中。可以用价值链和对立价值架构的方法进行分析。第一步就是确定企业创造价值的主要管理活动。价值链分析是将企业活动分成两组：一组是基本活动，主要涉及如何将输入有效地转化为输出的最终产品与服务；另一组是支持性活动，反映企业内部的管理活动。如此划分有利于分解识别企业产生价值的来源，判断企业的竞争优势，找出价值链上的关键环节及对应的管理活动。第二步是分析主要管理活动的价值要素。采用对立价值架构方法分析。对立价值架构包括控制、竞争、创造、协作，把这四个活动作为一个整体看，对企业管理中的各种创造价值活动进行归类，从中找出企业已有或期望的关键成功因素，确定体现的企业核心价值。例如，辉瑞制药（Pfizer）作为全球领先的生物制药公司，其核心价值包括创新、质量和责任。公司致力于通过科学和全球资源改善人们的生活质量。还有笔者曾经供职过的企业强生（Johnson& Johnson），其核心价值体现在企业信条中，强调客户第一、员工第二、社会第三和股东第四。这些信条指导企业在医疗保健、消费品和制药领域的各项业务。

第三，挖掘利益相关者对企业核心价值的认知。通过企业生命周期方法，初步得到了企业的核心价值，采用对立价值架构找到关键成功要素。但这样还不够，因为缺乏人的因素。还需要用实证的方法来验证并清晰企业的核心价值，即通过深入访谈企业高层、中层、普通员工以及客户来实现。深入访谈涉及的面要广、人员要多，未能涉及的要用调查问卷来补充。主要内容应包括企业的优势是什么，为什么？产品或服务的价值是什么，为什么？各自工作中哪些是有价值的，为什么？等等。将受访者的观点进行归类，得出利益相关者对企业核心价值的认知。

七、价值确认

价值确认就是确认和清晰企业的核心价值。可先列出前三种方法得到的企业核心价值，采取求同去异的方法进行确认。采取的步骤为：优先挑选三种方法都得到的核心价值，数量不要超过四个，如果不够，可以考虑选择由两种方法获得的核心价值，若只用一种方法获得的核心价值一般不作考虑。在明确企业的核心价值后，下一步就是要将它进行清晰：首先，在企业内、外部对确定的核心价值进行讨论、完善，达到一致性的认识；其次，将企业的使命和愿景与核心价值一致起来，进行简洁的表述；再次，企业的战略要围绕核心价值来制定、实施；最后，通过反映核心价值的关键成功要素的相互组合，分别形成企业的核心竞争能力，并且落实到相关的主要管理活动中去。

第四章

品类品牌化的
实现方法

在此章中，着重介绍企业在营销管理过程中一个非常重要的话题——品类和品牌。这是我在负责几个大的品牌公司中总结出的些许经验，在此分享给各位读者。在市场调研中发现，很多企业对品牌的管理和品类管理概念缺失、路径不清晰，甚至不清楚如何建立品牌体系。从而对营销的战略仅仅停留在战术的层面。我经常说，"如果把时间轴拉长来看，企业最大的资产将是品牌资产"，否则您的企业无论现在做得多大，那也只不过是一个时代的产物。北京同仁堂历经350多年，品牌价值不言而喻，以"同修仁德，济世养生"为创立初心，以"配方独特、选料上乘、工艺精湛、疗效显著"的制药特色，至今家喻户晓。还有日本的金刚组，创立于578年，至今已有超过1400年的历史。金刚组最初以建造寺院为主，一直延续至今，成为世界上最古老的公司之一。

因此，经营企业哪怕规模再小也需要有品牌意识。这些品牌之所以能够历经千百年而屹立不倒，很大程度上是因为它们能够适应时代的变化，同时坚持自己的核心业务和传统技艺，不断创新和改良产品，以满足时代的需求。

第一节　以顾客为导向，建立"服务＋品类"模式

建立"服务＋品类"模式，是一个旨在提升客户体验、增强市场竞争力并促进业务增长的有效策略。尤其在从增量竞争环境到存量竞争甚至缩量竞争的市场环境下，"服务＋品类"模式就非常重要。目前，很多零售连锁企业的会员服务、慢病服务等都在陆续展开，但是很多企业效果并不

理想。以下是一些关键步骤和考虑因素，有助于成功构建这一模式。

一、明确目标与定位

1. 确定目标客户群

要明确目标客户群的需求和偏好，包括他们的购买习惯、消费能力以及对服务和产品的期望。

2. 设定业务目标

根据目标客户群的需求，设定具体的业务目标，如增加销售额、提升市场份额或提高客户满意度等。

二、市场调研与分析

1. 了解市场需求

通过市场调研，深入了解目标市场的需求和趋势，包括消费者对服务和产品的偏好、竞争对手的情况以及潜在的市场机会。

2. 分析竞争态势

评估竞争对手的"服务＋品类"模式，了解他们的优势和劣势，以便找到差异化的竞争策略。

三、优化品类管理

1. 精选品类

根据市场需求和目标客户群的偏好，精选具有竞争力的品类，确保产品的质量和多样性。

2. 品类规划

制定品类规划，包括品类的定位、目标市场、销售渠道和营销策略等，以确保品类管理的有效性和针对性。

四、提升服务质量

1. 专业培训

对服务团队进行专业培训，实行"包教会"，以提升他们的专业技能和服务意识，确保能够为客户提供优质的服务体验。

2. 服务标准化

制定服务标准和流程，确保服务的一致性和稳定性，提高客户满意度。

五、整合"服务＋品类"

1. 服务与品类融合

将服务与品类紧密结合，通过服务提升品类的附加值，如提供定制化服务、售后服务等，以满足客户的个性化需求。

2. 营销推广

制定有效的营销推广策略，如联合营销、促销活动、会员制度等，以提高"服务＋品类"模式的知名度和影响力。

六、持续优化与创新

1. 客户反馈

积极收集客户反馈，了解客户对"服务＋品类"模式的满意度和改进建议，以便不断优化和创新。

2. 技术创新

利用现代信息技术，如大数据、人工智能等，提升"服务＋品类"模式的智能化和个性化水平，提高运营效率和客户体验。

七、案例分析

以植物医生单品牌店为例，该品牌通过"产品＋服务"的运营模式，成功贴合了消费者需求。植物医生不仅注重产品品质，还提供优质的护理服务，如设置护理服务的区域，为到店消费者提供护肤护理。这种服务模式不仅提升了客户体验，更促进了产品销售和品牌忠诚度的提升。

综上所述，建立"服务＋品类"模式需要明确目标与定位、进行市场调研与分析、优化品类管理、提升服务质量、整合"服务＋品类"、持续优化与创新等关键步骤。通过这些努力，企业可以为客户提供更加优质、个性化的服务和产品体验，从而在激烈的市场竞争中脱颖而出。

第二节　资源聚焦，品类
为王的投入法则

《孙子·虚实篇》有言："水因地而制流，兵因敌而制胜。故兵无常胜，水无常形。"现代商场，是以巧取胜，绝非凭力制胜。故而，商场如战场，凡试图生存者必定需要"水性思维"，懂得水滴石穿下的逆中有顺，了解四两拨千斤的以柔克刚。在与强劲对手赛跑的商战中，不讲技巧，一味以"蛮力"猛冲猛打，其结果只会撞得头破血流，最终偃旗息鼓。所以，做生意需要策略，需要懂得用脑。当然，用乎其妙，存乎一心。策略如秘笈，于不同人的手里其功力亦不同。那么，就让我们探秘强者是如何操纵市场的。

首先是聚焦策略。聚焦策略与资源策略本是彼此紧密相关，但又相互区分的企业发展策略。在农夫山泉公司的运作中，将两者巧妙地结合，取得了不菲战果。聚焦策略是指公司把优势资源集中于某一个特定的细分市场，在该特定市场建立起比较竞争优势，比竞争对手更好地服务于这一特定市场的顾客，并以此获取高的收益率。很多企业最常犯的错误就是没有把自己的精力集中用在一个点上。他们总是兴趣广泛，贪心不足，这山望着那山高，朝三暮四，浅尝辄止；很多企业多头出击，分散投资，战线拉得很长，触角伸得太多，没有在自己的核心竞争力上使劲，结果就是企业大而弱。这种案例在医药行业屡见不鲜。

所以，雷霆万钧敌不过瞬间爆发的一道闪电。也不是子弹多就能击中

目标，毕竟常言道，"锁定目标，弹无虚发"。市场竞争中最强有力的武器就是集中所有的力量于一个点上，或只拥有一个概念。

资源策略是企业发展战略的一翼。市场经济属于稀缺经济，价值规律决定资源总是在行业部门内不均匀地流动。要很好地谋划企业成长，必须全面发掘资源。"集四面各种资源，成八方受益事业"是企业家的使命，也决定企业的命运。

对企业家而言，要树立大资源观。不但要发掘物质资源，也要发掘人力资源；不仅要发掘现实资源，也要发掘潜在资源；不仅要发掘直接资源，也要发掘间接资源；不仅要发掘空间资源，也要发掘时间资源；不仅要发掘智力资源，也要发掘情感资源；不仅要发掘可见资源，也要发掘无形资源。

因此，品类领先是每个企业首先要追求的基础目标，这样才能拥有广阔的市场空间。但如前所述，若要成为领先品类，就必须拥有比竞争对手更多的资源，必须形成足够的竞争优势。可是，有人会问："我们企业小，没有钱，没有人，可能只有几个好产品，怎么聚焦呢？"

大家不要忘了，企业要想有所发展，初期基本上都是找钱和找人，只要能够集"聚焦策略"和"资源策略"于一体，就会发现，中小企业其实也可以变得"资源充沛"。

战国时期田忌赛马的故事，其实就是一个智慧运用聚焦资源策略的典型案例。故事中的田忌其实可以看作中小企业，而齐威王则相当于大企业。此前，田忌与齐威王赛马，因为实力相差悬殊，所以每次都以田忌败北告终。但孙膑则聚焦资源，运用策略娴熟，借此帮田忌扳回败局。孙膑辅佐田忌以上等马（优势资源）对抗齐威王的中等马（薄弱资源），以中等马（优势资源）对抗齐威王的下等马（薄弱资源），两战两胜，获得竞赛的最终胜利，成为竞赛的赢家。

我在桂林三金任营销公司总经理期间，就是运用聚焦资源策略让桂林三金的西瓜霜喷剂得以成功。桂林三金药业股份有限公司的西瓜霜家族系列产品中，早年开始推广的西瓜霜含片几乎家喻户晓，随着产品市场的拓展和竞品的崛起，该系列产品一直稳定在 5 亿多元市场规模，并且这个品类一直是由片剂来主导的。

西瓜霜的用途非常广泛，不仅可以治疗口腔溃疡，而且对咽喉肿痛、牙龈出血、鹅口疮，甚至是霉菌性阴道炎都有很好的疗效。对于喷剂的推广，还是有人担心剂型使用的方便性问题，同时也存在如受潮后里面会板结等问题。但是这并不会影响产品的质量。口腔溃疡患者在使用其他产品的时候可能会感觉非常疼，但是西瓜霜喷剂不仅痛感较其他药物低，并且愈合能力非常好。由于西瓜霜疗效确切和使用感受良好等特点，这样的属性再加上西瓜霜品牌的背书，足以促使它成为一个大单品了。

2010 年，桂林三金开始了细分口腔品类的工作，将西瓜霜喷剂作为"咽喉防火墙"的聚焦诉求进行引导，主要是针对上火引起的口腔疾病。单独以大单品的方式进行市场投放，此产品上市后的销量迅速增长。在传播渠道上，桂林三金也采取聚焦娱乐类栏目的策略，对目标人群进行有效传播，在口喉用药的品类中实现了聚焦资源、聚焦客户、聚焦品类的本质突破，成功地导入市场并取得了良好的业绩。

第三节　品类角色的定位

品类管理要求不能单纯从品牌出发，需要更进一步全面地分析品类，而确定品类角色是实行品类管理的关键内容之一。

在确定品类角色时，许多药店把产品简单分为高端、中端（普通）低端和辅助产品。而经营品类在终端应用上一般分为目标性、常规性、季节性、偶然性和便利性。

一、确定自己的品类在门店中的角色

首先要确定门店定位（社区门店、商业区门店、旅游区门店、城乡门店）与消费者细分，明确品类在门店的定位以采用不同的营销手段。重要的是发挥整体优势，提高品类并协同终端的营销效率。

定义品类角色时，需要考虑到品类对终端的重要性，对目标购物群的重要性及对品类发展的重要性。品类分析应首先确定品类对目标购物群体的重要性。汇总不同客户群体在不同品类中的购药频率、客单金额等数据。不同的品类因其品类角色不同，应采取不同的品类战术。

比如药店 A 与药店 B 位置邻近，A 是以经营家庭常用药为主的社区小药店，B 是药品大卖场，各类品种都很丰富，保健品礼盒是其目标性品类之一。某一天，B 卖场保健品礼盒（如虫草燕窝）大幅度降价，A 药店快速跟进。结果是 B 卖场销量大增，但 A 药店不仅生意没有增长，还损失了不少利润。这是一个典型的用便利性品类与目标性品类竞争的例子，很多药店在实际运作中都会犯这样的错误。

二、品类角色具有截然不同的特点

目标性品类，一般应为与门店定位最为符合的品类，规格较少。具有价格、质量、便利等方面的领先性，在制定策略和战术时，可分配较多资源。例如，医院附近的院边店，多数以依赖医院处方的产品为主。

常规性品类，一般为最大量产品，规格较大，是消费者常规性购买但价格敏感性较低的品类，有较高的平稳性，利润中档，为企业认知产品。在制定品类战术时，可分配一般资源。例如，大中型药店的益补品类、计生品类；小型药店的感冒药品类、止痛药品类。

季节性品类、偶发性品类是指消费者购买规律为季节性、偶发性的品类，如中小型药店的止泻品类。

便利性品类，通常为辅助产品，能充分满足消费者一站购齐的愿望。它能充分利用门店的剩余空间，而且具有配套性，不仅可以为消费者提供便利，还可以提升消费者满意度。例如，创可贴品类、含片品类等。

药店经营者应当结合门店的定位和产品的销量等，确定门店的品类角色，以便进一步展开切实可行的营销活动。

第四节　多品类组合战术

多品类组合战术是为实现品类经营策略和目标而采取的行动，其内容与市场营销的组合策略十分相似，但要更具体、更细致，更能体现医药零售业态的特点。多品类战术一般由企业的企划系统与销售系统共同制定。相比以往的管理模式，品类管理的具体战术更加具有灵活性和针对性。对于诸侯割据的国内医药市场，药品品类战术能让自下而上的营销工作更为流畅。多品类战术可针对局部区域计划高效的产品组合、优胜的产品陈列、攻击力强的定价与促销、低投入的动销培训计划、快人一步的新品引进策略等。

一般来说多品类战术主要包含五个方面，分别是商品组合、品类价格、品类促销、商品陈列和供应链管理（见图 4-1）。任何一部分的缺失，都会使整个品类管理的效果受到影响。

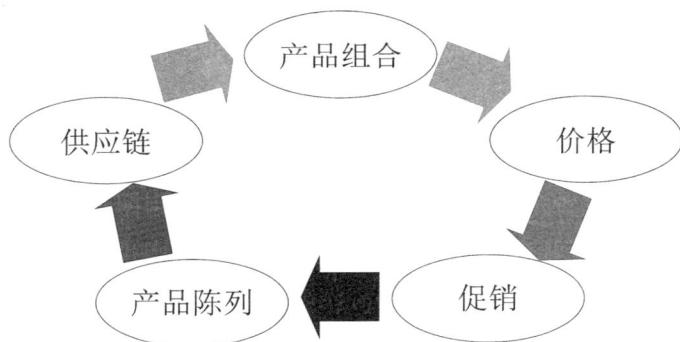

图 4-1　多品类组合战术

针对多品类在实际战术上的应用，以下将详细做阐述。

一、品牌＋自有品牌组合

1. 目的
为了满足顾客对品牌产品的依赖，同时不丢失药店的毛利。

2. 实施方式

药房终端都会引入知名品牌产品，同时推出自有品牌作为补充。自有品牌通常具有价格优势，可以吸引价格敏感的顾客。通过品牌产品作为吸客品类。

3. 效果

这种组合可以提升药店的品牌形象，同时增加利润。但高毛利产品和品牌产品的销售比例建议保持在一定平衡线上，如果高毛利产品销售超过该品类 40％的份额，将会导致客流下降。

二、跨品类组合

1. 目的

通过不同品类之间的关联销售，提升顾客的整体购买量。

2. 实施方式

（1）药品＋保健品：如感冒药与维生素 C 的组合，可以增强免疫力，促进感冒恢复。

（2）妇科＋儿科产品：针对家庭顾客，提供妇科和儿科产品的组合，方便家庭一站式购齐。

（3）常规品类＋便利品类：常用药品与便利品（如口罩、消毒液）的组合，可以满足顾客的即时需求。

3. 效果

跨品类组合可以增加顾客的购买黏性，提升药店的销售额。

三、季节性品类组合

1. 目的

根据季节变化，推出相应的药品组合，满足顾客的季节性需求。

2. 实施方式

（1）夏季：推出防暑降温药品、凉茶等。

（2）冬季：推出感冒药、止咳药、暖宝宝等。

（3）特定节日：中秋节推出保健品礼盒、端午节推出艾草包等。

3. 效果

季节性品类组合可以抓住顾客的即时需求，提升药店的销售额和利润。

四、专业品类组合

1. 目的

通过提供专业的药品组合，满足特定顾客群体的需求。

2. 实施方式

（1）糖尿病品类：提供降糖药、胰岛素、血糖仪等组合。

（2）高血压品类：提供降压药、血压计等组合。

3. 皮肤

专业品类组合可以提升药店的专业形象，吸引特定顾客群体，增加销售额。

五、促销品类组合

1. 目的

通过促销活动吸引顾客购买，提升药店的客流量和销售额。

2. 实施方式

（1）买一赠一：如购买某品牌感冒药，赠送口罩或消毒液。

（2）满减活动：如满 200 元减 50 元，鼓励顾客增加购买量。

（3）会员优惠：针对会员提供额外折扣或积分奖励。

3. 效果

促销品类组合可以刺激顾客的购买欲望，提升药店的客流量和销售额。

六、关联用药组合

1. 目的

通过关联用药，提升顾客的治疗效果，同时增加药店的销售额。

2. 实施方式

（1）针对症状组合：如针对感冒症状，提供感冒药、止咳药、消炎药的组合。

（2）针对疾病组合：如针对心血管疾病，提供降压药、降脂药、抗血小板药的组合。

3. 效果

增强顾客与药店的互动黏性，促进顾客对药店的信任度，提升药店销售额。

4. 注意事项

关联用药需要确保药品之间的安全性和有效性，避免药物相互作用或不良反应。

七、动态调整品类组合

1. 目的

根据市场变化和顾客需求，动态调整品类组合，保持药店的竞争力。

2. 实施方式

（1）定期分析销售数据：了解哪些品类销售良好，哪些品类需要改进。

（2）引进新产品：根据市场趋势和顾客需求，引进新产品，丰富品类组合。

（3）淘汰滞销产品：对于长期滞销的产品，及时淘汰，避免占用库存和资金。

3. 效果

动态调整品类组合可以保持药店的活力，提升销售业绩。

综上所述，药品零售的多品类组合战术需要根据市场需求、顾客需求以及药店的实际情况来制定和实施。通过合理的品类组合，可以大幅提升药店的销售业绩和竞争力。

第五节　品牌结构与品类结合手法

一、单一品牌策略

单一品牌策略又称统一品牌策略，是指企业将生产的所有产品全部统一使用一个品牌，也叫伞状品牌结构，如北京同仁堂品牌、东阿阿胶品牌、天士力品牌、云南白药品牌等。企业使用单一品牌策略，使得品牌资产得到最充分的共享。

（一）单一品牌策略的优点

1. 新产品快速推向市场企业

在推出新产品的时候，利用现有品牌的良好信誉以及消费者对现有品牌的信赖和忠诚，消除消费者对新产品的猜疑，由此消费者比较容易接受新产品，使新产品能够迅速地被推向市场。

2. 维持品牌形象和品牌个性的统一稳定性

在单一品牌策略下，从包装到广告到公关活动等品牌经营活动的全过程，企业采用同一个声音，聚力塑造统一的品牌形象和品牌个性；与多品牌策略相比，可以使品牌形象和品牌个性更加突出、鲜明，避免消费者在认识上发生混淆，提升消费者认知认可的清晰程度。

3. 降低企业经营成本

这里提到的成本包括品牌设计费用、市场宣传费用、广告费用、品牌管理费用等。例如，北京同仁堂的同仁堂品牌，在药品、保健食品、化妆品，以及连锁药房、中医馆都使用"同仁堂"这个单一品牌，它可以集中所有力量对"同仁堂"这一品牌进行宣传，而不必对不同类别的产品进行分散宣传。

（二）单一品牌策略的缺点

1. 株连风险

株连风险是指"一损俱损"的风险。如果某一品牌名下的某种产品出现了问题，导致该品牌在消费者心目中的地位、信誉度下降，那么在该品牌旗下的其他产品也会受到株连。

2. 消费者选择性差

单一品牌策略要求保持稳定的品牌定位、品牌形象、品牌个性，产品间缺少区分度，差异性小，由此不利于企业开发不同类型的产品，消费者无法进行针对性选择。

（三）单一品牌策略的运用

采用这种策略，企业必须具备两个基本条件：一是品牌必须在市场上已经具有较高的知名度、美誉度，具有较强的竞争力；二是不同产品要具有相同或类似的质量水平，否则会因某一产品质量差而影响整个品牌形象。

二、多品牌策略

多品牌策略是指企业同时经营或使用两个以上相互独立、彼此没有必然联系的品牌。这也是我们常说的树状品牌结构。例如，广药集团旗下的"王老吉"和"潘高寿"等品牌；哈药集团旗下的"世一堂"和"三精"品牌；上药集团旗下的"龙虎""青春宝""胡庆余堂"等品牌。

（一）多品牌策略的优点

1. 提升市场份额

它可以根据功能、个性、价格的差异进行市场划分，向市场推出多个具有差异性的品牌，满足多层次、差异性需求，分别占领不同的细分市场，从而提高市场占有率或占领更多的市场份额。

2. 有利于推出多种性能、用途差异极大甚至相反的产品

在使用同一品牌策略的情况下，如果把卫生用品的品牌扩展到食品上，消费者从心理上就很难接受，因为产品之间的性能或用途差异太大。倘若分别使用不同的品牌，则不会产生不和谐的品牌联想。

3. 降低企业的经营风险

多品牌可以分散风险。在某品牌由于经营不善或是外部不可控因素而导致失败，得不到消费者的青睐时，还有其他品牌进行支撑，从而保持企业的稳定经营。如果某企业的某种产品只有一个品牌，抗风险能力就比较弱，一旦该品牌经营失败，那么企业可能失去该产品的整个市场地位。

（二）多品牌策略的缺点

1. 品牌运营成本高

每个品牌有各自的细分市场，都要分别进行市场宣传、广告、促销等活动，这样会造成营销资源分散，难以集中，因而需要较高的品牌运营费用。

2. 品牌之间可能形成过度竞争

企业开发多个品牌分别服务于不同的细分市场，满足不同的消费需求，有助于促进品牌间的良性竞争。但是，品牌间的边界有时很难绝对界定，不同品牌在定位、个性、功能方面会重叠，其结果是不同品牌的目标顾客存在交叉，它们为争夺市场往往会导致互相残杀，造成品牌之间的过度竞争。

3. 容易在消费者中产生混淆

多个品牌会呈现多种不同的风格，因而难以形成完整、统一、鲜明的企业形象，如果没有在产品上标明公司名称，消费者将无法判断产品到底是哪家公司生产的，脑海中会产生混淆或是混乱。

4. 新产品上市难度加大

新产品推向市场时无法得到成功品牌的帮助，消费者对新产品常常抱有怀疑态度，因而增加了新产品成功的难度。

（三）多品牌策略的运用

1. 从市场方面来看

要求消费需求差异性较大，且具有一定的市场容量消费需求的差异性是进行多品牌营销的基础和前提条件，如果没有差异化的需求，就没有多品牌营销，因为每个品牌针对不同的细分市场，有自己独特的个性和功能。例如，现在儿童用药市场，其细分标准和细分市场很多，有以不同剂型来划分的；有以功能与主治来划分的，同时又以年龄划分的，分为0—2岁、2—14岁不同阶段用药。其中有辅助治疗性产品，也有治疗性产品。用一个品牌去满足所有消费者的需求会比较困难，很多情况下也不可能，由此构成了药品产业进行多品牌营销的基础。市场容量大是企业采用多品牌策略的另一个重要的前提条件。如果市场容量比较小，那么细分市场的容量就更小，过少的目标顾客不能为企业带来丰厚利润，甚至不足以支持多品牌营销的相关费用，当然也就没必要应用多品牌策略。相对药品市场而言，食品、快消品、服装、汽车等生活消费品行业较广泛采用多品牌策略。

2. 从企业角度来看

它们的市场空间通常都比较大，要求实力较强采用多品牌策略，对企业资金实力的要求较高。因为不同的品牌需要进行不同的市场宣传、广告、促销等活动，需要大量资金投入，一家没有雄厚资金作支撑的中小企业根本无法承受。多品牌策略对企业的管理能力要求也较高。企业进行多品牌经营，总是尽可能地在采购、生产、渠道、营销等方面做到资源共享，实现规模化经营，产生最大经济效益。但是，不同品牌之间又是一种竞争关系，如何对不同品牌进行协调是一件复杂而又具有艺术性的工作，没有较强的综合管理能力是无论如何办不到的。

三、主副品牌策略

主副品牌策略是指一个主品牌涵盖企业的系列产品，同时给不同产品起一个富有魅力的名字作为副品牌，以副品牌来突出不同产品的个性和形象，该策略也称为副品牌策略。例如，仁和药业公司在"仁和"这一主品牌下就有"可立克""优卡丹""妇炎洁"几个副品牌。从本质上讲，副品牌策略仍然是一种品牌延伸策略，都是利用消费者对现有品牌的信赖和忠诚来推出其他新产品。它是介于单一品牌策略和多品牌策略之间的一种品牌策略，在具有两种策略优点的同时又在一定程度上规避了两种策略的不足。

（一）主副品牌策略的优点

1. 新产品易于被消费者接受

主品牌如果有较高的美誉度，为消费者所认可和信赖，副品牌可以搭载主品牌这辆便车，借助主品牌的市场声誉和力量，迅速赢得消费者的认可，从而在市场中赢得一席之地。比如"云南白药"是主品牌，"云南白药牙膏""云南白药气雾剂"等产品已在市场中建立了较高的知名度和美誉度。这种主副品牌也是根据同一品牌下的不同品类来区别的。同时，在保持主品牌稳定性的前提下，通过副品牌体现产品的差异性，直观形象地表述产品的特点和个性，这样可以实现同中求异，凸显个性之美。

2. 提高宣传费用的使用效率

采用副品牌后，企业在主副品牌宣传上可以起到相互促进的作用。广告宣传的重心可以按照产品发展的周期变化来确定，有时候副品牌依附于主品牌联合进行广告活动，有时候以副品牌为主建立品类优势。如此操作，既能够提高主品牌的影响力，又能够宣传副品牌下产品的个性和形象，扩大副品牌的传播面。可见，集中广告经费用于主副品牌的联合宣传，不失为既可以节约广告成本，又能够取得较好的宣传效果之良策。

3. 提升主品牌的影响力

副品牌可以强化主品牌的核心价值，拓展品牌联想，为主品牌注入新鲜感、现代感、时尚感、亲和力等，获得消费者新的心理认同。简言之，主副品牌策略运用得当反过来可以提升主品牌的影响力。例如，东阿阿胶，其副品牌"桃花姬"命名就非常有特色：该产品是即食的阿胶膏，从名称到品类联想都能感觉到是为女性提供的产品，意如面似桃花、健康美丽的诉求，同时能给人们以滋补和调养，这就是主品牌给副品牌背书的能量，不仅带动了副品牌的发展，同时也高效地提升了主品牌的饱和度。

（二）主副品牌策略的缺点

1. 有主副品牌双输的风险

企业采用主副品牌策略的目的是让主品牌为副品牌提供背书功能，这样副品牌就能够凭借主品牌的光环，迅速打开消费者的心扉，同时促进主品牌形象的提升，最终实现主副品牌的双赢。反之，一旦该策略使用不当，主要表现为副品牌的定位、形象、个性等与主品牌严重背离或是截然相反，很可能会形成双输的局面。主副品牌策略的运用不当有两种典型情况：一是高端向低端延伸，即主品牌是高端品牌，副品牌下的新产品是低端产品，这样不仅可能无助于新产品的销售，还会损害主品牌的声誉和形象。二是低端向高端延伸，即主品牌是低端品牌，副品牌下的新产品是高端产品。由于主品牌在消费者心目中的低端形象已经根深蒂固，他们通常不太愿意为低端形象的高端产品支付高价格。例如，大众旗下的辉腾原本进入高端车市场，结果栽了个大跟头，其原因是当辉腾贴上了大众标志后，并没有多少人会愿意花费巨资购买一款同帕萨特等级一般的豪华车了。

2. 主副品牌策略的管理协同风险

企业采用主副品牌策略会增加很多副品牌，由此将产生副品牌的协同管理问题。在通常情况下，副品牌下的产品属于同一产品大类，倘若没有对副品牌下产品的功能、定位、个性等严格区分，就可能使得消费者产生错乱的感觉，不仅会造成副品牌之间的混战，还会给主品牌造成损害。

（三）主副品牌策略的运用

企业在运用主副品牌策略时，应注意以下几个方面的问题。

1. 副品牌旗下的产品原则上属于同一品类

如果企业的产品属于不同的类型，就不宜使用统一的品牌，否则会使消费者产生心理冲突，弱化主品牌的品牌定位、形象和个性。例如，"雪佛兰"将产品线扩展到卡车和赛车领域后，消费者心目中的"雪佛兰是家庭轿车"的定位、形象就不再那么明晰了。

2. 主副品牌的价值诉求必须一致

假如主副品牌的价值诉求不一样，就不宜采用主副品牌运作模式。例如，雀巢收购哈根达斯后，仍然让哈根达斯品牌独立运作，其原因在于，如果硬要将两个品牌捆绑在一起，会损害或模糊哈根达斯原有的价值诉求，破坏消费者对哈根达斯的情感。

3. 正确处理好主副品牌间的关系

主品牌是副品牌的前提和基础，副品牌是主品牌的延伸，两者相辅相成、相互促进。但企业投入大量资源培育、宣传的应是主品牌，而不应是副品牌。

4. 副品牌应与目标市场相吻合

副品牌所张扬的个性与卖点，应与其目标市场的关心点、需求点相吻合，这样才能快速、有效地俘获消费者的心。

四、联合品牌策略

联合品牌策略是指两个或两个以上品牌在资源共享、共担共赢的原则下，相互开放营销资源，实现优势互补、扩大销售、提升品牌竞争力的目的。

（一）品牌联合的优点

1. 产生名牌叠加效应

品牌联合的成功案例虽然举不胜举，但在医药行业并不多见，医药行业主要体现在品类和品牌的联合上。例如，圣火药业的"理洫王"血塞通软胶囊与"阿司匹林"的品牌绑定，借助拜耳阿司匹林的广大服用人群，"理洫王"血塞通软胶囊大打"阿理疗法"，因为它们有着共同的患者市场，大部分服用阿司匹林的患者也是血塞通类产品的病患人群，双方存在互补关系而非竞争关系，这种不同行业的品牌联合使得品牌间相互支援和相互映衬，因而产生名牌叠加效应，达到双赢目的。又如，"左氧氟沙星"与"三金片"的联合用药，因为"三金片"产品推广的临床试验表明，与"左氧氟沙星"联合用药中对患者泌尿系统的疾病效果最好，因此很多"左氧氟沙星"的供应商进入了"三金片"的销售渠道，借助"三金片"强大的品牌效应带动产品销售。又因"左氧氟沙星"品类属于抗生素类产品，使之原本仅靠处方来销售的方式的产品在零售终端的销量得以释放。

2. 提高投入产出效益

通过品牌联合，品牌间就能够共建和共享营销资源，如此可以分摊营销资源平台的搭建、维护费用，提高投入产出效益。

3. 降低或规避进入新市场的风险

新进入市场的产品需要研究该市场竞争品类的强势产品，一旦有地区强势产品，就要制订有效的市场活动计划，防止产品投放到市场后形成被动局面。在新市场中，首先要了解想联合的产品及公司，包括该产品的市场投入情况、商业政策情况，以及该市场的人员配置情况，通过了解相应的市场信息，来完善自身市场的布局和投放安排。

（二）品牌联合的风险

1. 文化差异冲突

企业处于不同的社会文化环境中，员工的思维方式、价值观和合作政策等会存在差异，如果对差异不能进行有效的管理，联合品牌成员间就会形成冲突。

2. 利益冲突

联合品牌的打造和维护是一个长期的过程。在这个过程中，如果双方没有共赢的思想，过于看重私利，或是没有长远眼光，过分追逐眼前利益，合作过程中就会出现矛盾和冲突，甚至会发生法律纠纷。

（三）品牌联合的运用

品牌间进行联合，成功与否的关键在于合作伙伴的选择及明确各自的权利和责任。

1. 双方的目标顾客尽可能相同

联合品牌的目标顾客相同，如均是儿童、年轻的职业女性、家庭主妇、成功的中年男性等，各自的品牌诉求都能得到彰显；反之，倘若目标顾客不相同，品牌诉求则会南辕北辙，不仅未能获得叠加效应，还会产生负面影响。

2. 双方要有相同或类似的品牌形象和品牌个性

在选择合作品牌时，只限于知名度是不行的，品牌形象和品牌个性的匹配性也会对品牌联合能否成功产生重要影响。如果把不同气质的品牌强行黏合在一起，往往会造成消费者心理上的不认同，甚至是抵触。如 A 品牌强调的个性是典雅精致，B 品牌的个性是野性粗犷，这两个品牌进行联合，注定不会取得成功。例如，北京悦康药业出品的爱力士（枸橼酸爱地那非片）属于新一代抗 ED 药物，这种产品可以结合安全套等产品的销售，形成品牌联合。

3. 明确合作双方的权利和责任

实践表明，品牌双方在合作时，由于考虑不周而没有明确双方的权利和责任，在合作的过程中出现了利益纠纷，就会对合作的效率大打折扣，甚至是不欢而散。为了保证不发生上述事件，品牌联合双方应该用契约的形式来明确双方的权利和责任。倘若经营环境突变，原先的契约已不符合现时状况，双方要尽快进行商谈，对原先契约条款内容进行修正完善。

五、品牌延伸策略

品牌延伸是指企业借助成功的品牌，不断推出新产品或服务，扩大品牌的市场覆盖面或延伸产品线。品牌延伸是企业快速发展的有效途径，但品牌延伸又是一把双刃剑，合理运用能够加快推进企业发展；反之，会阻碍企业发展。

（一）品牌延伸的优势

1. 有利于新产品快速为消费者所接受

企业在进行品牌延伸时，新产品可以借助品牌的市场美誉度和知名度来赢得市场，即把消费者对品牌的良好印象和信任感转移到新产品上，这样可以避免消费者对新产品的防卫或是戒备心理，从而使新产品在短时间内迅速得到消费者的认可，并占据市场一席之地。这类事例数不胜数，如雀巢品牌由饮料延伸到纯净水，消费者在消费雀巢纯净水时，几乎没有任何情感方面的负面反应。如若对品牌不熟悉，消费者会拒绝购买。

2. 满足多样化的消费需求

品牌延伸能够满足消费者多样化的需求，提升消费者的新鲜感。例如，蒙牛出品的特仑苏的精品衍生；雅诗兰黛旗下的海蓝之谜高端延伸；还有笔者负责的北京同仁堂灵兰密授国药精品系列。它们不仅体现了品牌的核心价值，丰富了品牌内涵，而且增多了产品系列组合，在增强品牌活力的同时，也为消费者提供了更多选择。

3. 降低新产品市场开拓费用

由于消费者对品牌的信任，某品牌的消费者自然会很容易接受该品牌旗下的新产品，企业因而能节省一笔庞大的广告费用和市场推广费用，从而减少企业的营销成本。

（二）品牌延伸的风险

1. 损害品牌形象

企业在进行品牌延伸时，有两种情况可能会损害品牌形象：一是品牌原来定位较高，而现在却将该品牌延伸到定位较低的产品上，从而损害原品牌的高层次、高品质形象。例如，早年的"派克"钢笔质优价贵，被视为高贵身份的象征。然而，1982年新任总经理上任后，随意进行品牌延伸，将"派克"品牌用于每支售价仅仅3美元的低档笔，"派克"的高端形象瞬间倒塌，其最终结果是丧失了相当部分的高档笔市场。二是进行品牌延伸时，往往众多延伸产品共享一个母品牌，只要有一种产品在市场经营中失败，就可能毁掉主品牌，从而导致该主品牌旗下的所有产品都受到波及。

2. 消费者产生心理冲突

企业在进行品牌延伸时，有时会忽略产品的兼容性，将同一品牌用于多种不同类别的产品，而一旦产品间的用途相对立或是发生矛盾时，消费者随之会产生心理冲突。

3. 品牌定位模糊，品牌个性不一致或是稀释

一个品牌取得成功的过程，其实质是消费者对品牌定位、品牌个性、品牌特征的理解逐步固化的过程。稳定的市场定位、持续一致的品牌个性和品牌特征，是一个品牌特别是一个时尚品牌始终能够在目标消费者心中产生共鸣的重要保证。企业在进行品牌延伸时，倘若品牌定位或是个性跨度过大，容易使品牌脱离核心价值，模糊消费者对品牌的原始印象，使消费者产生疑惑，最终失去购买意愿。例如，马应龙产品延伸到眼霜，虽然在医药机理上是可行的，也会有一定的消费者买单，但是从品牌的长远发展来看，会让消费者心生矛盾和质疑，并不利于品牌的基础建设。那么，如何保持连续一致的、稳定的且能引发消费者共鸣的品牌个性，将是一个巨大的挑战。

（三）品牌延伸应注意的问题

1. 不要严重偏离品牌的核心价值

品牌核心价值在本质上是指一个品牌在消费者心目中积淀下来的差异化印象及其象征意义，是品牌的个性、利益点和冲击力所在。品牌核心价值可以表现得比较具体，也可能表现得比较抽象，比如用"绅士行为""优雅生活方式的代表"表示质量优越。核心价值是品牌与消费者之间建立起牢固关系的纽带，如果品牌延伸偏离了这些核心价值，就割裂了与消费者联系的纽带，消费者不会认可，品牌延伸的目的自然也就无法实现。因为品牌归根到底是一个以消费者为中心的概念，其生命力或是影响力根植于消费者心里或是脑海中，存在于消费者的品牌体验中。偏离品牌核心价值的两种主要表现是品牌定位和品牌个性发生重大变化，这样的负面案例在前文已有论述。再如：同仁堂健康药业成立知嘛健康零号店，同属于健康类目的健康体验店，但是它不同于以往传统的店面，而是用另外一种方式来演绎健康的诉求。品牌成功延伸的案例表明，品牌核心价值能包容表面看起来相去甚远的系列产品，只要它们的品牌定位与品牌个性保持相同或类似，原则上就可以进行品牌延伸。

2. 新老产品之间要具有相似性和关联性

前文提到，倘若核心价值相同，不同类别的产品可以进行品牌延伸，如小米公司的产品，延伸到五金等领域。反观，倘若原产品与新产品的核心价值不相同，那么进行品牌延伸时，就要审慎考虑。原则上是要求新老产品之间具有相似性和关联性，这样，本品牌的消费者才会感觉自然、舒适、适宜，而不会感到牵强附会。例如，哈根达斯推出新口味的冰激凌。如果新老产品之间不具有相似性和关联性，品牌延伸便可能招致失败。例如，春兰品牌把产品从空调延伸到了摩托车，而摩托车与家电的关联性又不大，结果不仅使其失去了中国空调第一品牌的地位，而且在摩托车市场上也不尽如人意；再看海尔由冰箱至空调、洗衣机等品牌延伸都得到了消费者的认可，但它进入医药行业时却遭遇了失败。

3. 避免引起消费者不良联想

有时，品牌延伸虽是处在同一行业，但由于其功能的截然不同而引起消费者的不良联想，这样的延伸不但无法利用品牌的优势，而且容易削弱在消费者中已经建立起来的美誉度。比较知名的案例就是由荣昌肛泰到荣昌甜梦口服液的延伸；雕牌由洗衣粉和超能皂到牙膏的延伸也让不少消费者难以接受，因为对前者的"强力去污"的联想与牙膏显然是有冲突的。

4. 重视延伸品牌的质量

要避免损害原品牌在消费者心目中的高质量形象，质量是品牌的本质，也是品牌的生命。这里所研究的品牌质量问题是指品牌延伸过程中的品牌质量问题。从企业来看，利润最大化的本性决定了企业千方百计地寻求扩展市场的捷径，而品牌延伸正是充分利用企业品牌优势资源来实现最大化利润的最简单、最自然、最迅速、最有效的途径。一般的消费者往往会围绕着自身的利益去关注品牌的质量，选择这个品牌能否真正满足自己的物质和精神需要或生理和心理的需要。产品质量是品牌质量的内涵，如果新产品的质量有严重问题，那么品牌延伸必定会失败，而且同一品牌中的任何一种产品出现质量问题都可能会破坏整个品牌的声誉，甚至危及品牌的市场地位。所以，不能保证同一个品牌旗下的全部产品的任何延伸都能得到消费者的认同。为了有效地避免这种风险，企业有必要像创建品牌那样同样重视延伸产品的质量。

第六节　OTC 企业在发展中常见
品牌架构的问题

OTC 品牌未来会成为市场上的稀缺资源。由于国内同质化产品非常多，在市场不断净化和零售终端不断集中的大趋势之下，我们将会看到产品供应会越来越集中，品类亦将趋于减少，尤其是品牌企业供应商将成为未来终端稀缺的资源，"品牌产品高毛利"时代将会到来。

产品的经营是每个企业日常普遍的行为和发展模式，但是品牌的经营将会对未来企业的发展甚至市场价值产生深远影响。品牌的形成一般是以十年为一个计量单位的，如果你认为打个广告、搞个传播就是建立品牌了，那是大错特错。传播仅仅是品牌拓展的一个路径而已，如果产品不能将品质和文化价值进行链接，那么构建的品牌只能是昙花一现。品牌的优化和品牌的维护是值得企业重视的一项工作。其实从传统的各种企业的品牌模型可以看得出来，有的是集团品牌带动，如同仁堂；有的是产品品牌带动，如桂林西瓜霜。由此，可以从每个企业的品牌经营上窥探出企业经营的理念。现在有些企业通过早些年的广告效应奠定了一定的品牌基础，随着营销业务的快速拓展，企业为了增加品类，会采取贴牌行为。贴牌代工本身没有问题，但是呈现在终端的一些诸如品牌稀释、产品质量等问题，都是非常显性的表现反馈。问题主要出在产品的有效性上，有些企业本部生产和外厂代工的产品在质量上都有一定的差异。

众所周知，建立一个品牌不容易，但是消灭一个品牌非常容易。我们发现，市场上曾经红火一时的产品品牌有的已经淡出大众的视野，有的客户价值严重缩水，这和我们产品品牌内部文化动力和阶段性品牌架构的设计有着极其密切的关系。

任何品牌架构都有成功的案例，因此我们不能把企业和产品泛泛而论（见图 4-2）。随着市场的不断发展和品牌优化的趋势，我们可以看到，树

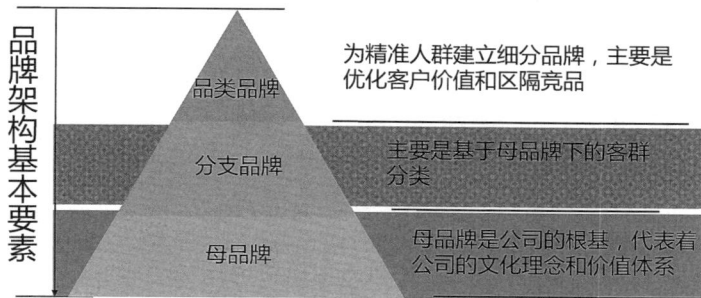

图 4-2　品牌架构基本要素

状结构（即上文讲到的多品牌结构）的品牌更适合未来市场的发展，过去的伞状结构（即上文讲到的单品牌结构）随着碎片化渠道的到来，也应该准备通过特定的品类来勾勒树状品牌结构，尤其是大健康类产品。同一品牌下的不同品类的伞状结构，会随着市场的发展受到相应的挑战。这源于不同产品对品牌资产的稀释效应。

品牌的后面没有真相，只有客户对品牌本身的认知。药品的属性不同于其他产品，由于是标准化产品，从消费者角度来看，产品的功效评价基本上是一致的，品牌是区隔产品质量的重要因素，同时价格带的设计也在客户选择的时候会产生决定性影响（见图 4-3）。互联网正在改变着世界，也在改变着以传统销售模式为主的医药营销格局，未来我们将迎来 AI 发展的大潮。因此，品牌生态的分化也即将开始，以生态圈建立的品牌将会越来越多，不同群体的品类品牌化也将越来越复杂。医药作为特殊商品更将会在新品牌营销的趋势下，开始新一轮的产品升级和品牌换代，迎来营销模式升级的关键时期。专业化营销、组织营销等新的营销方式也会改变着顾客对品牌的认知和对品牌的辨识习惯。

过去我们打造品牌的传统方式基本是从产品定位、品牌定位、需求定位以及价格定位等几个维度来思考的。通过对不同维度的提炼来发掘产品的诉求点，然后再通过一系列的推广活动和传播工作，达到消费者教育的目的，从而形成对顾客的心智占领。现在不仅要有上述的思维，还要建立系统思考，具体表现在模式的思考和对品类时机的把握。由于品牌的建立周期一般是按十年为一个计量单位来计算的，因此，**产品的美誉度和附加值就会成为积累**

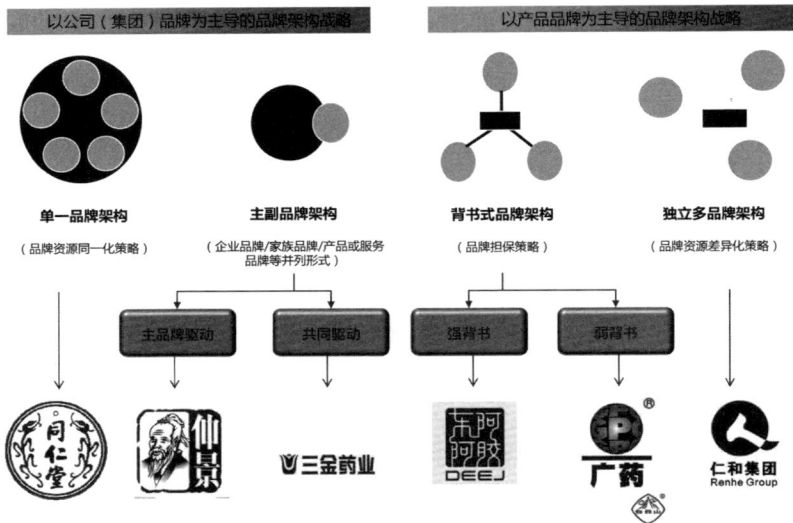

图 4-3　不同品牌的差异化

品牌资产的重要基础，如果没有这两项基础积累，产品的复购率一定是低的，失去大量复购的产品再想打造品牌几乎是不可能的。有的企业在一定时期将产品炒作得风生水起，过几年便销声匿迹了，在此我们有必要增加一个认识，就是品牌和名牌的差别。有些产品仅仅是靠炒作有了一定的知名度，如果认真分析，它充其量就是名牌。而品牌的内涵不仅包含了名牌的所有元素，它还是品质或品位的一个缩影。品牌改变顾客的不仅是生理需求，还有心理需求。注重品牌内涵的打造和每位顾客体验场景的设计，才是搭建品牌体系最好的方式。关于品牌和标识设计等问题后面章节还会提到。

第七节　品类分析的关键性因素与市场价值

一、医药市场需求预测

医药市场需求预测是指消费者在一定时期、一定的市场范围内、一定的市场条件下，对某种产品可能消费的总量的预测。影响市场需求的因素有两大类：一是市场营销环境的外部因素，如政策法律、社会经济、文化、科技环境等不可控因素；二是企业营销组合因素，如产品的质量、价格、分销渠道、促销方式与策略等可控因素。医药市场需求的预测要根据不同的市场营销环境下，药品的功能、用法、用量以及人口的发病率等统计数据来进行。

二、商品供给预测

商品供给预测是指对一定市场范围内未来一定时期进入市场的商品资源总量与构成以及各种具体商品的市场可供量的变化趋势的预测。商品供给预测与需求预测结合起来，可以预见未来市场供需状况的趋势。对于医药企业而言，进行产品供给预测，一方面可以分析本企业在未来市场的供求状况，另一方面可以预见同类产品竞争对手的供求状况，以便及时作出正确的经营决策。

三、市场占有率预测

市场占有率预测是指对一定市场范围内未来一定时期，医药企业产品的销售量在整个市场同种产品销售总量中所占比例的预测估计和分析。从市场占有率的增加或减少的预测中，可以判断出市场需求、市场竞争以及企业经营发展的状况，进而采取相应的市场竞争策略，确保企业的经营更具前瞻性。在市场需求量一定的情况下，企业产品的销售量大小主要取决于产品的市场占有率。市场占有率高，销售量就大；反之，销售量就小。影响医药企业市场占有率高低的因素主要取决于医药企业自身市场经营的条件和竞争对手的生产经营能力。因而，在预测企业未来销售前景时，必须对市场占有率的变化趋势作出精准预测。

四、产品发展预测

产品发展预测是对企业未来产品品种经营发展方向的预测。它是企业制订产品经营计划的重要依据，主要包括以下三个方面。

（一）现有产品生命周期的预测

这是对与医药企业产品有关方面的科学技术的发展进行预测，如新材料、新工艺的发展以及新的替代品的出现等。

（二）新产品发展前景的预测

例如，预测新产品的研发方向，消费者对新产品的期望，新产品上市后的销售量和市场需求潜力等。

（三）产品资源变动趋势的预测

例如，预测产品现有社会生产能力、产品总量、进出口量、储备状况的变化，影响产品市场总量与质量的人力、物力、财力资源，以及原材料、基础设施因素的变化等。此外，医药市场预测还有产品的成本与价格预测、消费结构与消费倾向预测等。

五、医药市场细分的定义与意义

（一）医药市场细分的定义

市场细分又称市场细分化、市场分割、市场面划分或市场区隔，它是指营销者通过市场调研，依据消费者（包括生活消费者、生产消费者）的需要与欲望、购买行为和购买习惯等方面的明显差异性，把某一产品的整体市场划分为若干个消费者群（买主群）的市场分类过程。所谓医药市场细分就是指按照消费者对医药产品的需求、购买行为、习惯等的差异性，把一个总体市场划分成若干个具有共同特征的子市场的过程。分属于同一医药产品细分市场的消费者，他们的需要和欲望极为相似；分属于不同细分市场的消费者，对同一产品的需要和欲望存在着明显的差别。

（二）医药市场细分的理论基础

消费者需求的差异性是医药市场细分的前提条件，也就是异质市场的存在。必须指出的是，细分市场不是根据药品品种、系列来进行的，而是从消费者的角度进行划分的。从需求的角度可以将产品市场分为同质市场和异质市场。同质市场指消费者或用户对某一产品的需求、欲望、购买行为，以及对企业营销策略的反应等方面具有基本相同或极为相似的一致性，如药品中某些原料药市场就属于这一类。只有极少部分产品（主要是初级产品）的市场属于同质市场，显然，同质市场无须细分。但是，绝大多数产品的市场都是异质市场，即消费者或用户对某类产品的质量、特性、规格、档次、花色、款式、结构、价格、包装等方面的需要与欲望是有差异的，或者在购买行为、购买习惯等方面存在着差异性，且不易改变。如医药市场中，有的消费者习惯用西药，有的较依赖中药。也正是消费者需求的差异性才使医药市场细分具有可能性和必要性。同质市场与异质市场不是绝对的和一成不变的，随着科技的进步、社会消费水平的提高以及价值观念的改变，一些同质化产品也在向异质化产品转化。如果只承认需求的差异性，细分也是无法进行的。因为这样医药企业就要针对每个个体消费者，分别满足他们的需求，进行一对一的营销，事实上这是很难做到的，也是没有必要的。因此，医药市场细分的过程实质是异中求同。可以说，只有当社会经济进步、人们生活水平提高、顾客需求呈现出较大差异时，细分市场才成为企业在营销管理活动中亟待解决的问题。另外，有一点必须指出：市场细分并不意味着把一个整体市场加以分解。实际上，细分市场不仅是一个分解的过程，也是一个聚集的过程。所谓聚集的过程，就是把对某种产品特点最易作出反应的消费者集合成群。这种聚集过程可以依据多种标准连续进行，直到寻找出其规模足以实现企业利润目标的某一个顾客群。

（三）医药市场细分的意义

医药市场细分在整个市场营销活动过程中发挥着关键性作用，是医药营销的核心环节。医药市场细分的作用具体表现在以下几个方面。

1. 有利于医药企业发掘新的市场机会

通过医药市场细分，企业可以对每一个医药细分市场的满足程度、购买潜力、竞争情况等进行分析对比，可以了解到不同顾客群体的需求情况，发现尚未或未被充分满足的消费需求，并根据竞争者的市场占有情况来分析市场未被满足的程度，从而探索出有利于本企业的市场机会，使企业及时根据本企业的条件编制新产品开拓计划，掌握产品更新换代的主动权，开拓新市场，夺取优势地位。这一作用在中小型医药生产和经营企业中尤为突出。

2. 有利于医药企业规划市场营销方案

（1）帮助医药企业制定市场营销组合策略。子市场是由具有相同或相似的需求、购买行为、购买习惯的顾客群组成的。通过市场细分，企业可以了解到目标市场需要什么样的产品，可以更好地了解子市场中的消费者能够并愿意付出的价格，并获取该类医药产品的铺货渠道，如有的消费者习惯在药店买药，而有的消费者习惯在医院开药。企业也可以从中了解不同的促销手段对他们的影响，并以此作为企业制定各种营销策略的依据。

（2）帮助医药企业确立准确的产品概念及产品定位。企业在医药市场细分的基础上了解消费者的需求及他们所追求的利益，可以有针对性地开发产品，并用消费者理解的语言表述出来，形成准确的产品概念。同时，将这种概念通过各种营销手段传递给消费者，使消费者正确地理解企业的产品能为其带来的区别于竞争对手的利益，即对产品进行定位。

3. 有利于医药企业更好地满足消费者的用药需求，减少资源的浪费

现代市场营销学的核心就是满足目标群体的需求。通过医药市场细分，医药企业才能更准确地了解不同细分市场中消费者的用药需求，并有针对性地去满足。同步，在较小的细分市场（即子市场）上有针对性地开展营销活动，增强市场调研的精准度。市场信息反馈快，医药企业易于掌

握市场需求的变化，并迅速准确地调整营销策略，取得市场主动权。当市场中越来越多的医药企业奉行市场细分策略时，产品就会日益多样化，消费者的需求就会得到更好的满足。任何一个医药企业的人力、物力、财力都是有限的。在市场细分基础上的营销，可以使医药企业扬长避短、有的放矢，将有限的资源用在最适当的地方，发挥最大的效用。

4. 有利于医药企业对未来业绩的预测

细分后的子市场范围更为明确，需求的特点也更易为医药企业所掌握，因此企业可以更准确地预测市场的规模及其变化，有利于企业预测未来的经营业绩。市场细分的作用越来越被医药企业所重视。但须强调，市场细分的目的是发现市场机会，而并非为细分而细分，不是分得越细越好，因为市场细分的最大问题就是有可能增大市场成本和推广费用。医药企业为了满足不同细分市场的需求，要开发生产多种产品，并分别采取不同的分销渠道及促销手段，这都会促使成本增长，使规模经济效益变小，因此医药市场细分必须适度。

六、医药市场细分的标准

医药市场细分有着不同的标准和方法。医药市场细分的作用能否得到充分发挥，往往取决于医药企业采取什么方法对整体市场进行划分，以及划分的标准是否合理有效。消费者市场与生产者市场由于其影响因素的不同，市场细分的标准也不一样。

（一）消费市场细分的标准

由于引起消费者需求差异的因素是多样的，因此医药市场细分也包含许多变量，不同的产品、不同的企业都各有不同。就消费者市场而言，这些影响因素，亦即细分变量，归纳起来一般有以下几种。

1. 地理因素细分

按照消费者所处的地理位置、自然环境来细分市场，称为地理因素细分。具体变量包括国家、地区、城市、农村、城市规模、人口密度、人口流动、气候、地形地貌等，处在同一地理环境下的消费者的需求与偏好往往具有相似性。

（1）地区：例如，根据地理位置可将国际市场细分为亚洲、欧洲、美洲、非洲等；国内市场分为东北、华北、华东、中南、西北、西南等。

（2）城市与农村：城市与农村市场在用药常识、用药习惯、购买能力等方面都存在明显的差异。

（3）人口密度：人口密度与市场规模有着直接的联系，这一变量对常用的 OTC 药品经营企业的市场细分很有意义。

（4）人口流动：此因素既影响了医药产品需求的总量，又改变了需求结构。对于人口流动较多的地区，不仅用药需求总量会增长，而且外来人口通常是没有医疗保险的，因而这部分人大多选择在药店购买药品。

（5）气候：由于气候的差异，疾病的发生情况有很大的不同，如寒冷地区和炎热地区居民的用药倾向不同。

地理因素是一种静态因素，易于识别和分辨，是细分市场应考虑的重要因素，当然处于同一地理位置的消费者的需求仍会有很大差异。比如在中国的一些大城市，如北京、上海，流动人口逾百万，这些流动人口本身就构成了一个很大的市场，很显然，这一市场有许多不同于常住人口市场的需求特点。所以，简单地以某一地理特征区分市场，不一定能真实地反映消费者的需求共性与差异，医药企业在选择目标市场时，还需结合其他细分变量进一步细分市场。

2. 人口与社会经济因素细分

按照人口统计因素来细分市场称为人口细分。人是市场营销活动的最终对象，也是造成市场需求差异的本质性的原因。这方面的具体变量很多，包括年龄、性别、职业、支付方式、受教育程度、收入、教育、家庭人口、家庭生命周期、国籍、民族、宗教、社会阶层等。人口统计变量比较容易衡量，有关数据相对容易获取，因此，企业经常以它作为市场细分的依据。由于医药产品的特殊性，医药产品市场细分的人口因素既包括消费者的特征，也包括医生的特征。一般 OTC 药品市场的细分以消费者为中心，处方药市场的细分以医生为中心。这里需要指出的是：尽管 OTC

药品无须医生处方即可购买，但是 OTC 药品毕竟是用来治病救人的，由于药品知识的专业性较强，而且不是一种普及性知识，所以消费者在购买和使用时，会十分关注专业人士（如医生、药剂师等人）的意见。据美国某医疗保健咨询公司的一份调查，约有一半患者会根据医生的建议使用 OTC 药品，医生处方中的 OTC 药品对患者以后自己选择用药时也有着重大影响，因此对 OTC 药品的市场细分也应考虑医生的因素。

（1）年龄：由于生理、生活方式、价值观、社会角色、社会活动等方面存在差异，不同年龄的消费者必然会有不同的需求特点。一方面，不同年龄段的疾病谱有很大差异，如高血压、骨质疏松症为中老年人的多发病，而在少年儿童中较为多见的是近视眼、多动症等。另一方面，不同年龄段的消费者的社会经历、价值观等都不同，其对药品的选择也有很大差异，如年轻人喜欢时尚，不在意价格，易受广告影响，易产生购买冲动；而老年人购买药品时通常以经济、方便为首选条件，他们有充裕的时间来反复挑选。在利用年龄这一细分变量进行细分时，还应注意到人口老龄化的趋势。预计中国人口老龄化将于 2040 年达到高峰，这一点对于保健食品和治疗某些老年性疾病药品的市场细分尤为重要。

（2）性别：由于生理上的差别，男性与女性在产品需求与偏好上有很大不同，如戒烟产品通常针对男性消费者需求设计，而减肥产品通常都是针对女性消费者需求设计。

（3）支付方式：随着中国医疗体制改革，医保制度的普遍覆盖，更多消费者选择用医保支付。由于医保支付既受到医疗保险用药范围的限制，又会受到渠道限制，其购买行为与电商平台会有不同。当然，也有很大一部分消费者选择从线上平台购买药品，笔者认为，未来线上平台的医保刷卡将会再次引爆线上增量的大爆发。

（4）受教育程度：购买者受教育程度不同，其价值观、文化素养、知识水平会不同，这会影响他们对药品种类的选择和购买行为。受教育程度较高的人获取药品知识的能力较强，自我保健意识也较强，因此其购买行为相对理性；而受教育程度较低的人购买行为受他人和广告的影响较大。

（5）收入：收入是引起需求差异的一个直接而重要的因素，因为既有购买欲望又有购买力的人才能构成一种药品的市场，而购买力在很大程度上是由收入决定的。消费者收入水平直接影响市场的大小和消费者的支出模式，如高收入者对保健食品的需求会多于低收入者。

行业数据是企业细分市场的重要而常用的依据，取得各种变量的资料也较容易。但消费者对许多产品的购买并不单纯取决于人口统计因素，而是同其他因素特别是心理因素有着密切关系。例如，有些以年轻消费者为主的保健类产品，老年人也喜欢购买，因为他们希望自己显得年轻而有魅力。可见，心理因素也是市场细分必须考虑的因素。

3. 心理因素细分

按照消费者的心理特征来细分市场称为心理因素细分。心理因素十分复杂，包括生活方式、购买动机、购买者及处方者的个性、态度、价值取向，以及对商品供求局势和销售方式的感应程度等变量。

（1）生活方式：生活方式是指人们对工作、消费、娱乐的特定的习惯和倾向性。不同的生活方式会产生不同的需求偏好。虽然不同生活方式的形成源于物质世界（环境和条件等），但直接的成因与人们的主张、个性、兴趣、人生价值取向等心理特征密切相关。

（2）购买动机：人的行为是受动机支配的。有的购买者的目的是治疗，有的是保健，而有的是馈赠。例如，"汤臣倍健"是针对保健品市场的，"阿胶"就是针对滋补品市场的。

（3）购买者及处方者的个性：个性是指一个人比较稳定的心理倾向与心理特征，它会导致一个人对其所处环境作出相对一致和持续不断的反应。通常，个性会通过自信、自主、支配、顺从、保守、适应等性格特征表现出来。例如，个性保守者通常不愿做新的尝试，很难接受新药。

（4）态度：态度是指一个人对某些事物或观念长期持有的好与坏的认识上的评价、情感上的感受和行动的倾向。根据人对药品的需求及治疗作用所持态度不同，可以将他们分为踏实者、寻求权威者、怀疑论者和抑郁者。踏实者追求方便、有效的药品；寻求权威者更相信医生的处方；怀疑论者对药品的效果有所质疑，很少用药；抑郁者极度关注自己的健康，稍有症状就找医生或自行购药。

4. 购买行为细分

根据消费者不同的消费（购买）行为来细分市场称为购买行为细分。行为变量能更直接地反映消费者的需求差异，因而成为市场细分的最佳起点。

（1）购买者和处方者的品牌偏好程度：有些购买者和处方者经常变换品牌，也有一些购买者和处方者则在较长时期内专注于某一个或少数几个品牌。对有品牌偏好的购买者和处方者推广新药是很困难的。

（2）购买的决策权：由于药品的特殊性，购买者本身很大程度上并没有决策权，而医生才是真正的决策者，这尤其表现在处方药的购买和使用上。对于 OTC 药品，除了医生会影响购买者的行为外，营业员也是很重要的影响人。

（3）患者和处方者的用药频率：如糖尿病患者的用药频率较高，骨科医院对于跌打类药物的处方频率也很高；而健康人群对于处方药物的使用频率不会很高等。

（4）购买渠道：指根据消费者获取药品的渠道细分，可以分为医院购买、药店购买及 OTC 药品的网上购买等。

5. 受益细分

根据消费者追求的利益不同来细分市场称为受益细分。由于消费者各自追求的具体利益不同，可能会被某种具有不同特征或特征变异的产品所吸引，因而可以细分为不同的消费者群。就是说，这里的一个细分市场不是根据消费者的各种特点，而是在一种产品提供什么特殊效用、给购买者带来什么特定利益的基础上开发出来的。一个典型的例子是抗感冒药的市场细分。根据受益细分，抗感冒药市场显示出四个主要的细分市场，即存在特别关心疗效、格外关注是否嗜睡、强调低副作用、注重经济实惠这四个消费群体。进行受益细分关键在于调研掌握消费者在一类产品上追求的多种多样的预期利益。为此，细分活动要从调查一种产品的现有用户和潜在用户开始。调查的方向是他们使用各种品牌的这种产品得到了哪些益处，现有产品还欠缺哪些益处，什么样的产品特性可能被认为最能密切地和一种益处或一组连带的益处联系起来。然后，使自己生产的产品相应地突出紧密联系着某种（组）益处的某一特性或者生产不同型号的一组产品，每种突出一种特性，并借助适当的广告宣传手段，反复宣传这些特性，最大限度地吸引某一消费者群或几个不同的消费者群。可见，这种调查分析不仅是企业进行受益细分的基础，对于以这种细分为起点制定整个市场营销组合方案也是极为重要的。

（二）产业市场细分的标准

在消费者市场的细分变量中，除人口因素、心理因素中的某些具体变量（如生活方式等）以外，相当一部分可同时用作细分产业市场的标准。但是，由于产业市场具有不同于消费者市场的若干特点，因而，有必要对细分产业市场的主要标准进行一些补充讨论。

1. 用户行业

某类行业市场往往具有同类性质的需求，因此可以作为生产者市场的细分标准。例如，中国零售药品销售结构与医院用药结构差异较大，大多数高价进口、合资企业生产的药品主要通过医院药房销售。按行业特点细分市场，使目标市场更加集中，容易分析研究市场的变化，及时掌握市场动态，有助于节省企业的研制和开发支出以及节省促销宣传费用。

2. 用户规模

用户规模也是细分产业市场的重要依据。在产业市场，大量用户、中量用户、少量用户的区别，要比消费者市场更为明显。大客户数量虽少，但采购额很大，他们的采购量会占到销售额的30%—50%，有的甚至高达80%以上；小客户则相反，数量虽多，采购量并不大。用户的规模不同，企业的营销组合方案也应不同。例如，药品批发企业对大型医疗机构的集中招标，宜直接联系、直接供应，由销售经理亲自负责；对零售药店或消费者，则宜使产品进入商业渠道，由批发商甚至零售商去组织供应。这种思路，对于医药的生产企业、商业企业都是适用的。

3. 用户地理位置

任何一个国家或地区，由于自然资源、气候条件、社会环境、历史传承等方面的原因以及生产的相关性和连续性的不断加深而要求的生产力合理布局，形成若干产业地区。例如，中国东北地区、西藏高寒地区、西南地区，因其地理位置、气候条件的不同，成为不同中药材的主产区，如东北的老山参、西藏高原的雪莲等，这就决定了产业市场比消费者市场更为集中。企业按用户的地理位置细分市场，选择用户较为集中的地区作为自己的目标市场，不仅联系方便、信息反馈快，而且可以更有效地规划运输路线，节省运力与运费。同时，也能更加充分地利用销售力量，降低推广成本。上述可见，用户行业、规模、地理位置是产业市场细分的三种主要形式。同消费者市场细分一样，许多企业往往根据需要将多种细分变量组合在一起作为细分产业市场的依据。

第五章

医药产品营销策略

营销策略不是销售方法，其实在日常工作当中，所有的销售都基于对市场的认知逻辑而来。从市场调研到市场分析，再作出合理的营销策略，从而通过产品包装、传播途径、渠道选择、终端动销而成为完整的销售链。因此，在营销的前端就需要系统地设计和筹划。这一章主要从产品周期、标识设计、包装等方面来阐述营销产品规划设计等内容。

第一节　医药目标市场的选择

任何产品的设计和开发都离不开市场。简言之，我们所有的营销策略都是基于市场端的，并且要根据每个企业不同的品类情况和市场进行有机结合，再设计出适合于市场有竞争力的产品。同时，将销售模式和市场打法相结合作为参考因素，形成一套系统的营销规划。希望读者能活学活用，而非管中窥豹。

一、评估细分市场

对于一个企业而言，由于资源条件的限制，并不一定有能力进入细分市场中的每一个子市场，也不是所有的子市场都有吸引力，这就要求我们首先对细分后的子市场进行评估。在评估不同细分市场时，企业必须考虑两个因素：细分市场的吸引力、企业的目标和资源。

（一）细分市场的吸引力

如果一个细分市场只是拥有足够的规模和增长前景，而无利可图，实际上并没有什么吸引力，企业把它作为目标市场的可能性不大。细分市场的吸引力是企业进行细分市场评价极为重要的方面。首先，要看细分市场的规模及其发展潜力。一个细分市场是否具有适度的市场规模和发展潜力，是企业在决定是否进入该市场前首先应考虑的因素。没有足够的销售量无法构成现实的市场，难以保证合理的盈利水平，也就无法成为目标市场。分析市场规模既要考虑现有的水平，又要考虑其发展潜力，以保证企业有长期稳定的发展前景。市场规模大小是相对的，应根据企业的实力选择适当的规模。所有的企业都希望扩大销售和增加利润。细分市场是否具有发展潜力、是否能保持一定的增长率，在此显得十分重要。如果一个细分市场仅有适度规模，而缺乏增长潜力，那这个市场很容易进入饱和状态，企业的获利和进一步发展将受到限制。其次，要看细分市场的盈利性。有适当规模和成长率的市场若缺乏盈利性，同样不能成为目标市场。

著名管理学家迈克尔·波特认为，决定一个市场长期盈利的潜力因素有五个：行业内部竞争、潜在竞争者、替代品、客户购买能力和供应商议价能力。

1. 行业内部竞争

如果某细分市场存在大量的实力强、竞争意识强的竞争者，竞争会相当激烈。这种细分市场一般供应能力大、竞争者投资大、竞争成本高。如果要打入这类市场，价格战、促销战、渠道争夺战不可避免，而且需要不断推出新产品来支持竞争，企业打入市场、稳住市场的代价会很高。反之，如果细分市场竞争程度偏弱，则会对企业有利。

2. 潜在竞争者

具有某种价值的市场，会吸引一些新的竞争者。新的竞争者越多，市场生产能力越大，市场的投资越大，对市场占有率的争夺越激烈，细分市场的吸引力就会大幅下降。另外，细分市场进入和退出的壁垒也对细分市场的吸引力有很大影响。

有代表性的情况有以下四种。

第一，进入难度大而退出难度低。这类市场一般报酬高且稳定，进入难度可抑制新竞争者加入，对本企业最有利。

第二，进入与退出的难度均大。这类市场报酬高、风险大，进入难度虽可抑制新的竞争，但对本企业而言进入后的高风险也常常存在威胁。

第三，进入和退出的难度均低。这类市场报酬低且稳定，对竞争者和本企业来讲吸引力都一般。

第四，进入难度低但退出壁垒高。这类市场报酬低且有风险，不具有吸引力。

3. 替代品

细分市场的产品替代情况同样对市场吸引力有很大影响。替代产品的营销必然会对市场上原有产品的价格、利润率和增长率有负面影响。企业应密切注意细分市场有无替代品或有无潜在替代品威胁。

4. 顾客购买能力

这里主要是指顾客的议价能力、对产品质量和服务的要求程度、顾客集中程度、顾客购买转换成本较低等给企业带来的营销难度威胁。对企业来讲，这种威胁越小，细分市场就越有吸引力；反之，则相反。

5. 供应商议价能力

如果供应商的产品属于卖方市场性质，该细分市场的吸引力将下降。因为供应商在交易中始终占有主动地位，这在很大程度上限制本企业营销，降低本企业收益，且使不稳定性增强。

（二）企业的目标和资源

企业需要考察两个方面：① 企业现有的人力、物力、财力资源能否满足细分市场的需求；② 对细分市场的投资是否符合企业的长远发展目标。

有些细分市场规模大，有较强的吸引力，但不符合企业长远目标和资源条件，因此不得不割爱。例如，一家生产生殖健康保健食品的中小型企业面对减肥药市场，不得不放弃。因为其经营目标是通过较少投资获得稳定的、不太高的利润。如果改变经营定位，选择进入减肥药市场，企业可能无力添置新的生产设备，聘请专家突破目前科研瓶颈的资金也很难筹集到。此外，即使企业具备了必要的实力，选择在该细分市场开展工作，还应考虑企业能否在市场上发挥其优势，形成稳固地位，否则不应贸然进入该细分市场。

（三）注意成本问题

市场细分不是万应灵药，并非有百利无一弊，并不是对所有企业都有效。在评价和选择细分市场时，还应注意以下方面。市场细分的最大问题是有可能增加生产成本和推广费用，这是因为细分化能塑造或推动市场需求更具多样性，从而增加了产品的复杂性。而差异化的产品增多，小批量生产，多品种推广，意味着规模效益较小。所以，应当把握住市场细分的层次，适可而止，以确保市场细分带来的利益超过因细分化而增加的投入。有些市场事实上难以细分或没必要细分。一个市场可能没有足以辨别的特征来加以细分，也可能由于市场过小而不能进行殷实性的细分。在有些情况下，大量用户已经占有销售量的很大部分，以致他们是唯一恰当的目标市场，再对他们进行细分，对企业营销来说反而是有害的。

实施市场细分化策略要记住的另一点是应力求避免"多数谬误"。一个企业只应进入具有相当规模、足以实现其利润目标的细分市场。如果一个企业总要以最大和最易进入的细分市场作为它全力以赴的目标市场，而竞争者们也遵循同一规律行事，就会出现"多数谬误"，即大家共同争夺同一个顾客群。其弊端不言自明，会严重影响营销企业的经济效益，众败俱伤；会造成社会资源的无端耗费，更不能满足本来有条件满足的其他多种多样的市场需求。简单的道理在于，大家都挤到一条船上，是会翻船的。例如，笔者负责的北京同仁堂安宫牛黄丸产品，一直在市场上保持着品类份额的绝对领先。此产品的批准文号约120多家，在疫情期间出现了供应短缺，这时候就有一堆企业争相进入市场。随着产品竞争越来越激烈，原料供应价格快速增长，天然牛黄价格一度飙涨到了每千克170万元。北京同仁堂则是此类产品的价格标杆和风向标，因此，在天然牛黄成本居高不下的情况下，一部分小企业进入市场后，在供求逻辑发生变化的时候只能惨淡收场。

由于消费需求、购买行为的多样性，从理论上讲，一个市场可以依据不同的细分变量逐个层次地细分下去，也可以极端地说：除非你只卖一个品种，只有一个顾客，否则就有市场细分问题。在实践中，考虑到规模效益，不能将市场分得过细。当发现细分市场过细带来不利影响时，就应当实施"反细分化"策略：减少细分的数目，亦即略去某些细分市场，或者把现存的几个细分市场集中在一起。成功的反细分化能够扩大产品的适销范围，降低过高的生产成本和推广费用。

二、医药目标市场选择的模式

企业在对不同的细分市场评估后要选择目标市场，常见的进入目标市场的模式有五种。

（一）产品—市场集中化

指用一种产品占领一个细分市场，企业的产品和服务对象都集中于一个细分市场。这种模式可以使企业更了解该细分市场的需要，进行专业化的市场营销。但这种模式的风险较大，一旦这一细分市场不景气或有强大的竞争者出现，就会使企业陷入困境。较小的企业通常采用这种策略。

（二）产品专业化

即企业同时向各类顾客供应某种产品，当然，由于面对不同的顾客群，产品在价格带、包装或规格等方面会有所不同。采用这种模式的企业通常使用相似的产品、不同的品牌。这种模式有利于企业在某类产品方面树立良好的形象。但同样也存在潜在的风险，当同类产品中出现全新的替代产品时，企业会面临巨大的冲击。

（三）市场专业化

企业生产不同的产品以满足某一特定顾客群体的需要，即面对同一市场生产不同的产品。采用这种模式，企业专门为特定的顾客群体服务，与这一群体建立长期稳定的关系，并树立良好的形象。例如，一家生产某种药品的医药企业专以中老年患者为目标市场，根据需要提供 100 毫克、

500 毫克和 1 000 毫克的某药品，以满足这些医药不同渠道（如流通、控销、院内等）的需要。

（四）选择专门化

企业在市场细分的基础上，有选择地进入若干细分市场，针对每个细分市场提供不同性能的同类产品与服务。通常企业所选择的这些细分市场之间很少存在联系。采用这种模式可以分摊企业的风险，一个细分市场的失败基本上不会影响企业的整体利益，但这种方式要求企业有较好的资源及营销能力。在采用这种模式时应避免贪多，不是选择目标市场越多越好，因为这样会分散公司的资源。所选择的目标市场的共同特点应是有吸引力并符合公司的要求。例如，薇诺娜系列产品，主要细分了敏感肌肤人群，在此类细分市场中拓展了若干个产品品类。

（五）全面涵盖

全面涵盖即企业决定全方位进入各个细分市场，为所有顾客群提供他们各自需要的有差异的产品。这是一些大企业为在市场上占据领导地位或力图垄断全部市场时采取的目标市场范围策略。这种方式既可以采用差异化营销，也可以采用无差异营销来达成此目标。只有大公司才有实力能采用这种模式，如辉瑞（Pfizer），它是一家全球领先的生物制药公司，其产品全面覆盖了从预防性疫苗到治疗性药物的多个治疗领域，包括但不限于心血管疾病、神经系统疾病、肿瘤、炎症和免疫等。辉瑞通过不断地研究和开发，推出了多种创新药物，以满足全面覆盖的医疗市场需求。

三、医药目标市场选择策略

企业选择进入目标市场的模式不同，目标市场的确定范围不同，所采用的营销策略也就不同。企业可选择的目标市场策略有三种：低成本策略、差异化策略和集中性策略。

（一）低成本策略

低成本策略是企业经营中常用的一种竞争战略，它强调通过降低产品或服务的成本来获得竞争优势。低成本策略，又称成本领先战略，是指企业在提供相同的产品或服务时，通过在内部加强成本控制，在研发、生产、销售、服务和广告等领域内把成本降到最低限度，使成本或费用明显低于行业平均水平或主要竞争对手，从而赢得更高的市场占有率或更高的利润。

1. 优点

（1）价格优势：低成本策略使企业能够以更低的价格提供产品或服务，从而在市场上获得更大的价格竞争优势。这有助于吸引更多的消费者，提高销售额和市场份额。

（2）成本领先：通过降低成本，企业能够在竞争对手面前保持领先地位，同时提高利润率。这有助于企业在激烈的市场竞争中保持盈利。

（3）增加市场份额：低价策略能够吸引更多的消费者，从而增加企业的市场份额。这有助于提升企业的品牌知名度和市场地位。

（4）提高盈利能力：通过降低成本和提高效率，企业能够提高利润率，获得更多的收益。这有助于企业更好地应对市场变化和挑战。

（5）增加客户忠诚度：在提供相同质量的产品或服务的前提下，低价策略能够增加客户的忠诚度。因为消费者在购买过程中会考虑性价比，低价策略有助于提升消费者的购买满意度和忠诚度。

2. 潜在风险

（1）质量下降：为了降低成本，一些企业可能会在产品的材料、设计、制造等方面进行削减，这可能导致产品质量的下降。

（2）创新能力减弱：长期依赖于低成本策略的企业可能对研发和创新的投入不足，导致企业无法跟上市场变化的步伐。

（3）客户满意度降低：如果产品或服务的质量下降，消费者可能会感到不满，从而降低客户满意度和忠诚度。

（4）品牌形象受损：如果一个品牌持续被视为"低成本"的代名词，其市场地位和未来发展可能会受到限制。

（5）竞争压力增大：在市场上，如果一个企业长期采取低成本策略，其他企业可能会跟风效仿，导致竞争加剧，进一步压缩企业的利润空间。

（二）差异化策略

差异化策略，又称差异化战略，是指为使企业产品、服务、企业形象等与竞争对手有明显的区别，以获得竞争优势而采取的战略。差异化策略的优越性主要体现在以下几个方面。

1. 建立顾客忠诚

差异化策略能够帮助企业建立起顾客对企业的忠诚。当企业提供的产品或服务具有独特性，能够满足顾客的特定需求时，顾客往往会对这些产品或服务产生高度的认同感，进而形成忠诚的顾客群体。此忠诚度不仅能为企业带来稳定的销售收入，还能够通过顾客的口碑传播，为企业带来更多的潜在客户。

2. 形成进入障碍

差异化策略能够形成强有力的产业进入障碍。由于企业所提供的产品或服务具有独特性，潜在进入者要参与竞争，就需要克服这种独特性所带来的障碍。这无形中增加了潜在进入者进入市场的难度，从而保护了企业在市场中的地位。

3. 增强讨价还价能力

差异化策略使企业能够获得更高的边际收益，从而增强了企业与供应者讨价还价的主动性和灵活性。企业可以通过提高采购量、优化采购流程等方式，进一步降低采购成本，提高盈利能力。

4. 对购买者的议价能力

差异化策略使得购买者缺乏与之具有可比性的产品选择，降低了购买者对价格的敏感度。同时，产品差异化使购买者具有较高的转换成本，购买者往往会对企业形成一定的依赖性，从而削弱了购买者的讨价还价能力。

5. 避开行业内竞争

差异化策略能够培育顾客对产品或服务的忠诚度，使顾客对价格的敏感度不高。这样，企业就可以通过采用产品差异化的战略，在行业的竞争中形成一个隔离带，避免与竞争者发生正面冲突。这有助于企业在激烈的市场竞争中保持领先地位。

6. 防备替代品的威胁

企业的产品或服务具有特色，能够取得顾客的信赖，从而在与替代品的较量中处于更有利的地位。差异化策略使企业能够提供独特的产品或服务，满足顾客的特定需求，从而降低了替代品对市场的冲击。

综上所述，差异化策略在建立顾客忠诚、形成进入障碍、增强讨价还价能力、避开行业内竞争以及防备替代品的威胁等方面具有显著的优越性。然而，企业在实施差异化策略时，也需要充分考虑市场需求、竞争态势以及自身资源等因素，确保策略的有效性和可持续性。

（三）集中性策略

集中性策略是指企业不是面向整体市场，也不是把力量分散使用于若干细分市场，而是集中力量进入一个细分市场（或是对该细分市场进一步细分后的几个更小的市场部分），为该市场开发一种理想的产品，实行高度专业化的生产和销售。集中性策略与低成本策略的不同在于：低成本策略是以企业所选择的最大化覆盖作为目标市场；而集中性策略不是面对整体市场，也不是把力量分散到几个市场上，而是集中企业的营销优势，把有限的资源集中在一个细分市场上，实行专业化的生产和销售，以充分满足这些细分市场的需求。采用集中性策略的企业，其目的是追求在一个相对小的市场上取得较高的，甚至是支配地位的市场占有率。集中性策略的优点，首先，可以集中企业的优势，充分利用有限的资源。占领那些被其他企业所忽略的市场，以避开激烈的市场竞争。其次，专业化的生产和销售可以使这一特定市场的需求得到最大限度的满足，并在特定的领域建立企业和产品的高知名度。再次，高度专业化满足了特定的需求，使这一市场的客户愿意付出溢价，保证了企业的利润水平。集中性策略的不足之处在于潜伏着较大的风险。企业将其所有的精力集中于一个市场，一旦这个市场中消费者的需求发生变化，或有强大的竞争者进入，或企业的预测及营销策略制定有缺陷等，这些都有可能使企业因无回旋余地而陷入困境。集中性营销策略主要适用于资源力量有限的小企业。采用这一策略，小企业可以避开与大企业的正面竞争，选择那些大企业未注意或不愿进入的市场，往往更易获得成功。然而在选用这一策略时应注意的是：进入市场前应进行充分的市场调研，以保证企业经营方向的正确；同时，所进入的市场应有足够的规模利润和增长潜力，能最大限度地降低经营风险。

（四）选择策略要关注的因素

以上介绍了三种目标市场策略的特点和各自的优点、缺点，企业在选择时应综合考虑各方面的因素。当应用这些策略的同时，我们需要对企业和市场环境等做通盘的考虑，下面是需要关注的几个因素。

1. 企业规模和原材料供应

实力雄厚、生产能力和技术能力较强、资源丰富的企业可以根据自身的情况和经营目标考虑选择低成本策略或差异性策略。

2. 市场差异性

市场差异性是指不同细分市场中客户的需求及对企业的营销刺激的反应是否具有明显的差异。例如，市场的差异性较大，企业宜选择差异化策略或集中性策略。反之，市场的差异性较小，差异化策略会浪费资源，影响效率，因此宜选择低成本策略或集中性营销策略。

3. 市场供求趋势

当产品在一定时期内供不应求时，消费者没有选择的余地，需求即使有差别也可以忽略不计，可以采用低成本策略以降低成本，形成规模经济效益。当供过于求时，企业宜采用差异化策略或集中性策略。但任何产品供不应求的卖方市场状态通常都是暂时的和相对的，最终都会向买方市场转化。

4. 产品自身的特点

产品自身的特点主要是指产品的同质化特点，即产品本身有同质化现象，其性能特点、型号等是否存在差异性。有些产品之间不存在差别，即使存在差别，但客户一般不重视或不加以区分，那么它们的竞争就主要集中在价格和服务上。这些产品一般都是未经过加工的初级产品，如原料药和中药材等。

5. 产品生命周期

处在不同的市场生命周期阶段，产品的竞争、销售等特点都是不同的。在导入期及成长期前期，同类产品的竞争者较少，品种比较单一，企业也通常没有进行多品种开发和生产的能力，宜选择低成本策略，以便探测市场需求和潜在顾客。产品一旦进入成长期后期和成熟期，市场竞争加剧，为使本企业的产品区别于竞争者，确立自己的竞争优势，应采用差异化策略，以利于开拓新的市场，尽可能扩大销售；或采用集中性策略，设法保持原有市场，延长产品生命周期。当产品步入衰退期时，市场需求量逐渐减少，企业不宜再进行大规模生产，更不能将资源再分散于多个市场份额小的细分市场，宜采用集中性策略。

6. 竞争对手

任何企业在市场中都要面对竞争者，竞争对手的策略会直接影响到企业策略的选择。当竞争对手采用低成本策略时，企业宜选择差异化策略或集中性策略，以区别于竞争对手，提高产品的竞争力；如竞争对手采用差异化策略，企业应采取进一步的细分，实行更有效的差异性营销或集中性营销策略；但如果竞争对手力量较弱，也可考虑反其道而行之，采用低成本营销策略。总之，选择适合于本企业的目标市场营销策略，是一项复杂的、随时间变化的、有高度艺术性的工作。企业本身的内部环境，如研究开发能力、技术力量、设备能力、产品的组合、资金筹措能力等是在逐步变化的，影响企业的外部环境因素也是千变万化的。企业要不断通过市场调查和预测，掌握和分析这些变化的趋势，与竞争者各项条件进行对比，扬长避短，把握时机，采用恰当的、灵活的策略，去争取较大的利益。

第二节　医药产品生命周期及策略

一、医药产品的营销策略

现代市场营销学对产品的理解是广义的，它是指向市场提供的能满足人们某种需要的一切物品和劳务，包括各种有形和无形的形式，如实物、劳务、场所、服务等。广义的产品概念就是现代市场营销学的"产品整体概念"。医药营销向市场提供的应是一个整体产品。产品整体概念由三个层次组成：核心产品、形式产品、附加产品。

（一）核心产品

这是产品最基本的层次，是满足消费者需要的核心内容，亦即消费者所购买的最本质的东西。例如，食品的核心是满足充饥和营养的需要，化妆品的核心是满足护肤和美容的需要，而药品的核心是满足预防、诊断、治疗疾病，有目的地调节人的生理机能的需要。核心产品向人们说明了产品的实质。医药企业的任务就是把安全有效、利益可靠的产品推荐给消费者，以保证消费者的核心利益得到满足。

（二）形式产品

所谓形式是向市场提供的产品实体或劳务的外观。产品的外观指产品出现于市场上，可以为顾客所识别的面貌。一般来说，形式产品由五个标志所构成，即质量、规格、剂型、品牌、包装。即使是纯粹的劳务产品，也具有相类似的形式。形式产品向人们展示的是产品的外部特征，它能满足同类消费者的不同需要，如各种药品的剂型就是药品功能形式的主要体现。

（三）附加产品

附加产品也称延伸产品，是指产品的各种附加利益的总和。即除了形式产品所产生的基本利益外，消费者还可得到随同形式产品提供的各项服务所产生的利益。附加产品的观念来源于消费者对产品需要的深入认识。因为消费者购买产品是为了满足某种需要，所以在其购买时，希望能得到和满足与该项需要有关的利益。因而企业向消费者出售的不只是一件产品，而是由产品和服务组成的一个整体，即产品体系，这就是"系统营销的体现"。在竞争日益激烈的环境中，产品给消费者带来的附加利益已成为竞争的重要手段。许多情况表明，产品的竞争并非在其工厂中产生的部分，而在于其服务、广告、咨询、融资、声誉、优惠、送货、保管或消费者认为其他有价值的东西。只有向消费者提供具有更多实际利益，能更完美地满足其需要的附加产品，才能在竞争中获胜。

产品的整体概念是建立在"需求＝产品"这一等式基础上的，此概念的内涵和外延都是以消费者的需求为标准，以消费者的需求来决定的。此概念十分清晰地体现了以消费者为中心的现代营销理念。按照"需求＝产品"的思路，医药产品的整体概念是构成满足防病治病需要的系统，该系统中既包括有形的物质产品，也有无形的服务产品，即由核心产品、形式产品、附加产品组成。医药产品的核心产品是疗效和消费者基本利益。疗效和质量是医药产品不可分割的统一体，是消费者追求的实际利益。医药产品的形式产品是指满足用药需要的不同形式，包括剂型、商标、包装、说明书。医药产品的剂型，满足不同消费者用药的需要。医药产品的商标、包装、说明书显示出产品的质量水平。医药产品的附加产品还可体现为给医生和患者提供的一系列附加价值，包括为医院、医生、患者提供的售前、售中、售后服务。

二、产品生命周期的含义

任何一种产品在市场上不可能永远久销不衰，都会有一个或长或短的生命周期。产品的生命周期是一个假设的概念，对其含义的理解至少应注意以下两点。

1. 产品生命周期与产品寿命周期是两个不同的概念

产品的寿命周期是指产品的具体物质形态的变化，是针对产品的实体的消耗磨损和耐用程度而言的。使用寿命的长短主要受自然因素的影响，与产品本身的性质、性能、使用条件、使用频率、使用时间等因素有关，这是具体的有形的变化，是一种"自然寿命"。而产品生命周期表明产品在市场上的变化过程，是针对产品的社会形象和销售状况而言的，它的长短与科技发展、社会需要、市场竞争、消费者爱好等社会市场因素有关，它是抽象的无形的演变，是产品的"市场寿命"或"经济寿命"。

2. 产品生命周期主要是指产品品种的生命周期

许多产品倘若就其类别而言，还无法预见其周期变化规律，几乎是在无限延长；产品品牌的周期变化很不规则，企业可以长期使用下去，也可以经常变化；而产品品种的生命周期是典型的，它的发展变化过程有一定的规律可循。产品的市场生命周期是就整个行业或整个市场而言的。一般不能确切说明某种商品的产品生命周期问题，而且行业的产品市场生命周期也是一个相对概念。在不同国家，产品的生命周期亦不一致。比如有的产品，在发达国家已经进入成熟期或衰退期，而在发展中国家则可能刚进入开发期。

三、医药产品生命周期各阶段的特点与营销策略

医药产品尤其是西药多数是科技含量较高的产品，产品开发的周期长、投入多、风险大。开发期长且没有销售，无利可言，只有资金的投入。近几年，随着国家的扶植政策出台，中成药的新药审批速度明显加快，但很多企业更多的还是"老药新做"。

（一）导入期的特点与营销策略

导入期是指新产品首次上市的最初销售时期。这一阶段的特点是：医生和患者对产品不了解，大部分医生不愿意轻易改变自己的处方习惯，产品销售量小，单位成本高；尚未建立最理想的分销渠道；广告费用和其他促销费用较大，利润很小，甚至出现亏损。这个阶段企业承担的市场风险最大，但这一阶段市场竞争者较少。当新药进入市场时，首先是如何说服医院业务负责人、医师、药房、药事管理委员会成员了解、认识该新药，指导医生使用该药品。企业应建立有效的营销系统，为每一个营销组合变量制定有效策略，将新产品快速推进导入期，进入市场发展阶段。就价格与促销而论，一般有三种策略可供选择。

1. 掠取策略

即高价高促销策略，也称双高战略。这是以高价配合高促销费用推出

新产品的方法。产品定价高、获利大，可尽快收回开发时的投资。高促销活动是为了引起目标市场消费者的注意，加快市场渗透过程，尽快占领市场。实施这一策略须具备以下条件：市场上有较大的需求潜力；产品需求弹性小，消费者求购心切；产品有特色，技术含量高，不易仿制，如专利或独家药品。

2. 切割策略

即高价低促销策略，也称高低战略。是指产品以高价格、低促销费用上市销售。高价格与低促销的结合，主要目的是获取更多的利润，对于医药企业而言这是最理想的销售模式。实施本策略的条件是：该产品市场规模小，竞争规模不太激烈；产品的市场知晓率高，大多数消费者对该产品无疑虑，能接受适当的高价。

3. 渗透策略

即低价高促销策略，也称低高战略。是指用较低的产品价格和较高的促销费用推出新产品，以求迅速打入市场，争取尽可能多的市场份额。高促销是为了集中力量以最快的速度将产品打入市场，而低价本身就是一种促销手段。本策略可以给企业带来最快的市场渗透率和最高的市场占有率。但须具备的条件是：市场规模大，消费者对价格十分敏感；产品易仿制，潜在竞争激烈；产品的单位成本会在促销活动的配合下，随着销量增加而下降。

在导入期要突出一个"短"字和一个"准"字。"短"即尽可能缩短导入期的时间，使产品在短期内迅速进入市场；"准"即看准市场机会，正确选择新产品投入市场的时机，确定适宜的产品价格。

（二）成长期的特点与营销策略

成长期是产品生命周期中的关键时刻，此时产品已为市场所接受，销售进入了向纵深发展的阶段。这一阶段的特点是：消费者对新产品已熟悉，销售增长很快；建立了比较理想的分销渠道；大规模的生产与丰厚的利润，吸引大批竞争者加入，市场竞争加剧；单位成本下降，利润迅速增长，逐步达到最高峰。

这一阶段企业营销对策的核心是尽可能延长产品的成长阶段，应采取下述营销策略。

1. 产品策略

根据消费者的需求和其他市场信息，开发出新剂型、新品种、新包装，并通过建立完善的产品质量保证体系，进一步提高产品质量。

2. 品牌策略

加强促销环节，品牌宣传的重点由导入期的树立产品的知名度逐渐转向成长期的以树立产品形象为主，培养消费者的品牌偏好，增加其依赖程度。

3. 渠道策略

巩固原有渠道，开拓新的销售渠道，扩大商业网点，以扩展产品的销售面，不断增加销售量。

4. 价格策略

应选择适当的时机根据营销战略的要求，对价格进行适当的调整，目的是要产品利润和市场份额双增长。成长期是企业销售的黄金阶段，营销策略总体应突出一个"好"字，即保持良好的产品质量和服务质量，切勿因产品畅销而急功近利，片面追求产量和利润；同时，要加强品牌宣传，力争创名牌，树立良好的产品声誉和企业信誉。

（三）成熟期的特点与营销策略

产品进入成熟期的标志是销售的增长速度缓慢，对许多产品来说，这一阶段持续的时间最长。这一阶段的特点是：产品消费普及面大，销售量和利润均达最高；同类产品不断打入市场，市场竞争激烈；潜在消费者减少，品牌购买者增多。这一阶段，企业一方面要努力延长成熟期，另一方面要采取措施，确保市场占有率。对此，应采取的营销策略有以下两种。

1. 市场改良策略

即开发新的细分市场，寻求新客户，重新为产品定位，或创造和挖掘新的消费方式，从广度和深度上开拓新市场。

2. 产品改良策略

也称产品再推出。医药产品整体概念中的任何一个层次的改革都可视为产品再推出，包括开发新剂型、改变包装、为消费者提供新的服务等。

例如，20 世纪 70 年代初，辉瑞药品公司所生产的"Viagra"（万艾可）。1999 年，临床研究证实了其心血管方面的安全性；2000 年，研究进一步证实了西地那非在血压方面的安全性，以及与降压药物合用的安全性；2004 年，公司研究证实，西地那非通过改善勃起，可以提高患者的自信心、自尊心，改善与伴侣的关系，以及整体生活质量。从此，西地那非这一药物成为全球最大的 ED 治疗产品，销售额也突破 10 亿美元，最高时达到 17 亿美元，成为改良产品策略的赢家。

（四）衰退期的特点与营销策略

当产品的销售量由缓慢下降变为迅速下降，消费者的兴趣已转向期待新产品时，这个产品就进入了衰退期。这一阶段的特点是：产品价格下降到最低水平，多数企业无利可图，被迫退出市场；同类新产品不断出现，老产品滞销严重。衰退期的主要营销策略有以下四种。

1. 集中策略

产品处于衰退期时，由于企业的销售量迅速下降，如果经营规模和各项投资水平仍保持不变，必将造成企业利润的急剧下降。此时，企业应缩短产品营销战线，采用集中战略。即把企业的人力、物力、财力等资源集中使用在最有利的细分市场、最有效的销售渠道和最易销售的品种、款式上。由于经营规模的缩小，企业仍可从该市场上再获取较多的利润。

2. 持续策略

即保持原有细分市场，沿用过去的营销策略一段时间，以适应新老产品的交替，为新产品上市创造有利条件。

3. 转移策略

即转移市场，把目标市场从这一地区转移到另一地区，从这个国家转移到另一个国家。由于地区间的差异，客观上存在着产品消费上的层次性、时间性区别，如外国市场与中国市场、城市市场与农村市场。所以，本策略经常被一些外国医药公司采用。

4. 更新策略

即开发新产品，取代老产品。

第三节 医药产品品牌与商标策略

前面讲述了关于品类品牌以及品牌架构关系等内容，此章我们主要针对企业品牌商标即重要的无形资产进行讲述，它是产品的重要组成部分。无形资产所创造的经济效益往往使有形资产相得益彰，故而医药企业应努力争创品牌、保护品牌，这是企业市场营销策略中的一项重要内容。

一、品牌的概念

品牌是一个企业、产品或服务在消费者心中所代表的独特集合体，它涵盖了识别标志、价值承诺、情感联系、品牌个性、品牌资产、市场定位、品牌体验、品牌一致性以及品牌权益等多个维度。一个强大的品牌能够通过其独特的名称、标志和设计来区分自己，同时向消费者承诺一定的质量和服务标准。品牌个性和形象帮助建立与消费者的情感联系，而品牌资产则体现了品牌在市场中的价值。品牌的市场定位确保其产品或服务能够吸引特定的目标群体，而一致的品牌体验则贯穿于消费者的整个购买过程

二、品牌的作用

品牌在商业活动中扮演着至关重要的角色，它不仅帮助消费者识别和区分不同的产品和服务，还能通过其背后的故事和文化与消费者建立情感连接，简化消费者的决策过程。强势品牌代表着质量与信任，能够为企业的产品或服务带来溢价能力，并在市场中确立清晰的定位；同时，注册商标后的品牌还享有法律保护，防止侵权。此外，成功品牌有助于新产品线的市场接受，促进顾客忠诚度和重复购买行为，成为企业文化及社会价值

观的载体，最终助力企业实现长期稳定的发展。

三、品牌与商标策略

品牌是企业拟定营销策略时不容忽视的问题。品牌决策是产品决策中极为重要的组成部分，营销学者认为，品牌决策应包括以下内容。

（一）使用品牌与不使用品牌

一般说来，品牌在商品销售中可以起到很好的促进作用。在商品经济高度发展的条件下，市场上几乎所有的商品都有牌子。但近年来，"非品牌化"品类也得到很大的发展。有的企业不投入品牌宣传费用，以低价进入市场，给连锁药店提供更高的前台毛利，对品牌产品在终端进行销售拦截。

（二）品牌归属决策

品牌归属问题即品牌归谁所有，由谁负责。对产品生产者来说，可以用工业（制造商）品牌，可以用商业（经销商、代理商）品牌，也可以两者并存，即一部分产品用工业品牌，一部分用商业品牌。工业品牌在市场上一向占统治地位。近年来，商业的品牌日益增多，在零售行业，一些有名气的大百货公司、超级市场都使用自己的品牌。一些医药代理商也开始创建自己的品牌，做贴牌生产，目的是增强对产品价格、厂商的控制能力。这样可以降低成本，从而降低价格、提高竞争力，同时也可以培养顾客的品牌偏好。

在工业具有良好的声誉、拥有较大市场份额的条件下，多使用工业品牌。相反，在工业资金能力薄弱、市场营销力量相对不足的情况下，可以使用商业品牌。尤其是势单力薄的无名中小企业，无力在自己的品牌下将产品打入市场，往往会借助商业品牌。如果经销商在某一领域中拥有良好品牌信誉及庞大完善的销售体系，利用经销商品牌可以起到事半功倍的效果。目前，在保健品、护肤品中比较常见。

（三）商标策略

如前所述，凡经过国家有关部门注册、受法律保护的品牌都是商标。所有的商标都是品牌，但并非所有的品牌都是商标。商标具有排他性，有专门的使用权。所谓商标的专用权具有以下四个特点。

（1）商标经注册即取得独占权，他人不得使用与仿冒。

（2）商标专用权具有时间性。根据《中华人民共和国商标法》的规定，注册商标的有效期为十年到期申请注册延续的可继续使用，否则就失去了专用权。

（3）商标专用权属知识产权，其价值是无形的，名牌商标的价值是难以估价的。

（4）专用权受严格的地域限制。

1. 商标的设计与商标的管理

商标的设计是否得当，与企业的经济效益关系重大，切不可等闲视之。因此，许多西方企业不惜花费重金征集商标设计。从营销学的观点来说一个良好的商标设计应符合三个原则：第一，要符合市场所在地的法律规范；第二，能体现产品的特色；第三，造型美观、构思新颖、便于识别与记忆。

商标的使用直接关系到消费者、企业，甚至国家的利益，因此每个国家基本上都有商标法并实施商标管理。企业的商标管理应以有关法律为依据，遵守商标法的规定而不乱用商标。乱用商标主要是指：使用未注册的商标；仿冒其他企业商标；未经批准，自行修改商标图样，将此类商品的注册商标任意使用在别类商品上；自行转让商标等。

建立和健全企业的商标管理制度是为了防止发生商标使用上的混乱现象，企业的商标管理制度的内容包括：建立商标档案，做到有案可查；审查商标设计，保证顺利注册登记；了解商标使用效果；积累改进商标设计和使用的资料。

2. 创新商标策略

又称更换商标策略，它包括两种类型：骤变和渐变。骤变，就是舍弃原有商标，采用全新的商标；渐变，即逐渐改变原有的商标，使新商标与旧商标在图案、符号、造型上很相似，在形象上一脉相通。后者既能保持原有商标在市场上的信誉，又能节约商标创新费用。

商标是产品甚至是企业的标志，通常情况下，更换商标会使企业失去原有的市场份额，因而采取此策略时须十分慎重，只有当企业确有需要改变其产品商标时才能使用。在日常应用当中，商标不是独立存在的，要结合产品的包装进行整体参考，从而确定整体的包装风格和调性。

第四节　医药产品包装策略

商品包装是整体产品的重要组成部分，是产品的外在质量，是消费者购买选择的重要依据。实践证明，优质产品配置精美的包装，能起到美化产品、增强吸引力和感染力、唤起广大消费者的购买兴趣并及时作出购买决策的作用。因此，优化产品包装是企业不断拓展市场营销的重要决策。

一、包装的概念

（一）包装的基本概念

包装是指保护产品质量和便于流通的容器或包扎物。包装的作用是多方面的，使用包装的最直接的目的是便于运输、陈列、销售和消费。包装是产品实体的一个重要组成部分，一般包括以下三个层次。

（1）内包装，是产品的直接容器。

（2）中层包装，其作用是保护产品和促进销售。

（3）储运包装，其作用是便于储存、搬运。

产品包装是产品流通和消费过程中不可缺少的基本条件。大多数产品只有经过包装，才算完成生产过程，才能有效地保护产品不变质、不损耗，完整地进入流通领域和消费领域，实现产品的价值和使用价值。由于医药产品的特殊性，因此国家对医药产品包装的要求更为严格和具体。

（二）医药产品包装的要求

《中华人民共和国药品管理法》规定：药品包装应当适合药品质量的要求，方便储存、运输和医疗使用。发运中药材应当有包装。在每件包装上，应当注明品名、产地、日期、供货单位，并附有质量合格的标志。药品包装应当按照规定印有或者贴有标签并附有说明书。药品包装分内包装与外包装两类。

1. 内包装

内包装系指直接与药品接触的包装（如注射剂瓶、铝箔等）。内包装应能保证药品在生产、运输、贮藏及使用过程中的质量，并便于医疗使用。药品内包装材料、容器（药包材）的更改，应根据所选用药包材的材质，做稳定性试验，考察药包材的相容性。

2. 外包装

外包装系指内包装以外的包装，按由里向外分为中包装和大包装。外包装应根据药品的特性选用不易破损的包装，以保证药品在运输、贮藏、使用过程中的质量完好。

二、设计趋势与策略

（一）创新设计

随着生活水平的不断提高，消费者对品牌的辨识能力也在逐渐提升，同时也更注重消费体验。同质化的产品包装已无法再体现品牌差异化优势，更无法激起消费者购买需求。因此，OTC 药品的包装设计需要不断创新，以新颖的设计吸引消费者的注意力。

（二）注重细节

药品包装的细节设计也是提升用户体验的关键。例如，易取出的药盒设计、带标签的药盒设计等，都可以方便消费者日常使用。例如，女性用的产品，经常采用暖色调为主；儿童用药的元素当中，尽量不用锐利的图案等。

（三）人性化设计

通过小小的包装设计细节，可以大大提升用户体验。例如，一款防儿童开启的特殊设计，可以防止小孩子打开误食，而老年人可以轻松打开，且药片不会到处撒开。

"Z世代"年轻人逐步成为消费主力，这类群体注重体验、个性鲜明，愿意追求尝试各种新生事物。因此，OTC药品的包装设计需要符合新时代年轻人的审美，以吸引他们的关注。

三、设计案例

（一）北京同仁堂国药精品"灵兰秘授""琼藻新栽"系列包装设计

北京同仁堂国药精品系列是笔者负责的精品品类，2023年成为全国高端品类冠军、十大医药营销案例。两个系列按照金版和银版的理念进行设计。灵兰秘授系列作为传统剂型，从外观到内部都经过笔者和团队的精心打磨，外观引用了同仁堂科技的经典旗标，直接利用托盒硬质隔板作为说明书。由于是20丸规格的大盒，为规避金盒在运输过程中容易磨损的现象，增加了类似烟盒的塑封技术，使之药盒在陈列中极其抢眼，亦包括相应配套的物料。这里不再一一赘述。

（二）石药集团OTC药品包装设计

石药集团秉持"做好药，为中国，善报天下人"的理念，专注制药，坚持创新。其OTC药品包装设计采用古典韵味的极简风格，以现代化的语言表现新国风。浮雕起凸工艺搭配亮面金与磨砂金，极大提升了产品品质感与档次感，让产品在货架更为吸睛。

（三）999 澳诺葡萄糖酸钙锌口服溶液包装设计

999 澳诺葡萄糖酸钙锌口服溶液通过聚焦女性群体，主打为职场女性、孕期、哺乳期妇女贴心打造。在产品外观设计上同样追求高颜值，满足女性消费者的"颜控"需求。同时，选择小包装设计，一撕即饮，快速吸收，满足便利携带、即时服用的使用需求。

四、包装的功能

保护商品质量的完好无损、促进销售、方便运输等是商品包装的重要目的。对于医药商品而言意义更为突出。

（一）保护医药产品

医药产品在从出厂到使用者手中的整个流通过程中，要经过多次运输和贮存环节，在运输过程中会有震动、挤压、碰撞、日晒、雨淋等损害；在贮存过程中也会遇到虫蛀、鼠咬、腐蚀等情况。即便到了使用者手上，从开始使用到使用完毕也还有存放的需要。因此，必须有良好的包装，才能使药品免受损害。

（二）便于运输、携带和贮存

医药商品有气态、固态、液态等不同形态，它们的理化性质也各异，有的有毒，有的有腐蚀性，有的有挥发、易燃、易爆等特性，这些都只有加以合适的包装，才便于运输、携带和存放。绝大多数医药商品在贮存中需要防潮、避光、防热，一些特殊药品在运输过程中需要防震、防爆、冷链。特殊药品中的有毒品、危险品更需要有特殊的包装。良好的包装可以使医药商品的质量在整个流通过程中不发生变化，从而保证其使用价值的实现。

（三）指导消费、便于使用

药品包装上都附有文字说明，具体介绍产品性能和各注意事项，可以起到便于使用和指导消费的作用。此外，根据药品在正常使用时的用量加以包装，如药片 1 000 片装（适用于医院）、10 片装（适用于个人）等。包装容器采用拉环式、嵌纽式易开罐，拉链式包装盒，喷射式包装容器等，并在包装上说明用法、用量及禁忌等，都是为了便于使用。

（四）美化商品、促进销售

商品采用包装以后，首先进入消费者视线的往往不是商品本身而是商品的包装。独具个性、精致美观的包装可以增强商品的美感，刺激消费者的购买欲望，起到无声推广的作用。包装设计通过吸引消费者注意力、传达产品信息、增强品牌形象、影响购买决策、促进产品差异化、提升消费体验以及满足环保需求等方式，显著影响产品销售的增长。

（五）增加利润

商品的内在质量是商品市场竞争能力的基础，但是一个优质产品如果不和一个优质包装相匹配，在市场上的竞争能力就会受到削弱，就会降低"身价"。而好的包装则可与好的产品两者相得益彰，卖得好价钱，提高产品的附加值，这在国际市场上更加明显。例如，我国传统出口的名贵药材人参，过去用木箱包装，每箱 10 千克，结果售价低、销路差，且给人有掺假之嫌。后改用精致的小包装，售价平均提高 30%，且销量大增。由此可见，包装在市场营销中占有重要地位，同时起着重要作用。

五、包装要求

药品的包装设计应以包装要求为依据，是一项技术性很强的工作。外箱储运包装要着眼于保护药品和便于运输；中层包装与内包装（又称销售包装），应着眼于美化商品，便于使用，促进销售。包装中所包含的元素表达也非常重要，还有外形设计都要综合考虑。

（一）包装应显示医药产品的特色和风格

药品包装必须能准确地传递药品信息，造型美观大方，图案生动形象，不搞模仿，避免雷同，尽量采用新材料、新图案、新形状，使人耳目一新，一目了然。

（二）包装应与药品价值水平相配合

能够上市销售的只能是取得批准文号的合格品，药品包装应与其价值相符。例如，北京同仁堂的安宫牛黄丸的包装是六边形的铁盒包装，它是从过去的锦绒盒演化而来的。2024 年，又推出了高端手工制作并且全部采取有机原料的两丸装的规格，采取了青花瓷元素，里面是类瓷的两个球形碗，烘托出它的珍贵。

（三）包装应为使用提供方便

药品包装的形状、结构、大小应为运输、携带、保管和使用提供方便。非处方药品的广泛使用对包装的要求主要体现在便于使用、携带和贮存的功能上（如成人装、儿童装、一次性给药、单剂量包装等）。

（四）包装应与药品性质相吻合

药品的剂型有片剂、针剂、水剂、软膏、粉剂等多种形式，其性质千差万别，有需要低温的，有需要避光的，有需要防潮的等。因此，在包装上应采取相应防护措施，以保证药品质量。特殊管理的药品及危险品，包装上应有国家规定的明显标志。

（五）包装设计应美观大方并尊重消费者的宗教信仰与风俗习惯

包装设计既应美观大方、形象生动，同时又应力求避免在消费者中产生不好的含义和联想。包装上文句的设计要求能增加消费者的信任感，并能指导消费。包装设计所采用的色彩、图案要符合目标消费者的心理要求，尊重其宗教信仰、风俗习惯。色彩、图案的含义对具有不同心理爱好的消费者可能是截然不同，甚至是完全相反的。例如，日本人视白色为喜庆，埃及人喜欢绿色，忌用蓝色；而法国人最讨厌墨绿色，偏爱蓝色。在信奉伊斯兰教的国家和地区忌用猪做装饰图案；法国人视孔雀为祸鸟；瑞士人以猫头鹰作为死亡的象征；乌龟的形象在许多国家和地区都代表丑恶，而在日本则代表长寿。有的色彩图案或符号在特定的地区有特定的含义，如红三角在捷克是有毒品的标记；绿三角在土耳其是免费样品的标志等。包装设计人员应了解积累这些资料和常识，以提高包装设计的适应性。

（六）包装应符合有关法律规定

《中华人民共和国药品管理法》对药品的包装专门进行了规定，明确指出：直接接触药品的包装材料和容器，应当符合药用要求，符合保障人体健康、安全的标准；国务院药品监督管理部门在审批药品时，对直接接触药品的包装材料和容器一并审评。《药品包装、标签规范细则（暂行）》要求，药品包装、标签上印刷的内容对产品的表述要准确无误，除表述安全、合理用药的用词外，不得印有各种不适当宣传产品的文字和标识，如"国家级新药""中药保护品种""GMP 认证""进口原料分装""监制""荣誉出品""获奖产品""保险公司质量保险""公费报销""现代科技""名贵药材"等。

六、包装的说明

产品的包装说明是包装的重要组成部分，它在宣传产品功效、增进消费者对药品的了解、指导正确消费等方面有重大作用。特别是药品实行处方药与非处方药分类管理后，包装说明就更为重要，直接关系到人民用药安全。包装说明一般涉及说明的内容、说明的形式等几个方面。包装说明通常可印于包装物或商品上，也可以专门印制附加的说明书。

（一）药品包装的内容

1. 医药产品的功效

例如，力克舒胶囊外包装盒上写明处方：对乙酰氨基酚、消炎酶等；适应证：用于发热、头痛、喉痛及鼻咽部卡他症状。珍菊降压片外包装盒上写明处方：盐酸可乐定、野菊花膏粉、珍珠层粉、双氢氯噻嗪、芦丁；功能与主治：降血压药。

2. 医药产品的使用方法

药品的剂量与用法，直接关系到药品的疗效与患者的健康。一般药品说明书都有"用法与用量"，详细说明每日几次，每次几毫克（或几片、几粒等）何时服用，并列出禁忌证及注意事项。我们经常能遇到有的药品规格标注很难找到，导致用药不便的情况。

3. 医药产品的有效期

包装标签有效期的表达方法，按年月顺序。一般表达可用有效期至某年某月，或只用数字表示。如有效期至 2026 年 10 月，或表达为 2026.10、2026/10、2026—10 等形式。年份要用四位数字表示，1—9 月份前须加 0 以两位数表示月份。

4. 医药产品的售后服务

例如，医疗器械的保修，应说明消费者享用这类服务的期限、地点，以及联系电话等。

（二）药品标签与说明书

1. 药品标签与说明书的设计要求

（1）药品的说明书和其他产品有很大差别，药品包装必须按照规定印有或者贴有标签并附有说明书。标签或者说明书上必须注明药品的通用名称、成分、规格、生产企业、批准文号、产品批号、生产日期、有效期、适应证或者功能主治、用法、用量、禁忌、不良反应和注意事项等。日常生活中我们经常会看到很多药品的说明书字体太小，不方便老年人阅读。

（2）麻醉药品、精神药品、医疗用毒性药品、放射性药品、外用药品和非处方药在其大包装、中包装、最小销售单元和标签、说明书上必须印有符合规定的标志；对贮藏有特殊要求的药品，必须在包装、标签的醒目位置和说明书中注明。

（3）药品标签及说明书必须按照国家药品监督管理局规定的要求印刷，其文字及图案不得加入任何未经审批同意的内容。同一企业、同一药品的相同规格品种，其包装、标签的格式及颜色必须一致，不得使用不同商标。同一企业的相同品种如有不同规格，其最小销售单元的包装、标签应明显区别或规格项应明显标注。

（4）凡在中国境内销售、使用的药品，其标签及说明书所用文字必须以中文为主并使用国家语言文字工作委员会公布的规范文字。民族药可增加其民族文字。企业根据需要，在其药品包装上可使用条形码和英文对照；我国专利的产品，亦可标注专利标记和专利号，并标明专利许可的种类。药品的通用名称必须用中文显著标示，如同时有商品名称，则通用名称与商品名称的比例不得小于1:2，通用名称与商品名称之间有一定空隙，不得连用。商品名经商标注册后必须符合商品名管理的原则。未经国家药品监督管理局批准作为商品名使用的注册商标，可印刷在包装标签的左上角或右上角，其字体不得大于通用名的用字。

（5）提供药品信息的标志及文字说明，字迹应清晰易辨，标示清楚醒目，不得有印字脱落或粘贴不牢等现象，并不得用粘贴、剪切的方式进行修改或补充。

2. 药品说明书的内容

药品说明书应包含有关药品的安全性、有效性等基本科学信息。药品的说明书应列有以下内容：药品名称、通用名、英文名、汉语拼音、化学名称、分子式、分子量、结构式（复方制剂、生物制品应注明成分）、性状、药理病毒、药代动力学、适应证、用法用量、不良反应、禁忌证、注意事项（孕妇及哺乳期妇女用药、儿童用药、药物相互作用和其他类型的相互作用，如烟、酒等）、药物过量（包括症状、急救措施、解毒药）、有效期、贮藏、批准文号、生产企业（包括地址及联系电话）等内容。如某一项目尚不明确，应注明"尚不明确"字样；如明确无影响，应注明"无"。

（三）各类药品包装、标签的内容

1. 化学药品与生物制品、制剂

（1）内包装标签内容包括：药品名称、规格、适应证、用法用量、贮藏、生产日期、生产批号、有效期及生产企业。由于包装尺寸的原因而无法全部标明上述内容的，可适当减少，但至少须标注药品名称、规格、生产批号三项（如滴眼剂瓶、注射剂瓶等）。

（2）直接接触内包装的外包装标签内容包括：药品名称、成分、规格、适应证、用法用量、贮藏、不良反应、禁忌证、注意事项、包装、生产日期、生产批号、有效期、批准文号及生产企业。由于包装尺寸的原因而不能注明不良反应、禁忌证、注意事项，均应注明"详见说明书"字样。对预防性生物制品，上述适应证项均应列为接种对象。大包装标签内容包括：药品名称、规格、生产批号、生产日期、有效期、贮藏、包装、批准文号、生产企业及运输注意事项或其他标记。

2. 原料药

标签内容包括：药品名称、包装规格、生产批号、生产日期、有效期、贮藏、批准文号、生产企业及运输注意事项或其他标记。

3. 中药制剂

（1）内包装标签内容包括药品名称、规格、功能与主治、用法用量、贮藏、生产日期、生产批号、有效期及生产企业。因标签尺寸限制无法全部注明上述内容的，可适当减少，但至少须标注药品名称、规格、生产批号三项，中药蜜丸蜡壳至少须标注药品名称。

（2）直接接触内包装的外包装标签内容包括除功能与主治外均同化学药品。

（3）大包装标签内容包括的要求同化学药品。

如果各位读者想了解更详细的内容，请参照《药品包装、标签和说明书管理规定（暂行）》《药品说明书和标签管理规定》《药品经营质量管理规范》等相关法规内容。

七、包装策略

在实际的工作当中我们往往会根据市场的实际情况，以及顾客群体的适应性，还有竞争对手的状况来做一些包装策略，医药企业通常采用以下方法。

（一）统一辨识策略

所谓统一辨识策略就是将企业生产的各种产品，在包装外形上采用大致相同的材料、式样和图案或其他特征，使消费者很容易联想到是同一企业的产品。国外大型制药企业和中外合资制药企业常采用这种策略，如西安杨森的各种产品包装都有统一色调。这种策略有以下优点。

（1）节省设计宣传费用，增强企业声势，有利于介绍新产品。

（2）可以扩大企业产品的影响，促进各类产品的销售。

其缺点是只适用于质量水平相当的产品，质量性能悬殊的产品不宜用该策略。

（二）组合包装策略

也叫套餐策略。是指把使用时互有关联的多种商品，纳入一个包装容器内，如家用药箱、旅游药盒、针线包、工具箱等。这种策略的优点如下。

（1）给消费者提供方便。

（2）能够起到扩大销售量的作用。

其缺点是只能适应一些最基本的产品的包装要求。

（三）再用包装策略

又称为双重用途包装策略，是指包装容器内原有的商品用完之后，空的包装可移作别的用途。例如，有些产品采用碗形包装，包装可用于日常盛饭用等，如九芝堂的驴胶补血颗粒。这种策略的优点如下。

（1）买一种商品可以有多种用途，增强了产品的吸引力。

（2）若包装上印有文字说明，重复使用能起到广告宣传的作用。

（四）附赠包装策略

这是目前市场上比较流行的包装策略，即在商品包装物上或包装内附有奖券或其他物品。这种策略使消费者感到方便或者有意外的收获，能引起消费者的购买兴趣，还能刺激消费者重复购买，如冲剂药品袋内赠药匙或杯子等。

（五）等级包装策略

主要是根据产品不同的规格或者质量层次设计的包装。包括：① 按照产品的档次来决定产品的包装，即高档产品采用精美的包装，以突出其优质优价的形象，低档产品则采用简易包装，以突出其经济实惠的形象。② 按照消费者购买目的的不同对同一产品采用不同的包装。馈赠亲友的，包装应该精致、漂亮；自用的，包装则应该简朴些。

（六）改变包装策略

商品包装上的改进，正如产品本身的改进一样，对销售有重大意义。当企业的某种产品在市场上同类产品中内在质量近似而销路打不开时，就应该注意改进包装设计；当一种产品的包装已采用较长时间后，也应考虑推陈出新，变换包装。这种用改变包装的办法达到扩大销路或提价的目的，就是改变包装策略。

第六章

有效营销模式的解析

第一节　OTC 渠道的设计与分销管理

前面章节已对销售模式做了初步的阐述，这一章主要针对 OTC 渠道设计进行与分销做详尽讲解。随着电商兴起加上疫情的叠加效应，国内医药零售形态近些年变化很大，从最早的媒体驱动到渠道驱动，再到今天的终端驱动，销售的发力层次上已不同往常，市场从 OTC 医药渠道的规划上也要根据不同的环境进行渠道管理升级和变革。根据不同的市场层次 OTC 销售可以分成以下几种形式。

一、直供 KA 模式的设计

从 2015 年开始，医药连锁在资本的驱动下进行了一轮较大的并购整合，医药连锁集中度不断加强。作为医药工业企业，终端的整合给其带来了一喜一忧。喜，即整合之中为产品迅速导入终端提供了便利性，过去终端太过零散，工作强度比较大；忧，为连锁集中度上升后工业谈判的议价能力减弱，在目前品类竞争的时代，工业和商业从"鱼水关系"再次演变成了"鱼和开水的关系"。

直供 KA 一般都是突出品类或者是大品牌企业同连锁药房的战略性合作，同时 KA 连锁也主要以大型连锁为主，如老百姓大药房、一心堂等企业。根据笔者早年提出的品牌价值回归思路，只有名牌、名品才能造就名店，一些小企业的高毛利产品虽然在连锁药房能获得首推，但这仅仅是企业饮鸩止渴的一种选择，未来医药品牌一定是行业的稀缺资源，品牌相对高毛利时代已经到来。如果大型品牌企业都能在设计的利润空间和市场投入上下功夫，中小企业（尤其是同质化产品的中小企业）将会面临着新的一轮洗牌大淘汰。

与 KA 连锁建立合作关系需要本着几个有效的原则进行合作。

第一是品类优先。由于各个 KA 连锁的经营状况不同，经营理念也不同，因此选择合作产品会有一定的差异。目前，医药工业企业最先需要定位的就是所有的产品品类，相同的虽然多，但是根据自己的成本、工艺、适应证的不同需要建立不同的治疗诉求，形成有共性的产品卖点。因此，我们需要建立企业优先品类的经营思路。

第二是利润供给。再好的品牌也需要给客户一定的利润来做支撑，随着物业成本和人员成本的增加，终端的毛利要求越来越高。对于工业企业来讲，有的是供给高毛利，一些中小企业也将产品直接定义为 OEM 产品，做法不同。在生存期，现金流一定是"王道"，在利润供给中有两种方式：一种是硬性利润（直接差价），一种是软性利润（增值服务）。笔者建议，有条件还是软硬结合更好。

第三是捆绑组合。和 KA 连锁谈产品，将高毛利的和低毛利的、动销快的和动销慢的、不同价格带的产品进行有效组合，在为连锁提供客观利润的同时，也将不同的利润压力进行不同的产品分配。

第四是增值服务。在与连锁合作的同时，动销支持是非常重要的。由于 OTC 产品的替代性非常强，因此仅仅供应产品还是低层次的。工业在供应产品的同时需要提供给零售终端一整套有效的"动销服务方案包"，这才是营销竞争的根本。

在与 KA 连锁合作时，由于很多 KA 连锁有着账期的要求，因此，对一些企业全面开展直供压力很大，故而还是选择与商业配送公司合作，共同开发。大型连锁和中小连锁合作的要求完全不同，在不同的市场层次操作的手法也有很多不同。目前连锁分成：全国性大连锁，省内强势连锁，地区、县域连锁，小型连锁，因此直供模式对工业直接操作来讲比较适应省区以上的大型连锁企业。

二、商销方式的渠道管理

很多企业在销售到一定量的时候都会面临串货、价格倒挂等问题。尤其是以品牌驱动的企业，由于有市场基数和品牌的拉动，主要的销售方式就是渠道商销，简言之，就是依靠商业批发功能进行销售。在终端工作尚未完善时，商业渠道的依赖性就会增加。商销模式是工业企业和流通商业博弈比较激烈的模式。工业每年有着回款指标的压力，它们会把压力转嫁到流通商业，商业公司就会有更高的返利或者动销支持要求。在压货时，往往通过返利或活动支持的费用就变成了变相的价格补贴，而补贴一旦放到市场则会形成一定的市场冲击。突如其来的低价货，不但影响着企业整体的价格体系和渠道管理体系，还会极大影响商业流通企业的积极性。久而久之，压货成了商销模式的噩梦，也因此给企业的长远发展带来非常大的影响。

在渠道管理的过程中，通常对于数据流向的管理最为重要。目前，数据采集有很多种方法：有数据直联系统，就是将流通企业开票信息实时地进行数据回传的方法；还有就是数据包获取，即阶段性将开票信息变成数据包，开放给工业企业进行数据采集；再有如"码上放心"云数据，通过药监码扫码进行数据采集。

供应链中的"三流"，即数据流、资金流、货物流，其中数据流对于渠道的管控尤为重要。笔者在桂林三金以及北京同仁堂科技集团等几个企业都进行过营销渠道的改革升级工作，其中数据流是整个改革的基础工作。通过对流通商业的"双锁管理"，即锁定价格、锁定渠道，进行基础的制度规范，同时对一级商业进行"三定"原则的设计，即定价格、定流向、定流量，进行全面的渠道控制。在管理的前期，我们需要认清企业的基本现状，其中最难解决的莫过于在保增长的前提下解决渠道混乱问题。之后，针对此种情况优化管理，开展"促通"和"蓄水池"等工作，即一边促进二级分销和终端的流速，一边和信任的伙伴建立阶段性货物"蓄水池"工作，在能保证回款的前提下，不断增加终端的商品流速。

从整体的改革过程中，**逐步总结出的"系统管理方法"是建立在系统思维的前提之下的，因此我们需要遵循，以市场定模式→以模式定组织→以组织建制度→以制度定考核→以考核做评估→以评估定奖罚的系统思考方式**。在营销改革的过程中往往伴随着组织的改革，流程的再造以及制度重塑，系统改革也就成了营销变革的主要思维。

三、分销模式的精细化操作

分销渠道的操作实际上是延续了商销模式的市场操作。相同点是从商业进行分销的过程；不同的是分销模式不仅仅是从一级商移库到二级商那么简单，而是要通过不同的分销动作进行商业动销和终端助销的过程。

（1）商业压货。在销售过程中为了完成指标，常常需要通过压货的手段将产品移库到商业或二级分销商的库里，通过政策支持，给商业一定的占库费或促销费用。压货的操作在合理的范围内是可以的，合理的范围通常我们指日常库存周转量的 1.5—2 倍。不过在实际应用当中经常会发现压货大于这个数值。

（2）供需平衡。这是指市场实际需求量和供应量之间的平衡。在销售过程中供大于需的现象往往多过需大于供，压货过多会打破供需平衡，从而造成商业继续抛货，导致市场价格紊乱。

分销模式主要是针对商业渠道（一级商、二级商）向次级商业或终端分销的过程，这里需要大量的分销人员。实际上，人数就变成了钱数，分销工作主要靠分销代表来完成。在分销的过程当中应该按照以下几个方面来进行细化考核。

第一，库存管理与发货管理。消除不必要的库存，保持合理的库存，防止库存积压，提高库存周转率。合理库存根据品类的淡旺季等进行动态调整。一般商业流通公司计划员会根据自己的实际情况来进行调整，但是如果公司按照推广和促销工作的时候，需要业务代表提前进行客户库存管理，及时补货。

第二，渠道促通工作。过去我们经常讲和流通商业做好"三员促销"，即销售员、计划员、采购员的促销工作。如果企业建立的是精细分销模式，那么工业企业需要进行终端网络的布局和建设，针对县域商业或纯终端进行有效的促通工作。具体的办法有很多，如限时折让、礼品回馈、购货有奖等。

第三，动销方案设计。在整体的销售过程中，动销方案的设计尤为重要，针对不同时期、不同产品、不同人群所做的方案都会有巨大的差距。动销方案中很重要的一项就是投入产出问题，还有动销活动后的评估问题，动销方案要围绕着动销设计的七原则来设计。

（1）确定市场范围。

（2）促销产品确定。

（3）可整合的资源。

（4）促销时间设定。

（5）折扣条件与投入标准。

（6）建立活动条款。

（7）竞争防御机制。

四、基层销售布局

医药行业的基层销售在近些年越来越重要，"小病进社区，大病上医院"的理念也渐渐深入人心。因此，广大的基层市场逐渐成为很多工业企业竞争的地方。所谓的基层市场，并不是简单地指第三终端的概念（第一终端是医院、第二终端是药房、第三终端是诊所），基层医疗市场和基层零售市场共同构成了整体基层医药市场的格局，在国内广大的县级市场将会成为未来医药行业举足轻重的销售板块。

关于基层市场的开发，往往通路较为深入，下沉比较彻底，因此建立直营队伍的成本也非常高，一般以代理制为主，直营还是代理能否发展的关键因素在于管理。大型企业的直营＋合作的模式相对比较成熟，由于大型企业有非常丰富的产品群，所以在操作的过程中比较有竞争优势，相对人员也比较稳定。针对基层市场的开发，在现实环境当中已经有很多营销团队介入其中，加上很多区域性流通商业也开始建队伍布局基层市场，因此现在的基层市场显得异常的热闹。对于工业企业而言，布局基层市场需要针对以下两点来做具体考虑。

第一，合适的产品组合。基层市场的产品供应需要 15—30 个产品进行组合，把这些产品分成核心推广产品、利润产品、走量产品三个档次。

中药西药组合和不同价格带组合都可以，如果企业没有相应的产品组合，那么基层的开发也就只能做单纯的代理招商了。产品的品类很重要，特异性不大的品类，品牌背书就显得非常重要，未来 OTC 产品的品牌会成为稀缺资源，OTC 产品向品牌聚焦的势头也会越来越明显。

第二，业务员要向管理员转变。随着国家政策的改革和行业的变革，未来基层管理会趋于平台化管理，"直营＋N"的模式正在构成，原来直营的业务人员必须升级为管理员才能驾驭未来的市场。对于基层的管理，更多的是"服务＋方法"式的提供，绝不是传统的"制度＋表格"化的管理。团队要建立合理的"督导"体系，有监督、有引导，有原则、有激励，尤为重要的是整个团队的培训系统，而培训系统不仅仅传播知识，还能够传播理念。一个好的团队是训练出来的。

在基层市场操作的过程中，主要是找到有合适资源的人，这对于契合产品的操作会轻车熟路、事半功倍。因此，通过什么渠道来发掘各个地区的优势资源将是基层操作的关键点。

第二节　模式发展的认知与企业误判

在纷杂的医药营销环境中，我们经常能看到，一些企业在发展过程中对建立什么样的模式而举棋不定；更有时候模式选择对了，但是坚持到一半便没有信心了，于是选择放弃，或者换人，很是可惜。我们论述的平台模式，只是一个大方向，最终决定企业运营模式的关键问题在于产品的品类、成本构成、企业现有资金状况等。小企业往往希望借力而行，却经常受代理商限制；大企业的代理商害怕企业由于人员变更或公司建立直营队伍而收回代理权。**零售终端和工业企业本来是"鱼水情深"的关系，后来却成了"鱼和开水"的关系。**

首先从中小企业说起，因为大的企业在发展过程中基本上形成了自己独有的生存方式。有些大的企业运营多年以后，营销体系也开始不适应市场，需要在发展中进行阶段性变革，而处在激烈竞争环境当中的中小企业面临的风险则更加突出。目前有几种类型的中小企业：第一种是在特定区域有一定市场份额，有相对畅销的产品，问题是营销进展缓慢，无法突破区域限制；第二种是有独家剂型或独家产品，销量不高，营销薄弱，资金压力大；第三种是普药产品多，主要在少数省份销售，突破艰难；第四种是公司产品线比较凌乱，整体销售额较小，市场表现欠佳。

国内医药产业已经开始进入大整合期，优胜劣汰的结构会更加明显。从基层零售终端到商业公司再到工业企业都面临着整合的压力，产业再一次开始进入集中化模式。对于企业来讲，不但对未来市场的打法要有清晰的判断，还要对整个产业结构作出方向性选择。

目前，在国内的医药零售板块销售模式按商业层次分为：① 商业渠道为主的销售模式；② KA 连锁为主的销售模式；③ 招商为主的营销模式。按照市场层次分为：① 第三终端营销模式；② 县域空点营销模式；③ 城市市场营销模式。按照管理方式分为：① 招商代理模式；② 合作开发模式；③ 直营管理模式。

可以看出，在医药 OTC 市场发展的道路上有着非常多层次的模式选择和设计，在信息化飞速发展的今天，任何模式的打造都离不开信息化工具作为辅助用来提升效率。企业营销通常也是多种情况下综合考虑的结果，有时候营销模式的选择也带有偶然性，因为一个人的加入提供了新的思路，或者是遇到一个营销团队资源得以合作。当企业成长到比较成熟的阶段，营销模式的改进和提升会演变成各个阶段的变革工作，以使企业的营销模式适应现实的营销环境。因此，在变革当中从打破企业现有的平衡再到建立新的平衡，这个过程有时候是疾风骤雨，有时候也会悄然而至，这里有管理者的管理智慧，也有管理者的管理艺术。一个企业从经验管理到科学管理再到文化管理无一不经历着变革。在这个变革当中，机制的改变相对容易，但原有的定式思维很难被打破，因此在变革过程当中往往成了最主要的阻力。

对此，企业在选择不同模式来操作产品时需要认清几个因素，不是用主观的思维去判断，而是需要考量内外几种主要因素去判断，否则将会出现企业模式与市场对位错误、资源与企业无法匹配等问题。

外部因素有：① 此类产品的发展趋势；② 品类的有效推广模式与对标企业；③ 品类构成的市场环境与启动机会；④ 与市场同品类产品差异的认知情况。

内部因素有：① 企业目前的优势分析；② 能够调动和交换的资源有哪些；③ 能够支撑的市场投入分析；④ 达成目标的基本路线图。

总之，当我们清楚地了解了关键性因素，才能正确设定营销模式，有了模式才能补充方法。关键性因素为本，模式为道，此为本立而道生。

第三节　营销的基本逻辑是消费者研究

在当今这个信息爆炸、竞争激烈的市场环境中，营销不再仅仅是推销产品或服务的一种手段，它已经演化为一种战略性的企业活动，其核心在于深入理解并满足消费者的需求与期望。简而言之，营销的本质就是消费者研究，这一理念贯穿于营销活动的始终，是指导企业制定有效营销策略、建立品牌忠诚度、实现可持续发展的基石。

一、消费者研究：洞察需求，预见趋势

消费者研究是通过对目标市场的消费者进行系统性调查和分析，以获取关于他们的需求、偏好、购买行为、生活方式以及未满足的需求等方面的信息。这一过程不仅帮助企业直接了解消费者的当前需求，更重要的是，通过数据分析与趋势预测，能够预见未来的市场走向和消费者偏好的变化。例如，随着环保意识的提升，越来越多的消费者倾向于选择可持续生产的产品，企业若能提前捕捉到这一趋势并调整产品线，就能在竞争中占据先机。

二、消费者研究的重要性

消费者研究是营销活动的基石。它涉及收集、分析和解释消费者数

据，了解消费者的需求、偏好、购买动机和行为。通过消费者研究，企业能够做到以下几点。

（1）识别目标市场：明确哪些消费者群体最有可能购买其产品或服务。

（2）理解消费者需求：深入了解消费者的真实需求，从而设计满足这些需求的产品和服务。

（3）预测市场趋势：通过分析消费者行为，预测市场趋势和潜在变化。

（4）定制营销信息：根据消费者的特定需求和偏好，定制营销信息和推广活动。

（5）优化产品开发：利用消费者反馈改进现有产品或开发新产品。

三、精准定位，有效沟通

基于深入的消费者研究，企业能够更准确地定位自己的目标消费群体，理解他们的独特需求和偏好，从而设计出更具吸引力的产品或服务，并通过合适的渠道和方式与消费者进行有效沟通。这种精准定位不仅提高了营销资源的利用效率，还增强了信息的到达率和接受度，使品牌信息更容易触动消费者的心弦，建立起情感连接。例如，笔者在负责北京同仁堂国药精品的时候，因做高端的六味地黄丸，故前期对消费者做了大量的沟通调研工作。

此外，深入的消费者研究还能帮助企业预测市场趋势和消费者行为的变化。通过分析消费者的历史购买数据、社交媒体活动以及反馈意见，企业可以及时调整产品策略，以满足不断变化的市场需求。这种前瞻性的策略调整不仅有助于企业保持竞争优势，还能使其在竞争激烈的市场中脱颖而出。

同时，了解消费者的真实感受和期望，企业能够更有效地解决潜在问题，提升客户满意度。通过收集和分析消费者对产品或服务的评价，企业可以发现能够改进的领域，从而不断优化产品和服务质量。这种持续的改进过程有助于建立消费者对品牌的信任，进而提高客户忠诚度和口碑传播效应。

总之，深入的消费者研究是企业成功的关键。它既帮助企业精准定位目标消费群体，提高营销效率，又能够预测市场趋势，优化产品和服务，最终实现品牌价值的提升和市场份额的增长。

四、个性化体验，提升满意度

在消费者主权日益增强的今天，个性化体验成为提升消费者满意度和忠诚度的关键。通过消费者研究，企业可以收集到关于个体消费者的详细数据，如购买历史、浏览行为、社交媒体互动等，这些数据为提供个性化推荐、定制化服务提供了可能。当消费者感受到被重视和理解，他们的满意度和忠诚度自然会提升，进而转化为口碑传播和重复购买。

为了实现个性化体验，企业必须采用先进的数据分析技术，如人工智能和机器学习，来处理和分析海量的消费者数据。这些技术能够识别消费者行为模式和偏好，从而帮助企业预测消费者的需求，并在适当的时间提供恰当的产品或服务。例如，电子商务平台可以根据用户的浏览历史和购买记录，实时推荐相关商品，从而提高转化率。

此外，个性化体验的提供不仅局限于线上平台，实体店铺同样可以利用技术手段来增强顾客体验。通过安装智能货架和使用顾客行为分析工具，零售商可以了解哪些商品更受欢迎，哪些区域的客流量更大，从而优化商品布局和库存管理。同时，通过移动应用和会员卡系统，通过药房的会员管理系统可以向顾客发送个性化的优惠券和促销信息，进一步提升顾客的购物体验。

然而，个性化体验的提供也伴随着隐私保护的挑战。消费者对个人数据的安全和隐私越来越关注，企业必须确保在收集和使用数据的过程中遵循相关法律法规，并且透明地告知消费者数据的使用目的。通过建立消费者信任，企业才能在激烈的市场竞争中脱颖而出，赢得消费者的长期支持。

五、持续优化，创新驱动

消费者研究是一个持续的过程，尤其医药市场环境的变化、技术的进步以及消费者自身的成长都会不断带来新的需求和挑战。企业需建立反馈机制，定期评估营销活动的效果，根据消费者的反馈进行策略调整和产品迭代。这种持续优化和创新的精神，是企业保持竞争力、适应市场变化的关键。

在医药行业中，消费者研究的深度和广度直接影响到产品开发的方向和市场策略的制定。因此，企业必须投入相应的资源，建立一个全面的消费者洞察体系。这包括但不限于定期进行市场调研、消费者访谈、焦点小组讨论以及在线数据分析等。通过这些方式，企业能够捕捉到消费者行为的细微变化，及时发现潜在的市场机会或风险。

此外，企业还应与医疗专业人士保持紧密的沟通和合作，了解最新的医疗趋势和临床需求。这不仅有助于产品开发团队设计出更符合市场需求的解决方案，而且还能增强企业在行业内的专业形象和信任度。通过与医疗专业人士的合作，企业可以更有效地传达产品的价值主张，确保其在激烈的市场竞争中脱颖而出。

在产品推广方面，企业应采取多渠道策略，确保信息能够覆盖到目标消费者群体。这包括传统的医药代表拜访、学术会议、专业期刊广告，以及利用数字营销工具，如社交媒体、电子邮件营销和在线研讨会等。通过这些渠道，企业可以更有效地与消费者互动，收集反馈，并根据反馈调整营销策略。

最后，企业应注重培养内部员工的消费者意识，确保每个员工都能从消费者的角度思考问题。通过定期的培训和内部沟通，员工可以更好地理解消费者的需求和期望，从而在日常工作中更好地服务于消费者。这种以消费者为中心的企业文化，是企业长期成功的关键。

综上所述，营销的本质在于消费者研究，它不仅是企业制定营销策略的出发点，也是推动品牌成长、实现市场扩张的驱动力。通过深入洞察消费者，企业能够创造出真正满足市场需求的产品和服务，建立起与消费者之间的深厚联系，从而在激烈的市场竞争中占领一席之地，实现可持续发展。因此，无论市场环境如何变化，坚持消费者研究的核心地位，始终是营销成功的关键所在。

第四节　创新营销往往是企业必经之路

对在目前市场环境下生存的企业来讲，日益严峻的外部环境大大增加了企业的生产压力，在不断提升企业生存成本的情况下，又大大降低了企业的预期收益，从而使得两者之间的比例增大，企业的盈利减少。

同时，每个企业在特定环境下的发展史，又注定企业本身会存在这样那样的不合理现象。当企业经营者能真正认识到这种不合理现象可能对未来企业发展造成严重后果的时候，就有了创新的原动力。也就会积极有效地开始一轮变革，从而促使企业向良性轨道发展，保持竞争活力。

企业长久稳定的有效经营活动，就是一个不断创新和提升的过程，这个过程伴随企业一生，直到企业消亡。企业经营业绩的好坏，很大程度上取决于企业的这种行为是否完善、是否及时。

一、创新对企业的重要性

之所以我们身边的企业家们动辄谈创新，主要是看中了企业启动创新机制后，所取得的成果可以为企业带来的优势，以及对企业的重要作用。

1. 顺应市场发展，提升企业竞争力

市场的发展，决定了一切围绕市场的有形物品和无形思想必须适应市场的发展趋向，只有这样才可以在市场发展过程中保持市场竞争力。企业在参与市场活动的过程中，每一次市场消费者消费习惯的改变或者渠道承受能力和选择性的改变，都要求企业能迅速适应这种变化，并马上作出积极的反应。历史经验不止一次表明，反应越快的企业，成活的概率越高，竞争力越强；反之，则会被市场淘汰。

2. 有效理顺企业内部和外部关系，实施优化

在企业迎接市场变革的过程中，每一次有针对性地创新，都是对企业

内部组织关系、产品结构、营销模式、市场布局、人员状况等方面的一次优化。优化只有达到市场的认可和企业的理想状态，才能取得创新行为的成功。因而，创新的整个过程也是对企业内部和外部的一种优化行为。

3. 有效保证企业盈利空间

其实，企业之所以会选择打破原有模式进行创新，目的就是为了有效适应市场发展趋势，最终得到企业的持续发展。也就是说，企业创新的根本目的是保持企业市场经营活动的持续盈利。

二、创新所包含的内容

在了解了创新的含义和对企业的重要性之后，我们必须清楚所谓的创新所包含的内容。其实，创新包含有形的物体创新和无形的思想创新，主要有以下三个层次。

（一）技术创新

技术创新容易理解，这是大家平常听到、感知最多的一个方面。

技术创新是有形创新的代表，通过技术摸索、革新，我们可以制造出更完美的产品，可以大大提升企业生产效率，可以更好地维持设备和材料的高利用和低损耗。作为硬件方面的创新，技术创新是提供市场有形产品以及服务产品的一个重要保证。这是一般企业追求的创新，也是最基础的创新行为。目前，很多创新药公司都属于技术创新公司。

（二）体制创新

当基础创新达到一定程度，必须有一套与之匹配的管理体系来将技术创新得到的成果实施市场转化，完成从生产车间到消费者手中的传递，获得最终的利益价值，并且必须打破原有的旧体制。在此过程中，企业所要创新的行为，不仅包括企业内部的管理体制方面，还包括原有的市场经营方面的内容。我们都知道"穿新鞋走老路"是没有好的前途的，而体制创新则是给我们开辟一条可以符合新鞋走的新路，并保证方向的正确性，直至最后的成功。

（三）思想创新

有效区分优势企业和一般企业的最核心点，不是技术变革能带来什么质的飞跃，也不是单单依靠体制的革新而大获成功，而是自己所创立的一种思想可以引领其他企业，从而树立企业在行业、市场中的领袖地位。这才是创新的最高境界。

思想创新，就是树立一种行业的典范，从而在有效区分其他企业的同时，造成一种行业、市场或产品模式的垄断。它既包括产品的质量标准体系，也包括市场操作的方向、方式、方法、资源配置、格局等，进而形成的一种标尺。后来企业只能向这个标准看齐，才具备了市场竞争的资本。否则，将不会被行业认可，乃至退出行业竞争。

当然，这种标准化的创新行为并非一成不变，其如同世界纪录一样，总会有一些优秀的企业或个人站出来打破，从而形成一种新的标准。所以，思想的创新也是需要不断完善发展的，毕竟人们对自己是最清楚、最了解的，也是最有可能加以完善和更上层楼的创新。

企业的市场经营行为，是一项长期而复杂的系统化工程。有志企业想要保持基业长青，必然要务实探索，不断创新。靠激情和忽悠打市场的时代早已一去不复返。没有创新，便没有赢取市场的资本。

"我对创新没兴趣，我只关心伟大的产品。如果你关心的是创新的话，那你最后只会列出我们做了哪些创新，一、二、三、四、五，好像把这些东西堆砌起来就成了似的。"这是乔布斯对某记者有关创新提问的回答。的确，**创新不是通过学习而来的，而是通过学习的过程逐渐形成的，不能因为要创新而创新，学习创新本身就是一个伪命题**。一个个鲜活的创新背后，其实有着很多复杂的因素。很多时候大家注重创新的结果，看到成功的喜悦，却往往忽略了其过程的艰辛，未去真正体会背后一个个失败的辛酸。笔者认为，没有信念、热情与勇气的支撑，没有实践、坚持的过程，没有创新直觉思维的形成，没有环境氛围与制度的保障，一切创新的话题都无从谈起。

三、创新的信念与勇气

创新是一种信念，相信自己所从事的事情；创新是一种热情，坚持不懈地追寻自己的梦想；创新更是一种勇气，敢于打破现有的模式，敢于直面未来的失败。从"人活着就是为了改变世界""领袖与跟风者的区别就在于创新""人这一辈子没法做太多的事情，所以每一件都要做得精彩绝伦""成就一番伟业的唯一途径就是热爱自己的事业""不要把时间浪费在重复其他人的生活上"等乔布斯的经典语句中，我们可以了解到他强烈的创新信念。

有了对创新的信念还远远不够，还要将其转化成一种热情。乔布斯用自己的热情重塑着一个个行业的模式。苹果电脑打破了人们日常使用电脑的局限，改变了人们的生活；iPod 和 iTunes 改变了传统音乐的游戏规则，掀起了一场空前的音乐革命；而之后 iPhone 的发布则重塑了智能手机的竞争格局；iPad 的出现更是撼动了 PC 电脑市场。苹果之所以能够成为世界上最受尊敬的品牌之一，秘诀之一就是在于乔布斯对于创新的满腔热情。

创新，需要莫大的勇气。因为创新意味着不同于常规的模式，它必将遭受其他人的质疑，能够力排众议、坚持自己的原则从来就不是一件轻易的事情。笔者负责过几个上市公司的改革，其实在每一次改革过程当中都有过至暗时刻，企业的理解和信任是改革的基石，但最终能够支撑自己走下去的还是信念和勇气。在医药行业不断变化的今天，很多企业面临着非常大的生存压力，企业并购每天都在发生，作为产业的前端，营销领域竞争也越来越激烈。存量时代和增量时代的竞争是不同的，存量甚至是缩量时代，我们需要用更精细的办法来打磨市场，用更精准的决策来制定营销战略。

第七章

隐性价值决定
企业存亡

一个企业从小到大、从大到强必然是企业价值提升的一个过程，我们可以通过财务指标发现企业的现有价值，也可以通过无形资产评估衡量品牌。但是为什么很多品牌企业会有所谓的管理瓶颈呢？为什么在经过了多年的运作之后企业不得不面对改革呢？在很多人对企业未来预期价值看好的同时，企业为什么会感觉乏力甚至束手无策呢？也许通过隐性价值的判断就可以找到问题的答案。

笔者将企业的价值分为显性价值和隐性价值两部分，所谓的显性价值就是能够从公司的财务报表和资产评估报告中体现出来的具体价值，包括业绩的预期和市场开发的预期都是通过显性价值来体现的，显性价值还包括能够通过评估机构进行无形资产评估的品牌价值。那么企业的隐性价值都包括哪些？它们到底在企业发展过程中起到什么作用呢？下面将把企业的隐性价值分为六个部分来进行简要介绍。这一章节主要阐述的是管理过程中的理论范畴，管理理论也是我们作为管理者的基础知识储备。

第一节　企业的决策价值

一、决策价值是企业方向之本

一个企业的战略决策会影响一个企业的存亡，这也是我们把它列为企业隐性价值之一的原因，在战略决策中有企业发展决策、产品开发决策、政策导向决策、市场选择决策等一些能够给公司带来长远影响的决策，在决策确定后不仅仅是一个"十×五规划"报告就能解决问题，还要能够在企业管理系统中执行下去，我们在日常文件上见到的多数都是决策过后的文字，所以其隐性价值体现在企业决策的过程和执行的情况，如果决策失误或执行不到位，也许隐性价值就会成为企业的负价值，给企业带来损失。

在此价值中企业的高层领导起到很重要的作用，高层战略决策的隐性价值是所有其他隐性价值的核心，从这个角度来讲，所有其他的隐性价值的体现都是附属于此价值的，创造出来的隐性价值都是为企业的战略来服务的。

二、决策的含义

决策一词的含义，有如下几种理解。

（1）用于决策分析的各种方法，即所谓"决策论"。

（2）决策领导者处理重大事件所下的决心和行为。

（3）决策的全过程。决策不应该理解为仅仅是决策者"拍板"那一瞬间，而是应该包括一连串的准备工作和计划执行的行为。

人类大脑器官的思维活动，最终体现于人的各种行为效应。由思维活动过渡到行为之前，这中间必然形成某种明显的动机。决策人的动机，就是人们在社会或自然环境中，基于某种理想而产生的将要追求的目标。当人们经过思考，决心采取行动去达到这种目标时，便产生了决策。决策是同其所期望达到的目标紧紧连接在一起的，没有目标当然也谈不到决策过程。

三、决策在管理实践中的价值

决策在管理实践中具有重要的作用，决策是一切行动的基础，它能指明方向、调动资源、显示组织的价值追求。

（一）决策规定了组织活动的方向和路线

一个组织需要完成什么任务，达到什么目标，物向何处使用，财向何处流通，信息如何处理等，这些涉及方向性、全局性的问题都需要通过管理者的决策来完成。管理者的决策往往直接关系到大到一个国家，小到一个地区、一个单位、一个部门的方向和命运。

（二）决策能显示出整体活动的效能

决策是事物发展到一定阶段的必然要求，是在调查研究的基础上对历史条件、现实状况以及环境分析之后作出科学论证的结果，同时又要在优选方案之后予以实施。所以，它不仅具有客观性、科学性，而且具有最佳效能。决策的科学性决定着一个国家、一个地区、一个单位和部门整体活动的效应。

（三）正确的决策能推动全盘工作和谐发展

决策在管理活动的全过程中起着核心的作用，一个重大的决策能推动全盘工作。因此，管理活动和管理者的工作水平等都体现在决策上。

决策在今天管理实践中受到了高度重视，但在几十年前，无论是企业管理者还是政府管理者远非像今天这样高度重视决策，这种态度的转变是诸多惨痛的历史教训促成的。

美国在1929—1933年的大萧条之前，工商界普遍忙于扩张，由于当时供需严重不平衡，供给的短缺使企业家所要考虑的主要事情是如何扩大产量，至于产品是否符合消费者的需求以及如何来创造新的需求、如何设计未来的生活模式都不是企业家要着力解决的问题，福特公司的创始人老福特有一句名言："不管顾客需要什么，我只生产黑色轿车。"但是看看今天的轿车市场，外观、技术、性能简直是以令人目不暇接的速度在变化，如果今天还有企业家抱着老福特当年的观点参与竞争，这样的企业恐怕是难逃破产命运的。当时的企业组织结构也充分反映出管理者对决策的轻视，当时企业内部的组织结构普遍是一种金字塔式结构，所有权和管理权尚未有效分离，企业的决策者往往就是企业的所有者和管理者，即便是大企业也不例外。当时通用汽车公司规模已极为庞大，但其高层决策人员仅有总裁格兰特一人，他手下有4位秘书，负责将公司各方面的信息收集汇报给他，几乎所有的决策都由格兰特一人作出。1929年危机来临时，通用汽车公司巨大的库存已使公司面临破产的严峻考验，为了挽救公司，格兰特被迫出让公司股份，杜邦三兄弟之一的彼埃尔·杜邦成立通用汽车公司，其拯救公司的主要措施就是改革公司高层管理，将公司产品划分为四大类，分别独立核算，独立对市场作出反应，力图通过对市场准确、快速的决策来拯救公司。彼埃尔·杜邦的改革使一种新型的组织结构出现在企业界，这就是今天在大公司普遍采用的事业部组织结构，其实质就是使公司的决策能贴近市场，能快速、准确地对市场的变化作出反应，使公司能在一个变动不定的市场环境中生存和发展。正是由于通用汽车公司组织结构的创造性变革，才使通用汽车公司能在未来残酷的市场竞争中不断成长壮大，成为今天世界上首屈一指的跨国公司。还有近年来医药行业很多关于产品是否参与集采等问题，如果中标可能会面临销量大，利润薄的情况，不参与可能面临利润高但销售困难的境况，这都考验着管理者的决策能力和战略眼光。

四、科学的决策程序

广义而言，决策是人们在作出最后选择之前所进行的一切活动，是人们为了达到一定目标，在掌握充分的信息和对有关情况进行深刻分析的基础上，用科学的方法拟定并评估各种方案，从中选出合理行动方案的过程。

决策的实质是一个分析、判断和选择的过程。也就是说，决策是为达到一定的目标，从两个或多个可行方案中选择一个合理方案的分析判断和抉择的过程。决策理论学派的代表人物西蒙认为：决策过程可划分为以下四个主要阶段。

（1）找出制定决策的理由。

（2）找到可能的行动方案。

（3）对诸行动方案进行评价和抉择。

（4）对于付诸实施的抉择进行评价。

从心理学的角度看，决策过程的前三个阶段与人类解决问题的思维过程的基本步骤是紧密联系的。这三个基本步骤是：问题是什么；备选方案是什么；哪个备选方案最好。前三个阶段是决策过程的核心，后经过执行过程中的评价阶段，又进入一轮新的决策循环，因此决策实际上是一个"决策—实施—再决策—再实施"的连续不断的循环过程，贯穿于全部管理活动的始终，贯穿于管理的各种职能活动中，即贯穿于计划、组织、人员配备、指导与领导和控制活动之中。决策是管理活动的核心，是高层管理人员的主要任务。西蒙认为："为了了解决策的含义，就得将决策一词从广义上予以理解，这样，它和管理一词几近同义。"

西蒙的决策过程可以进行更加具体的划分，分别为：发现问题、确定目标、制定备选方案、评估和选择方案、尝试实施、评估实施效果、普遍实施等七个阶段。

（一）发现问题

优秀的管理者是善于发现问题的，他们往往对环境的变化极为敏感，能及时发觉环境的变化，以及环境变化对组织发展的影响。好的问题的提出往往意味着对未来的超前把握，糟糕的管理者往往是等到局面已经严重恶化方才醒悟，结果常常是被现实赶着走，而难于超越现实。

优秀的管理者之所以常能先人一步发现问题，主要是因为他们习惯于憧憬未来，能超越现实，让思想境界扩展到未来。如果说发现问题是智慧，那么如何解决问题就是能力了，一个企业要能在突发事件中做好相应的预案，还有就是企业不仅只是低头搞生产，公关活动也尤为重要。

（二）确定目标

要很好地解决问题，必须首先确立一个合理的目标。由于未来的环境高度不确定，影响某一目标达成的要素往往会随着时间的变化而不断变化，从而最终影响目标的完成。因此，目标的确立必须对相关影响因素的变动有大体的判断，并对目标完成主体的能力和主观努力程度有较好的把握，才能确立一个较为合理的目标。当今世界格局不断变化，后疫情时代去全球化的进程中，贸易摩擦仍将继续，医药行业要放眼全球来看待格局的变化，我们需要在国家应对的方案中，找出自己的阶段性发展目标。无疑，确立一个合理的目标是我国医药企业的管理者面临的一个现实而重大的决策，希望中国医药市场能健康有序地发展，从管理上提升企业的生存能力，从研发上突破，从技术上创新，从营销上改革。未来如果企业不能够孕育出自己的核心竞争力，这意味着中国一些医药企业将会被无情淘汰出局。基于这种竞争局面，国内大多数企业都主动选择了兼并重组并借助资本市场的力量，来对抗现实情况。但是我们不要忘记，资本是优化资产的，能够长期沉浸在产业中的资本少之又少，多数都是以盈利为目的，而企业自身的经营能力才是长久之道。

（三）制定备选方案

决策的质量首先要看在决策思考阶段是否将大部分可能的方案全部列出，并对这些方案有合理的评价。管理者经常需要决策，就是由于可能实现目标的方案太多，由于未来的不确定性，方案有了优劣之分，需要管理者作出取舍。没有选择就没有决策。没有选择的决策，只能是孤注一掷，背水一战，其结果往往是一棵树上吊死。英国把没有选择余地的决策叫"霍布森选择"。1631 年英国剑桥商人霍布森贩马时，把马匹放出来供顾客挑选，但附加了一个条件：只允许挑选最靠近门边的那匹马。加上这个条件实质上等于没有选择。自此后，人们就把"霍布森选择"当作讽刺语。所以只有一种方案是决策的最大忌讳。

能否将实现目标可能性较大的方案全部列出，依赖管理者群体的视野是否广阔。俗话说：百密一疏。任何一个管理者都不太可能将未来的一切变化均纳入视野，并妥善处理。诸葛亮作为中国古代最杰出的军事指挥家之一，素来明察秋毫，但仍出现了失街亭之败绩，更何况普通人呢？因此，高质量的决策首先要求决策者有民主的作风，能广开言路、从善如流，并将可能性较大的方案全部找出。

制定多种备选方案有以下两种思路。

其一，设想未来环境的变化趋势，根据罗列出的未来可能性发展趋势来确定备选方案。

其二，根据影响目标达成的要素的可能性变化来制定备选方案。

拟定各种决策方案，提供决策选择，这是做好科学决策的主要环节之一。在科学技术日益发展、各方面信息倍增，各种情况快速变化的现代社会里，光靠管理者个人提出各种方案是有困难的。因而要使管理者有许多可供选择的方案，就必须建立咨询机关、参谋系统、设计系统等组织机构，协助管理者拟定多种方案。

（四）评估和选择方案

选择方案是决策中的关键阶段。在几个方案中究竟选择哪个比较好，好的标准是什么，怎样选，这是困扰管理者的一大难题，如果外界环境高度不确定，那么任何方案都无所谓好与坏，但正是因为外界环境发展趋势的可能性不同使得挑选方案有了规律可循。

从本质上讲，选择方案的过程就是对未来环境变化的预测过程。毛主席说："实践是检验真理的唯一标准。"任何方案最终都必须放到现实之中，好的方案一定是首先立足于对未来发展趋势判断准确的基础上，然后基于环境的发展变化有切实可行的应对方法。因此，方案的选择就必须注意如下几点。

1. 要对各种方案进行严格的论证

方案的设计要有开拓创新精神和丰富大胆的想象力，严格论证就需要有冷静的头脑和务实的态度。只有通过严格的论证，才能筛选出一些符合实际的方案。方案过多会使决策者感到眼花缭乱、无所适从。一般来说，送给决策者最后有选择价值的方案不能超过六个。所以要事先淘汰掉一些方案。这就要求在拟订方案阶段要对各种问题进行冷静的思考，对各种数据进行反复的核算，对各种资料与初步的结论进行严密的论证和细致的推敲，使其经得起怀疑者和反对者的挑剔。方案的论证不是将方案与方案之间进行比较，而是对方案与未来的变化进行比较，拿方案与方案进行比较往往会使人失去评价标准。

论证的方法有如下三种。

（1）经验判断法。这是人们最常用的一种方法。采用这种方法时要根据所拟订方案的多寡区别对待。在方案比较少的情况下，决策人经过综合判断，根据自己的实践经验可以直接看出哪个方案最好。这种选择过程比较简单。可是在实际工作中由于问题复杂，不但目标和变量多，而且所拟定的备用方案也不少，这时就很难确定哪个是最优方案。因此人们给方案排队，按优选标准进行筛选淘汰。经过几番比较逐步缩小选择的范围，直到能够用经验判断出最优方案为止。

（2）模拟试验法。这是一种操作性很强的方法。有些复杂的决策，虽然经过反复的讨论、计算、比较和推敲，在方向、理论和预测价值上都比较好，但自己和别人都未实行过，无先例可以借鉴，对其效果仍然缺乏把握。因此就要在比较小的范围内进行模拟试验，总结了经验教训之后，再确定是否选择。

（3）数学分析法。这也是人们经过努力在实践中总结出来的一种选择方案的科学方法。因为在工作实践中有些方案的控制变量是属于连续型的，即变量的两个变异之间存在着无数个中间数值。例如，成本、产值、利润就是三个连续的变量，这种连续型的控制变量就意味着有多个备用的选择方案。在这众多的方案中既不能用经验来判断优劣，也不能用模拟试验找到最优方案，它只能按照各种客观状态下各种结果出现的概率，通过数学分析的方法，使决策达到相对准确的优化。

2. 预测方案实施的后果

任何方案都不是虚设的一张废纸，一旦形成就要付诸实施。一个方案的优劣对决策目标有着极其重要的影响，所以要全面准确地预测方案的后果。在预测方案后果时要注意以下四点。

（1）要照顾全局，这是预测方案的根本原则。如果一个方案仅对本部门、本单位或本系统有利，而对其他单位、其他系统或者整个国家的利益有害，那么这个方案就不能采用。

（2）必须预测到影响决策目标的全部后果。不应当只顾及眼前的、具体的、直接的、经济的后果，而忽视长远的、无形的、间接的、社会的后果。

（3）要重视预测方案执行后正反两方面的结果。既要对方案执行后的优势有所预测，又要对方案执行后的不足有所估计。不能顾此失彼，以便防患于未然。

（4）在预测方案的结果时，不仅要预测技术上的后果，还要重视预测人的因素在执行中所起的作用。有些决策方案通过反复论证，从技术上看是正确的、先进的。可是由于人们认识上的差异，可能会产生截然相反的两种后果。

3. 克服障碍决策的各种因素

任何决策都不可能一帆风顺，总会遇到各种障碍因素。如社会因素（社会风气）、个人因素（缺乏开拓、创新精神）、认识因素（先入为主）等障碍因素。作为一个领导者不仅不能回避它，而且要以科学的态度在分析研究的基础上，予以慎重对待。既不能让"左"的或右的思潮干扰正常的决策，也不要不顾客观条件固执己见、一意孤行；既要全面思考权衡各种利弊，又不能优柔寡断、议而不决。

（五）尝试实施

出于审慎，再周密的方案在大规模实施前都应尽可能做一个小规模的尝试，没有条件的可以到其他曾经实施过类似方案的组织去实地考察。尝试实施的目的是检验方案的可行性，了解在具体实施过程中还有哪些问题事先没有考虑周全，是否具备实施的条件。

（六）评估实施效果

小规模的尝试实施要起到其应有的作用，管理者必须对尝试实施的效果进行审慎评估。方案设计不周全的要及时予以修正，效果不好的要及时予以中止，评估的过程就是对决策不断完善的过程。我国的改革开放之所以能取得辉煌的成就，与中国政府对改革决策高度审慎的态度密不可分，每一次重大改革措施的出台，事先都要在某一个地区先行试验，以检验决策的可行性，及时发现决策中存在的问题。经过这样的提升之后，方才大规模地推广，使得中国的改革能平稳向前推进，既保持了社会的稳定，又推动了社会制度的变革，低成本地实现了社会改革目标。

（七）普遍实施

这是决策的最终环节。在实施之前，要反复检查影响实施的各种相关条件，注意决策目标实施的层次性，严格控制整个组织实施的方向，保证不偏离既定的方针。要动员人们实现决策目标，必须使目标定得明了、准确和具体。如果执行者对目标隔雾看花、模糊不清，就不可能奋力执行。

组织实施尤其需要发挥实施者的主观能动性，要搞好任何一件有意义的事情都会碰到这样或那样的困难，这是正常的，关键是实践者要有一个正确对待困难与克服困难的态度。任何奇迹都是人创造出来的，但是应当注意，人们凭干劲创造奇迹时，首先要创造出奇迹的条件，主观能动性不是精神万能论。其中科学的态度是一个重要的因素，解决任何问题都必须坚持实事求是的态度，既要发挥克服困难的精神，又不能蛮干。

决策是衡量管理者管理能力的核心指标，"将帅无能，累死三军"，由于管理者的决策往往意味着大量的资源被调动，一旦出现大的失误，常会造成巨大的损失。因而，任何一个有志成为管理者的人都必须认真研究科学决策的基本程序和基本要件，以保证决策的科学性。

五、科学决策的基本要件

决策并非主观武断或盲目"拍板"。科学的决策，应当通过认真研究，实事求是地分析，去粗取精，去伪存真，由此及彼，由表及里，把握住事物变化的规律，从而作出合理、可行的决断。因此，科学的决策是需要具备一些基本要件的。

（一）抓住问题的本质

问题的本质常被诸多现象所覆盖，没有管理才能的人常常是就事论事，而不能透过现象看到问题的本质。作为管理者，一个基本的素质是能透过现象直视问题的本质，只有能看到本质的人才能总揽全局，不被局部的现象所迷惑，牢牢掌握问题的发展方向。

决策首先要找出关键性问题和认准问题的要害。要找出为什么要针对这个问题而不是针对其他问题作决策的理由。关键问题抓不准或者问题的要害抓不准就解决不了问题，所做的各种决策就不可能是合理的、有效的。

（二）明确决策的目标

找到关键的问题，还需明确决策目标。实践证明，失败的决策往往是由于决策目标不正确或不明确。犹豫不决，通常也是由于目标很模糊或设立得不合理。美国管理学家德鲁克曾在所著的《有效的管理者》一书中举过一个典型例子：1965 年 11 月间，美国整个东北部地区，从圣罗伦斯到华盛顿一带，发生过一次美国历史上最严重的全面停电事件，在大停电的那天早上，纽约市所有的报纸都没能出版，只有《纽约时报》出版了。原来在那天停电时，《纽约时报》当即决定把报纸改在赫德逊河对岸的纽华克印刷。当时，纽华克还没有停电。虽有此英明决策，发行一百多万份的《纽约时报》，也只有不到半数的份数送到读者手中。其中有一个原因。据说正好《纽约时报》上了印刷机后，时报总编辑忽然跟他的三位助手发生了争论，争论的问题是某一英文单词如何分节。据说争论持续了 48 分钟之久，恰好占去了该报仅有的印刷时间的一半。争论的理由是该报制定有一套英文写作标准，印出的报纸绝不允许有任何文法上的错误，这就使得总编辑在出现意外停电的情况时，认识不到保证时报每天的发行份数已成为更紧迫的目标，从而使上述正确决策未能有效贯彻实施。可见，目标对于正确决策起着多么大的决定作用。

（三）至少要有两个可行方案

决策过程的第二阶段强调要找到几个可能的行动方案。决策的基本含义是抉择。而如果只有一种方案，无选择余地，也就无所谓决策。没有比较就没有鉴别，更谈不到所谓"最佳"。国外有一条管理人员熟悉的格言：如果看来只有一种行事方法，那么这种方法很可能是错的。要求多个可行方案的过程，通常是一个创新的过程，每个可行方案都要具有下列条件。

（1）能够实现预期目标。

（2）各种影响因素都能定性与定量地分析。

（3）不可控的因素也大体能估计出其发生的概率。

在制定可行方案时，还应满足整体详尽性和相互排斥性的要求。所谓整体详尽性，是指将各种可能实现的方案尽量都考虑到，以免漏掉那些可能是最好的方案。例如，20世纪60年代美国顺利实施的阿波罗工程，就是在三种可能的方案中进行正确选择的结果。这三种方案如下。

（1）直接发射飞船。

（2）在地球轨道上交会后向月面发射飞船。

（3）在月球轨道上交会后向月面发射登月舱。

前两个方案的研制难度、研制时间都不能保证实现20世纪60年代末把人送上月球的目标；第三个方案需要的助推火箭推力最小，实现的技术难度较低，最有可能保证实施上述目标。事实证明，这种决策是正确的。所谓相互排斥性，就是说可行方案本身要尽量相互独立，不要互相包含，当然更不应当为了选择硬凑出某个方案来。

（四）对各可行方案进行评价和抉择

每个实现决策目标的方案，都会对目标的实现发挥某种积极作用和影响，也会产生消极作用和影响。因此必须对每个可行方案进行综合的分析和评价，即进行可行性研究。可行性研究是决策的重要环节。我们经常说："没有调研就没有发言权。"决策方案不但在技术上和经济上必须可行，而且应当考虑社会、政治、文化等方面的因素，还要使决策结果的副作用减小到可以允许的范围内。通过可行性分析，确定出每个方案的经济效益和社会效益以及可能带来的潜在问题，以便比较各个方案的优劣，从中选择最佳方案。尤其作为企业管理人员更要避免闭门造车和纸上谈兵。

在方案选择方面，主要的困难往往是由于存在多个目标，且各个目标间可能存在冲突而产生的，"既要马儿跑得快，又要马儿不吃草"是不可能的。然而，现实中让马儿跑得更快，同时草吃得更少的事情不在少数，也是很多人实际追求的目标。为了解决目标决策的困难，通常的方法是根据目标的相对重要性排出先后次序，然后通过加权求和的方式将其综合为一个目标；或者将一些次要目标看作决策的限制条件，而使某个主要目标达到最大（或最小）来选择方案。多目标决策问题至今仍是一个非常活跃的研究领域。

我们已经指出了在多个互相冲突的目标下进行方案抉择很困难，然而，抉择的困难还不止于此。决策的风险是抉择时始终会遇到的另一个主要困难。因为人们不是对过去的事做决策，决策必然是为将来而作，而将来几乎总是包含着不确定的因素。所以，那种有百分之百的把握，不冒任何风险的决策，不但因为它过于保守不合管理的需要，而且客观上也是很少有的。例如，笔者负责的一些上市公司，在营销渠道改革上总有些犹豫，担心一管就死，一放就乱，其实根据我们制定的系统管理方法，会有很多预案。一般来说，那些看上去越可能获得高收益的方案，隐含的风险也会越大，这几乎成为一种常识。因此，对于决策者来说，一方面，基本的要求是要敢于冒风险，敢于承担责任。即要求决策者要有胆识，要有勇气。另一方面，管理决策不是赌博，敢于冒风险不等于蛮干。决策者必须清醒地估计到各项决策方案的风险程度；估计到最坏的可能性并拟定出相应的对策，使风险损失不致引起灾难性的、不可挽回的后果；必须尽量收集与未来环境有关的必要信息，以便作出正确的判断；同时还应考虑到是否到了非冒更大风险不可的地步。最后，决策者还应当对决策的时机是否成熟有准确的判断。这些都有助于决策者将决策方案的风险减至最小。

第二节　组织流程价值

每个企业都有自己的流程，老企业除了有公司规定的组织流程之外还有看不到的约定俗成的流程，这个程序大家心知肚明并且只可意会。如果说决定事情的因素是人，那么能够约束人的就是制度和流程了，往往流程问题成了很多企业发展的障碍，营销部门和各个部门的衔接不畅问题在一些企业中司空见惯，这种隐性问题会给企业的机能带来负面影响，小到日常问题的解决，大到影响公司决策过程。

为了克服这些障碍，企业必须不断地审视和优化自己的流程。首先，需要明确每个部门的职责和权限，确保营销部门与其他部门之间的沟通渠道畅通无阻。其次，企业应鼓励跨部门合作，通过定期的会议和工作来加强团队之间的理解和协作。此外，利用现代信息技术，如企业资源规划（ERP）系统，可以有效地整合不同部门的数据和流程，减少信息孤岛，提高决策效率。

在流程优化的过程中，企业还应注重员工的培训和发展。员工需要了解并掌握公司流程的细节，以便在实际工作中能够灵活运用。同时，企业应鼓励员工提出改进建议，让流程优化成为一个持续的过程。通过这些措施，企业不仅能够解决现有的流程问题，还能够建立起一个更加灵活、高效的组织结构，为未来的发展奠定坚实的基础。

一、流程管理是企业管理设计的根本

企业流程管理主要是对企业内部的改革，改变企业职能管理机构重叠、中间层次多、流程未闭环等现状，使每个流程可从头至尾由一个职能机构管理，做到机构不重叠、业务不重复，达到缩短流程周期、节约运作资本的作用。

流程管理最终目标是提高顾客满意度和公司的市场竞争能力并达到提高企业绩效的目的。依据企业的发展时期来决定流程改善的总体目标。在总体目标的指导下，再制定每类业务或单位流程的改善目标。

为了实现这些目标，企业需要对现有的业务流程进行详尽的分析和评估。首先，识别出哪些流程是关键的，哪些流程对顾客满意度和企业绩效有直接影响。然后，通过收集数据和反馈，找出流程中的瓶颈和不足之处。接下来，企业可以采用各种工具和技术，如流程图、价值流图和六西格玛方法，来优化和改进这些流程。

在流程改善的过程中，员工的参与和培训至关重要。员工需要了解流程改善的意义，并掌握必要的技能和工具，以便在日常工作中有效地执行新的流程。此外，企业应建立持续改进的机制，鼓励员工提出建设性意见，并定期对流程进行审查和调整。

通过这些措施，企业不仅能够提高效率和降低成本，还能更好地满足顾客需求，从而在竞争激烈的市场中脱颖而出。最终，流程管理将成为企业持续发展和成功的关键因素。

在流程管理的实施过程中，企业还应注重流程的持续监控和评估。建立一套完善的监控机制，可以确保流程在实施过程中按照既定目标进行，并及时发现偏差和问题。企业可以利用关键绩效指标（KPIs）来衡量流程的执行效果，确保流程改进措施能够真正带来预期的效益。

再者，流程管理的实施需要得到高层管理者的支持和参与。高层管理者应明确表达对流程管理重要性的认识，并在组织内部推动流程管理文化的建设。通过领导层的示范作用，更好地推动流程管理的实施，并确保流程改进措施得到组织内部的广泛认同和鼎力支持。

在流程管理的实践中，企业还应注重流程的灵活性和适应性。市场环境和企业内部条件的变化可能会对现有流程产生影响，因此企业需要不断调整和优化流程，以适应这些变化。通过建立灵活的流程管理机制，企业可以更好地应对市场变化，保持竞争优势。

最后，流程管理的实施还需要关注员工的激励和认可。通过建立合理的激励机制，可以鼓励员工积极参与流程改进活动，并对流程管理的成功实施作出贡献。同时，对在流程管理中表现突出的员工给予认可和奖励，并进一步激发员工的积极性和创造性，推动流程管理的持续改进和发展。

二、流程管理的层次

（一）流程规范

整理企业流程，界定流程各环节内容及各环节间交接关系，形成业务的无缝衔接，适合所有企业的正常运营时期。

（二）流程优化

适合企业任何时期，流程的持续优化过程，持续审视企业的流程和优化流程，不断自我完善和强化企业的流程体系。

（三）流程再造

重新审视企业的流程和再设计。适合于企业的变革时期：治理结构的变化，并购，企业战略的改变，商业模式发生变化，新技术、新工艺、新产品的出现，新市场的出现等。

三、流程管理的基本特征

企业的流程按其功能可以分为业务流程与管理流程两大类别。

（1）业务流程是指面向顾客直接产生价值增值的流程。

（2）管理流程是指为了控制风险、降低成本、提高服务质量、提高工作效率、提高对市场的反应速度，最终提高顾客满意度和企业市场竞争能力并达到利润最大化和提高经营效益的目的的流程。

企业内的一切流程都应以企业目标为根本依据，尤其是管理流程：对外，面向客户，提高业务流程的效率；对内，面向企业目标，提高管理流程的效率，平衡企业各方资源（生产线平衡），控制总体效率的平衡，实现企业总体绩效。

四、流程管理的目的

（一）第一种观点

（1）保证业务流程面向客户。

（2）保证管理流程面向企业目标。

（3）流程中的活动都是增值的活动。员工的每一个活动都是实现企业目标的活动的一部分。

（4）流程持续改进，永不过时。

（二）第二种观点

按具体目的来分，企业对流程进行管理的目的有五种。

（1）梳理——工作顺畅，信息畅通。

（2）显化——建立工作准则，便于查阅流程，便于了解流程，便于工作沟通，便于发现问题，便于复制流程，便于公司对流程的管理。

（3）优化——不断改善工作，提升工作效率。

（4）监控——找到监测点，监控流程绩效。

（5）监督——便于上级对工作的监督。

这五种目的，企业需要根据自身发展阶段和遇到的具体问题而有所侧重，一般情况下，对一个公司而言，开展流程管理第一阶段的目标如下。

（1）理顺。

（2）显化，固定，可复制性。

（3）监控。

（4）监督。

在完成第一阶段目标后，为了获取持续竞争优势和扩大发展，第二阶段的流程管理原则如下。

（1）面向企业目标原则。

（2）工作流程设计体现全流程观念。

（3）业务流程形成闭环管理。

（4）面向客户的原则。

五、流程管理与审计的关系

（一）经营业务当中的审计问题

以国企为例，可单独阐述一下较大型公司及国有企业，因其常年都会面临审计问题。针对日常业务审计问题所作分析仅供各位读者参考。

在大型公司及国有企业中，审计工作是确保财务透明度和合规性的重要环节。审计团队通常由经验丰富的会计师带领，他们负责对公司账目进行详细审查，以确保所有财务报告的准确性和完整性。审计过程不仅涉及财务报表的检查，还包括对公司内部控制系统的评估，以发现潜在的风险点和管理漏洞。

在审计过程中，审计人员会使用各种审计技术，如抽样检查、数据分析和访谈等，来收集和分析信息。他们会对公司的财务记录、交易凭证、合同协议以及相关的政策和程序进行仔细审查。此外，审计人员还会关注公司的税务合规性，确保公司遵守所有适用的税法规定，避免因违规而受到罚款或声誉损失。

对于国有企业而言，除了常规的财务审计外，还可能面临政府审计机构的特别审查。这些审计会更加严格，因为国有企业在一定程度上代表了国家的利益，其运营效率和财务透明度直接关系到国家形象和经济稳定。因此，国有企业在审计过程中需要更加注重合规性和风险管理，确保所有业务活动都在法律和政策框架内进行。

为了应对审计，大型公司和国有企业通常会建立专门的审计部门或聘请外部审计机构，以确保审计工作的顺利进行。同时，公司管理层也会定期对内部控制系统进行自我评估和改进，以提高公司的整体运营效率和财务管理水平。通过这些措施，公司不仅能够满足审计要求，还能在竞争激烈的市场环境中保持竞争优势。

常年从事审计的人员会发现每年都会审计出同样的问题，如往来款函证不及时、盘点差错率高、资产负债率高等，原因大都归咎于整改不到位。实际上，一些问题通过整改解决后，过一段时间又会重新出现或以不同形式出现，使审计工作徒劳无功。归纳元凶主要为以下四点。

一是被审单位整改态度消极。

二是被审单位急功近利，若审计整改限期完成，被审单位则会更多地关注现有问题的解决，从而忽视防范和规避风险。

三是被审单位整改措施不当，如果审计发现有贪污或坐支的现象，则整改时首先要检查公司内部控制和流程管理是否出了问题，而不能简单局限于对当事会计、出纳进行惩罚和告诫。

四是被审单位人员更迭，而单位内部控制不强、流程管理不清晰，没有制度的刚性约束，前任会计犯的错误很容易在现任会计身上再次发生。由此可知，审计整改更应重视内部控制建设和业务流程管理，通过流程再造对发现的问题达到标本兼治的效果。

（二）业务流程管理是内控体系建设的关键环节

"业务流程"是指通过规范一系列连续有规律的行动的发生和执行来实现预期目标的过程。"业务流程管理"是指在不断地变革中对企业所有的内外业务通过制度化的控制手段和图形化的流程模型来进行管理，从而优化业务流程、提高获利能力。企业要加强内部控制、保障持续健康发展，进行流程管理是关键环节。

一是流程管理是内控体系的载体。内控体系要通过流程管理发挥作用，如对库存现金的控制首先要明确库存现金的存、取管理流程，再从流程中分析审批、支出、收入、日限额控制等关键控制点，制定严格的控制制度确保库存现金的安全，梳理明确业务流程将使内部控制发挥最大的效用，并能促使各项制度有效地贯彻和实施。二是流程管理使审计工作有章可循，提高了审计效率。经验证明，从业务流程入手开展审计，在管理控制的链条中查找问题，能使审计工作很快切入问题根源，提高效率，并且从根本上强化企业的内部控制。如被审单位存在盘点差错率高的问题，审计时首先要看单位的盘点制度和管理流程，不是仅关注现场盘点的差错率，而是重新审视单位过去会计期间盘点的频率、差错率的真实性、询问盘点人监盘人进行盘点的过程、对盘点差错率的处理等，认真了解公司的库存管理流程，分析差错率高是由流程管理的漏洞造成还是个人的主观原因，最后根据诊断结果确定相应的整改措施或完善制度规范流程或惩戒相关责任人。

（三）审计整改要通过"流程再造"才能标本兼治

西方管理者将"流程再造"定义为：对企业的业务流程进行基础性再

思考和实质性再设计，从而获得在成本、质量、服务和速度等方面业绩的显著改善。企业的发展是一个动态的过程，有效的内部控制同样随着公司的发展而改善。日常工作也需要从"查错防弊"的传统流程中实现。通过审计来发现"流程管理"中的不足和薄弱环节，通过"流程再造"来完善管理、加强内部控制。针对审计当中出现的问题，作为经营单位需要做以下一些工作。

1. 弥补制度缺陷，优化业务流程

审计发现的问题有两种：主观意识错误和制度缺陷。对于后者只有通过"流程再造"细化管理措施、优化业务流程才能彻底铲除问题的根源。

2. 规避主观风险，提高审计效率

企业许多问题是由业务人员不熟悉流程、专业水平低或者人员更迭频繁造成的。通过"流程再造"不断优化业务链条，形成单位自身成熟的管理和控制措施，引导业务人员走上规范的道路，从而规避主观错误风险。同时，实行"业务流程管理"、进行"流程再造"也能促使审计人员通过对公司业务流程的判断，及时发现潜在风险和问题。

3. 避免错误再次发生，形成良性发展

只有通过"流程再造"严格把控重要环节，促进单位各项业务能够按照流程开展，增强业务管理和控制的自动性，才能有效避免"同样问题重复出现"的情况。通过审计进行不断深入的"流程再造"，不断优化各项业务流程，使管理措施和控制手段不断适应变化的市场环境和企业的发展状态，促进企业实现持续健康的良性发展。

第三节 创 新 价 值

企业发展就是在不断地创新中完成的。首先是产品创新，能让企业市场更有活力，同时能够给企业带来广阔的市场运作空间，丰富的产品线也是对市场销售的一个补充。其次是医药企业近两年来不断涌现出来的渠道改革及管理创新，创新的价值不仅仅在于提升企业的业绩，更重要的是它加速代谢了企业陈旧的管理体系及更新了管理思想。一个企业的创新能够使得企业更有活力，能为企业带来源源不断的财富，所以一个企业能够根据市场的变化不断地进取创新是难能可贵的。我们知道著名的美国硅谷，核心价值就在于各个企业不断地展开想象力，展开创新竞技，才出现了一个又一个在世界有着影响力的公司。如今国家的医疗改革政策对整个医药企业发展会产生深远的影响，能够在医改推行的今天对自己的企业做个重新定位，不断地在发展模式和管理思路上进行创新才会赢得最后的成功。

在当今快速发展的时代，医药行业作为保障人类健康、提升生命质量的关键领域，其创新价值不仅体现在对疾病的预防与治疗上，更深刻地影响着社会经济的可持续发展与人类文明的进步。医药创新不仅是科技进步的象征，更是推动社会福祉提升、实现健康公平的重要途径。下述，笔者将从技术创新、社会价值、经济发展三个维度，深入探讨医药行业的创新价值。

一、技术创新：破解疾病难题，提升治疗效率

医药行业的创新首先体现在药物研发、医疗器械、诊断技术等方面的突破。随着基因编辑技术（如 CRISPR－Cas9）、人工智能、大数据、远程医疗等新兴技术的融合应用，医药行业正经历着前所未有的变革。这些技术不仅加速了新药研发进程，提高了药物的有效性和安全性，还使得个性化医疗成为可能，针对不同患者的遗传特征、生活习惯等因素定制治疗方案，极大地提升了治疗效果和患者生活质量。例如，精准医疗通过基因组学和蛋白质组学技术，能够更准确地识别疾病亚型，为患者提供更为精准的治疗方案，减少不必要的药物使用，降低副作用，同时也为新药研发开辟了新路径。

在医疗服务方面，数字化转型同样带来了深远的影响。移动健康应用、可穿戴设备和电子健康记录的普及，使患者能够更加便捷地管理自己的健康状况，同时为医生提供了实时的健康数据，从而实现更高效的诊断

和治疗。此外，远程医疗技术的发展，更使偏远地区的患者能享受到优质医疗资源，缩小了城乡医疗服务的差距。

随着医疗大数据的积累，医疗行业正在向预测性医疗迈进。通过分析大量的医疗数据，医疗机构能够预测疾病的发生趋势，提前采取预防措施，进而降低疾病发生率和医疗成本。同时，人工智能在影像诊断、病理分析等领域的应用，提高了诊断的准确性和效率，减轻了医生的工作负担。

在医疗保健政策和法规方面，各国政府也在积极应对新技术带来的挑战和机遇。通过制定相应的政策和法规，确保新技术的应用既能够促进医疗行业的创新，又能保障患者的隐私和数据安全。例如，欧盟的《通用数据保护条例》（GDPR）对医疗数据的处理提出了严格的要求，以保护个人隐私。

综上所述，医药行业的创新正在全方位地改变着我们的生活。未来，随着技术的不断进步，我们有理由相信，医疗行业将为人类带来更加健康、高效和个性化的服务。

二、社会价值：促进健康公平，增强社会韧性

医药创新的社会价值在于其能够缩小健康差距，促进全球健康公平。在传染病防控、公共卫生体系建设、疫苗研发等方面，创新技术的应用显著提高了应对突发公共卫生事件的能力，如 COVID-19 新冠疫情期间，mRNA 疫苗的快速研发与全球分发，展示了医药创新在保护人类生命安全、维护社会稳定方面所起的巨大作用。

此外，医药创新还推动了个性化医疗的发展，使得治疗方案更加精准有效。通过基因编辑、细胞治疗等先进技术，医生能够针对患者的具体情况制定个性化的治疗计划，从而提高治愈率，减少不必要的副作用。例如，针对某些遗传性疾病，通过基因疗法可以从根本上修复或替换有缺陷的基因，为患者带来希望。

在慢性病管理方面，创新的医疗设备和智能监测技术也发挥了重要作用。可穿戴设备和移动医疗应用使得患者能够实时监测自己的健康状况，并与医生进行远程沟通，及时调整治疗方案。这不仅提高了患者的自我管

理能力，也减轻了医疗系统的压力。

医药创新还促进了新药的开发，为治疗罕见病和难治性疾病提供了新的选择。许多曾经被认为是"不治之症"的疾病，现在有了新的治疗手段，极大地改善了患者的生活质量。例如，针对某些癌症的靶向治疗药物，能够更精确地攻击癌细胞，减少对正常组织的损伤。

医药创新不仅在技术层面推动了医疗行业的进步，更在社会层面展现了其深远的价值。它极大提高了人类的健康水平，促进了社会的公平与和谐发展。

三、经济发展：驱动产业升级，创造就业机会

医药创新也是推动经济增长的重要引擎。随着新药、新技术、新设备的不断涌现，医药行业成为高投入、高风险、高回报的代表性产业之一，吸引了大量资本投入，促进了产业链的延伸和升级，带动了生物技术、信息技术、材料科学等相关领域的协同发展。

同时，医药创新还创造了大量高技能就业岗位，从科研人员到生产工人，从销售代表到医疗服务提供者，涵盖了多个职业领域，为经济社会的持续健康发展提供了强大的人才支撑。

综上所述，医药行业的创新价值不仅体现在对疾病治疗技术的革新上，更在于其对提升人类生活质量、促进社会公平正义、驱动经济转型升级等方面的深远影响。面向未来，持续加强医药创新，推动跨学科合作，优化创新生态，将是实现全球健康目标、构建人类命运共同体不可或缺的一环。医药行业的创新之路，是通往更加健康、公平、繁荣未来的光明大道。

第四节　薪酬及绩效激励价值

薪酬及绩效激励的隐性价值就在于它是企业员工最直接感受到的

东西，除了费用的预算数字会在财务指标上体现之外，员工的真实感受是很难用数字来衡量的。一个企业最应该先把员工照顾好，员工才会照顾好你的客户，从而客户才会把企业的生意照顾好。薪酬和绩效激励是公司发展的催化剂，优秀的企业没有一个不是把薪酬和绩效激励手段运用得恰到好处。调查得知，员工的积极性主要取决于以下三点。

（1）企业的认同感及获得职业发展的机会。

（2）企业的归属感和使命感。

（3）薪酬收入。在隐性价值中我们主要关注的是员工的真实感受，因为员工的感受会直接反映他工作的态度，从而会影响企业的业绩表现。

因此，企业必须深入了解员工的内心需求，建立一个公平、透明的薪酬和绩效体系，以确保员工的努力得到合理的回报。同时，企业还应提供持续的职业培训和发展机会，帮助员工提升技能，实现个人职业目标。此外，企业文化的塑造也至关重要，它能够增强员工的归属感和使命感，使他们感到自己是企业大家庭中的一员，从而激发他们的工作热情和创造力。

在实施薪酬和绩效激励时，企业应注重激励的多样性和个性化。除了基本的薪酬之外，可以设立各种奖金、股权激励、福利计划等，以满足不同员工的需求。同时，绩效评估体系也应更加人性化，不仅关注结果，也要关注过程，鼓励员工在工作中不断学习和进步。由于薪酬价值是我们在日常工作当中需要面对的重要问题，在笔者以往调研的企业当中，薪酬问题也是员工比较关注的问题，如何进行营销体系的激励？不同阶段用什么方式激励员工？在此将着重进行阐述。

一、薪酬含义

经济学上，薪酬是指劳动者依靠劳动所获得的所有劳动报酬的总和。现代意义上的企业薪酬，是指企业为实现企业目标以法定货币和法定形式定期或不定期支付给员工的一种劳动报酬。从字面上理解，薪酬即含有薪水和酬劳的意思，它是企业对员工提供劳务和所做贡献的回报，可界定为直接薪酬和间接薪酬两种形式。

直接薪酬包括：① 工资；② 奖金；③ 年薪。

间接报酬可包括：① 福利；② 红利；③ 股权。

其中，福利是对工资或奖金等难以全面、准确反映员工实际贡献的一种补充性报酬，可以不以货币形式直接支付。如带薪节假日、医疗、安全保护、保险等。

二、激励原理

激励，简言之就是调动人的工作积极性，把其潜在的能力充分地发挥出来。从组织的角度来说，管理者激励下属，就是要激发和鼓励下属朝着组织所期望的目标表现出积极主动的、符合要求的工作行为。激励原本是心理学的概念，表示某种动机如何产生以及产生的原因是什么，人们朝向既定的目标前行所产生的心理活动是怎样的。**笔者经常在各种论坛上讲："企业和基层员工不要谈理想，要直接谈收入；和中层员工谈谈收入＋理想；和高层核心员工还是要谈利益＋梦想。"**因此，激励可以理解为一种起到推动、促进作用的精神力量，在某种程度上可以发挥行为导向的作用。一些专家学者认为，激励是主体通过运用一些手段或方式来刺激客体以达到预期的目标。在一些大中型企业，激励的目标就是调动各个岗位员工的工作积极性、创造性，达到企业盈利的目的。

行为科学理论认为"绩效＝能力－动机激发程度"。在能力不变的条件下，工作成绩的大小在很大程度上取决于受到的激励程度的高低。也就是说，能力是基础、激励是动力，而最为重要的便是个体的积极性、主动性的问题了；从需求层次理论上来看，需求是人类生存和发展的必要条件，它指某人对目标的渴望而以此激励人们的行为，是个体积极性的源泉和内驱力。薪酬激励的目的之一是有效提高员工工作的积极性，在此基础上促进效率的提高，最终能够促进企业的发展。在企业盈利的同时，员工的能力也能得到很好的提升，实现自我价值。

三、薪酬激励与绩效管理

两者的意义是激励员工，使得员工能力资源最大利益化，前者表现在各个方面，而绩效管理主要是在工作任务、业务能力上。随着社会变化，人们对"薪酬"的认识逐渐也发生了变化。薪酬不再仅仅是对员工付出的回报，而成为激励手段。有效的薪酬激励可以吸引优秀人才进入组织，可以使核心员工留在组织，可以使员工高效工作。

薪酬激励是经济学和管理学研究的重点问题。经济学视角下，比较有影响的薪酬激励理论有：委托代理理论、人力资本理论、按贡献分配理论、分享经济理论、知识价值理论。这些理论从不同侧面说明了薪酬，特别是绩效工资，是一种直接有效的激励手段。相比于经济学"理性人"假设，管理学认为现实中的个体是"社会人"，更具现实意义。尽管各种管理学激励理论阐述重点不同，使用的概念也并不一致，但有一个共同点就是都承认以薪酬为代表的物质激励是激励机制的基础。相关理论主要有需求层次理论、双因素理论、期望理论和激励过程综合理论。

（一）需求层次理论

马斯洛（Maslow）的需求层次理论是最著名、最经典的激励基础理论。该理论有两个基本观点。

（1）人的行为由需求推动，一旦需求满足即失去"动力"，只有需求还未满足时才有激励作用；

（2）人的需求分五个层次，它们依次为：生理需求、安全需求、归属与爱的需求、自尊需求和自我实现需求。只有低一层次的需求得到满足时，才能产生高一层次的需求。

阿德弗（Alderfer）重组了马斯洛的需求层次理论，并进行了实证研究，提出 ERG 理论。他认为，**人有三种核心需要：生存需要（E）、关联需要（R）和成长需要（G）。多种需要可以同时存在。如果高层次需要不能得到满足，那么满足低层次需要的愿望会更强烈。因此，多种需要可以**

同时作为激励因素。但由于个人偏好不同，具体的需求层次结构也会呈现多样性的特征。需求层次结构也会随所处的社会环境和人生状态变化而变化。此外，麦克里兰（McClelland）在批判吸收马斯洛理论的基础上，于1961年提出成就激励理论，将人的社会性需要归纳为三个层次，即成就需要、权力需要与合群需要。员工由薪酬而产生的心理感受均会影响这三种需要的满足。

需求层次理论告诉我们，薪酬在满足员工低层次需求的同时，有助于员工追求高层次需求，具有良好的激励效果。基本工资必须设定在足够高的水平，为满足员工的基本生活需要提供经济支持。过高的风险工资会阻碍员工满足自己低层次需求，因此激励作用有限。同时，也应注意薪酬对于员工高层次需求满足的意义。

（二）双因素理论

双因素理论是赫茨伯格（Hezberg）于1959年在对企业调研的基础上首先提出的。双因素是指激励因素和保健因素，当这些因素恶化到可以接受水平以下时，就会产生"不满意"。激励因素与工作本身相关，保健因素与工作条件和工作关系相关。缺乏保健因素将阻碍员工表现出组织期望的行为，但具备保健因素也不能保证员工会表现出这种行为。激励因素才是激励员工的主要手段。赫茨伯格的双因素理论与马斯洛的需求层次理论有兼容之处，保健因素和激励因素都可以在马斯洛提出的五种需求中找到对应。

双因素理论对于薪酬激励同样具有指导意义。员工基本工资和福利属于保障因素，应当相对稳定，保障员工基本生活，原则上只升不降。否则会导致员工不满，影响其工作积极性。员工绩效工资属于激励因素，必须在考核的基础上保持其在总薪酬中占据一定比例，才能激发员工工作动力，提高工作绩效。

（三）期望理论

期望理论（Expectancy Theory），又称作"效价-手段-期望理论"，是由北美著名心理学家和行为科学家维克托·弗鲁姆（Victor H. Vroom）于 1964 年在《工作与激励》中提出的激励理论。这个理论可以用公式表示为：

$$激动力量＝期望值×效价$$

在这个公式中：激动力量指调动个人积极性，激发人内部潜力的强度；期望值是根据个人的经验判断达到目标的把握程度；效价则是所能达到的目标对满足个人需要的价值。

期望理论的核心观点是，人的积极性被调动的大小取决于期望值与效价的乘积。也就是说，一个人对目标的把握越大，估计达到目标的概率越高，激发起的动力越强烈，积极性也就越大。在领导与管理工作中，运用期望理论于调动下属的积极性是有一定意义的。期望理论还强调了三个因素，反映需要与目标之间的关系。

（1）工作能提供给他们真正需要的东西。

（2）他们欲求的东西是和绩效联系在一起的。

（3）只要努力工作就能提高他们的绩效。

（四）激励过程综合理论

激励过程综合理论是指将不同的激励理论进行综合，以形成一个更为全面和完善的理论框架。以下是几个代表性的综合激励理论模型。

1. 波特和劳勒的激励过程模型

这个模型是在期望理论和公平理论等理论的基础上形成的。波特和劳勒认为绩效、奖酬、满足感三者之间的关系是：由绩效导致奖酬，再由奖酬导致满足感。他们强调，先有绩效才能获得满足感，奖酬是绩效导致满足感的中介环节，奖酬的高低必须与当事人认为应该获得的奖酬程度相称。

2. 罗宾斯的综合激励模型

罗宾斯认为，激励理论不应该孤立地看待，而应该将各种理论融会贯通，以加深对如何激励个体的理解。他的模型以期望理论为主线，强调如果员工认为努力-绩效、绩效-奖励、奖励-个人目标实现之间有密切联系，那么他就会付出更高程度的努力。这个模型也考虑了机会因素对个人努力的影响。

综合型激励理论的核心在于理解个体行为背后的动机，并尝试通过综合不同的激励手段来激发个体的积极性。这些理论认为，人的行为受到内部和外部因素的激励驱动，内部因素包括个体的需求、欲望和动机，外部因素包括奖励、惩罚和社会环境等。通过综合这些因素，综合型激励理论提供了一个更为全面的视角来理解和应用激励机制。

四、如何建立激励机制

企业经营得好的经营者，除了可以拿到年薪之外，还有很多和利益相关的报酬所得，各种激励机制的出现无非是为了实现企业的发展目标。下面我们先了解激励制度，再针对企业自身的情况进行匹配。

（一）原则

1. 公平原则

公平并不意味着大锅饭，一概而论。这种公平是建立在员工的岗位、级别、能力一致的基础之上的，是横向的公平。另一种是纵向的公平，这种公平是基于发展过程考虑，因为一个员工在企业的发展是具有过程性、延续性的，所以他的薪酬也是随着时间的积淀而持续增长的。

2. 竞争性原则

此原则要求本企业的薪酬制度要能够与其他企业具有一定的竞争性，由此才能吸引人才、留住人才，进而使人才为企业的发展效力。

3. 激励性原则

有效的激励需要高薪与科学性相结合，而不是单单依靠较高的薪水去激励员工工作的积极性。科学的薪酬激励要建立在激发员工能力并与其工作业绩紧密相连的基础之上。

4. 经济性原则

此原则要求薪酬激励要在企业的承受能力、利润积累、成本控制的一定范围之内，而不是一味地提倡高薪。因此，当竞争性原则和激励性原则运用于薪酬激励制度上时，要受到经济性原则的限制。

（二）方法

尽管薪酬不是激励员工的唯一手段，也不是最好的办法，但却是一个非常重要、最易被人运用的方法。薪酬总额相同，支付方式不同，会取得不同的效果。所以，如何实现薪酬效能最大化，是一门值得探讨的艺术。

要想使薪酬既具有最佳的激励效果，又有利于员工队伍稳定，就要在薪酬制度上增加激励功能，同时在实际操作中学会使用一些技巧。

1. 构成考虑

从对员工的激励角度上讲，可以将广义的薪酬分为两类：一类是保健性因素（或称维护性因素），如工资、固定津贴、社会强制性福利、公司内部统一的福利项目等；另一类是激励性因素，如奖金、物质奖励、股份、培训等。如果保健性因素达不到员工期望，会使员工感到不安，出现士气下降、人员流失，甚至招聘不到人员等现象。另一方面，尽管高额工资和多种福利项目能够吸引员工加入并留住员工，但这些常常被员工视为应得的待遇，难以起到激励作用。真正能调动员工工作热情的是激励性因素。

如果以薪酬的刚性（不可变性）为横坐标，以薪酬的差异性（薪酬在不同员工之间的差异程度）为纵坐标，可以将薪酬的构成分为四类（四个象限）：从激励的角度来看，第二象限的激励作用最强，第四象限的激励作用最弱甚至为零（最僵硬）。

如果一个组织中员工的工作热情不高、比较懒散，想加大激励力度，可以采用高弹性的薪酬模式，即加大第二象限（浮动工资/奖金/佣金）的构成比例，缩小刚性成分。相反，如果是一个因品牌弱小导致招聘困难的新兴公司，可以采用高稳定的薪酬模式，增加薪酬中的固定成分，让员工有安全感。

2. 福利项目

完善的福利系统对吸引和留住员工非常重要，它也是公司人力资源系统健全与否的一个重要标志。福利项目设计得好，不仅能给员工带来方便，解除后顾之忧，增加对公司的忠诚，而且可以节省在个人所得税上的支出，同时提高了公司的社会声望。

员工个人的福利项目可以按照政府的规定分为两类。一类是强制性福利，企业必须按政府规定的标准执行，比如养老保险、失业保险、医疗保险、工伤保险、企业年金、住房公积金等。另一类是企业自行设计的福利项目，常见的如人身意外保险、医疗保险、家庭财产保险、旅游、服装、误餐补助或免费工作餐、健康检查、俱乐部会费、提供住房或购房支持计划、提供公车或报销一定的交通费、特殊津贴、带薪假期等。员工有时会把这些福利折算成收入，用以比较企业是否具有物质吸引力。

对企业而言，福利是一笔庞大的开支（在外企中能占到工资总额的30％以上），但对员工而言，其激励性不大，有的员工甚至还不领情。最好的办法是采用菜单式福利，即根据员工的特点和具体需求，列出一些福利项目，并规定一定的福利总值，让员工自由选择，各取所需。这种方式区别于传统的整齐划一的福利计划，具有很强的灵活性，很受员工的欢迎。

3. 设计技巧

对不同的人员要用不同的激励措施。众所周知的马斯洛需求五层次理论说明，人的需求是分层次的，只有满足了低层次的需求之后，才能考虑高层次的需求。工资作为满足低层次需求的保障条件，对绝大多数人来说，仍是个硬道理。工资低的公司，即使企业文化搞得再好，也难留人。对高层次人才，工资较高但如果缺少培训和发展机会，仍然缺乏吸引力。

将现金性薪酬和非现金性薪酬结合起来运用，有时能取得意想不到的效果。前者包括工资、津贴、奖金、"红包"等，后者则包括企业为员工提供的所有保险福利项目、实物、公司举行的旅游、文体娱乐等。有些公司专门为员工的家属提供特别的福利，比如在节日之际邀请家属参加联欢活动、赠送公司特制的礼品、让员工和家属一起旅游、给孩子们提供礼物等等，让员工感到特别有"面子"。主管赠送的两张音乐会门票、一盒化妆品，常会让员工激动万分。

适当缩短常规奖励的时间间隔、保持激励的及时性，有助于取得最佳激励效果。频繁的、小规模的奖励会比大规模的奖励更为有效。减少常规定期的奖励，增加不定期的奖励，让员工有更多意外的惊喜，也能增强激励效果。

4. 计酬方式

计酬方式通常包括按时计酬、按件计酬、按绩计酬等。最缺乏激励效果的是按时计酬，其激励作用只是体现在每年调薪前后的一段时间，很难持久。但它也有明显的优点：收入稳定，给员工以安全感，便于留人和招聘；实施方便；劳动力成本易于预测；不会因为强调产出数量而忽视质量等。计件薪酬对员工的激励作用十分明显，但它仅适用于产出数量容易计量、质量标准明晰的工作，对知识白领的工作很难计件。在信息技术行业，最通常采用的是按时计酬与按绩效计酬相结合。它需要事先设定具体的工作目标（指标），考核期结束时或项目完成后根据实际工作业绩评估结果，计算浮动工资或提取佣金。业绩工资由团队业绩和个人业绩两部分所决定。对高级职位，企业利润常作为重要业绩指标而与薪酬挂钩。由于薪酬与可量化的业绩挂钩，更具激励性和公平性。这种方法需要有合理的目标设定方法和良好的绩效考评系统作支持。

对于高科技公司里的研发人员，根据项目管理法则，可以按研发项目中的若干关键阶段设置多个"里程碑"，对按计划完成者实行奖励，而不是按工作时间行赏。另外，将研发人员的部分薪酬与产品的销售状况挂钩、增加加薪机会，使薪酬支付更加灵敏地体现员工的业绩。

（三）措施

1. 团队奖励

尽管从激励效果来看，奖励团队比奖励个人的效果要弱，但为了促进团队成员之间相互合作，同时防止上下级之间由于工资差距过大而出现低层人员心态不平衡的现象，所以有必要建立团队奖励计划。有些成功企业，用在奖励团队方面的资金往往占到员工薪酬支出的很大比重。对优秀团队的考核标准和奖励标准，要事先定义清楚并保证团队成员都能理解。具体的奖励分配形式归纳为三类。第一类是以节约成本为基础的奖励，比如斯坎伦计划，将员工节约的成本乘以一定的百分比，奖励给员工所在团队。第二类是以分享利润为基础的奖励，它也可以看成一种分红的方式。第三类是在工资总额中拿出一部分设定为奖励基金，根据团队目标的完成情况、企业文化的倡导方向设定考核和评选标准进行奖励。

2. 股票奖励

尤其是创新药企业，股票期权是个非常诱人的字眼。很多员工特别是高层员工认为工资的高低不是主要的吸引力，最重要的是有没有实行"员工持股"制度。不仅那些在海外上市的公司纷纷实行了股票期权，即使非上市公司，也在探索不同形式的员工持股办法。对非上市公司而言，由于国内现行法律对此缺少明晰的规定，在权益兑现方面缺少成功案例可供借鉴，而且往往因为担心会对未来的创业板上市造成法律障碍而左顾右盼，很多公司是雷声大雨点小。但随着国内创业板上市规则的日益明晰，这种分配办法亦将越来越多地运用在实践中。

3. 调整

有的公司在员工薪酬、福利待遇上花费不少，但员工却无动于衷。作为主管，建议将你在福利方面的开支做个支出明细说明，让员工明白公司为他们所做的付出，同时笔者告诫各位企业家朋友，**如果是员工不感兴趣的福利，一定要取消掉**。要告诉员工你的分配哲学。如果你确信公司的薪酬具有竞争力，为了让员工信服，不妨将你在薪酬方面的调查结果公开，甚至让员工参与薪酬方案的设计与推动。即使因为公司遇到暂时困难而不得不减薪，只要你坦诚相待、公平对待，同时再把薪酬以外的优势尽可能展现出来，相信员工也会理解并能同舟共济。

在调薪时，员工与主管之间存在一种微妙的博弈关系。员工理所当然希望工资尽可能地高，作为老板则希望尽可能减少人力成本。如何在博弈中既能控制住薪酬，又能使员工获得激励？一种办法是先降低员工对其薪酬目标的期望值，比如对员工预期的调薪幅度和调薪范围做低调处理。当员工发现其事实上的调薪幅度超过其预想时，他会产生一种满足感。

4. 厚待核心员工

在薪酬有限的情况下，企业为了发展，不得不有重点地留住重点员工和业务骨干。某著名美国公司在遇到业绩下滑后，在年度工资调整上采取的策略是：对高层员工采用高于市场平均值的增长率，对中层员工和业务骨干采用平均市场增长率，对一般员工则保持工资不变。他们的思路是：80%的业绩是由20%的精英来完成的，少数骨干决定了公司的发展。对于一些新兴的高科技公司，或者实力不是很强的公司，这种方法尤其有效，我们医药企业可以作为参考。

"先增加利润还是先提高工资？"这个问题很像是"先有蛋还是先有鸡？"我建议老板选择"先提高工资"，如果其资金能够支持一个利润周期的话。配合科学的绩效管理，公司将会进入"高工资、高效率、高效益"的良性循环，用一流的人才成就一流的事业，这样公司和员工都会有一个加速度的发展。

（四）设计

科学有效的激励机制能够让员工发挥出最佳的潜能，为企业创造更大的价值。激励的方法很多，但是薪酬可以说是一种最重要的、最易运用的方法。它是企业对员工的回报和答谢，以奖励员工对企业所付出的努力、时间、学识、技能、经验和创造，是企业对员工所作贡献的承认。

1. 有效激励

有效的薪酬激励只是相对于传统的利用工资、金钱等外在的物质因素来促使员工完成企业工作目标而言的，它更多地从尊重员工的"能力""愿望""个人决策"和"自主选择"角度出发，从而能更好地创造员工个人与企业利益的"一体化"氛围。

有效的薪酬激励是由以下几个要素构成的。

（1）基于岗位的技能工资制。基于岗位的技能工资制是岗位工资体系上的创新，形成一种强调个人知识水平和技能，推动员工通过个人素质的提高实现工资增长的一种工资体系。不同于岗位工资体系，单纯根据岗位本身的特征，来决定岗位承担者的工资额，这种工资体系是将岗位承担者当前所担任的工作内容和完成工作时能力发挥的程度，作为工资多少的关键因素。在这种工资体系下，公司对知识水平高、能力强的员工的吸引力大大加强，同时也减少了这类员工从公司流失的可能性；另一方面，也可以激励员工不断提高自身的能力，最终能为企业作出更大贡献。

（2）灵活的奖金制度。奖金作为薪酬的一部分，相对于工资，主要目的是能在员工为公司作出额外贡献时，给予激励。但国内大部分企业奖金在相当程度上已经失去了奖励的意义，变成了固定的附加工资。美国通用电气在研究了奖金发放中的利弊后，建立起奖金制度时，为了体现奖金发放的灵活性，特别遵循了以下原则。

① 割断奖金与权力之间的"脐带"。通用电气废除了奖金多寡与职位高低联系的旧做法，使奖金的发放与职位高低脱离，给人们更多的不需提高职位而增加报酬的机会，让奖金真正起到激励先进的作用，也防止高层领导放松工作、不劳而获的官僚作风。

② 奖金可逆性。不把奖金固定化，否则员工会把奖金看作理所当然，"奖金"也就沦为一种"额外工资"了，起不到奖金的作用。通用电气根据员工表现的变化随时调整奖金数额，让员工有成就感，更有危机感，从而鞭策员工做好本职工作，长期不懈。

③ 自助式福利体系。在兼顾公平的前提下，员工所享有的福利和工作业绩密切相连。不同的部门有不同的业绩评估体系，员工定期的绩效评估结果决定福利的档次差距，其目的在于激励广大员工力争上游，从体制上杜绝福利平均的弊端。

以上三个要素是企业在构建自身的薪酬体系时需要重点考虑的，但是否选择实际上取决于企业的行业特点、经营战略和文化背景以及员工的素质和需求等。同时保持薪酬管理与其他管理活动的一致也是企业在考虑薪酬激励时必须注意到的。

2. 菲尔德薪酬法

菲尔德薪酬法是由薪酬专家大卫·菲尔德（David C.Field）提出的，也有说法认为是由艾莫瑞大学的杰弗里·桑南菲尔德基于其组织文化标签理论而提出的一种薪酬管理方法。它通过综合考虑市场薪酬水平、内外部公平、企业绩效等因素，帮助企业设计一个合理、公平且可行的薪酬体系。

（1）关键原则。菲尔德薪酬法包括以下四个关键原则。

① 市场导向：企业需要了解市场上相同岗位或类似职能的员工的薪酬水平，并根据市场情况制定相应的薪酬策略，以保持竞争力，吸引和留住优秀的人才。

② 内外部公平：内部公平指的是确保在企业内部相同岗位或职能的员工能够得到公平合理的薪酬待遇；外部公平则指的是企业的薪酬策略与市场上其他公司的相应岗位薪酬相比具有一定的公平性。

③ 可行性：薪酬设计必须考虑到企业的可支付能力和长期可持续发展，避免过高或过低的薪酬水平。

④ 变通性：薪酬策略需要具有灵活性和变通性，随着市场情况和企业状况的变化作出相应的调整。

（2）实施步骤。菲尔德薪酬法的实施包括以下几个步骤。

① 薪酬数据收集：企业需要收集和分析市场薪酬数据，了解市场上类似岗位的薪酬水平和趋势。

② 内部薪酬分析：企业需要对内部薪酬数据进行分析，了解不同岗位之间的薪酬差异以及内部公平性。

③ 薪酬策略设计：基于市场和内部薪酬分析的结果，企业需要制定相应的薪酬策略，考虑市场薪酬水平、内外部公平和企业可行性等因素。

④ 薪酬实施和监控：薪酬策略设计完成后，企业需要将其付诸实施，并建立相应的薪酬管理制度和流程。同时，还需要进行薪酬的定期监控和评估，以确保薪酬策略的有效性和合理性。

（3）适用类型及效果。菲尔德薪酬法适用于直销、主动营销型、招商式营销型企业，不适用于自然营销型企业。实施菲尔德薪酬法后，可以产生以下效果。

① 业务员会不断谋求晋升，因为只有晋升才能有更高的提成比例。

② 员工争当干部，有助于批量生产干部。

③ 销售经理会乐意接收新员工，因为新员工给其带来的利益提成高。

④ 销售经理会关注属下员工的心态，降低员工流失率，因为员工流失率会降低销售经理自身提成收益。

3. 设计策略

根据我们的研究，发现世界领先企业的薪酬体系有一个共性，即都有明确的薪酬战略，并且薪酬战略与公司的经营战略、企业文化保持高度的一致，大多数的企业都制定了 2—5 年的薪酬战略目标。薪酬战略目标的明确有利于企业为员工制订长期的激励计划，有利于增强员工对企业的认同，并能够给员工长期的职业安全感。

（1）薪酬政策透明化。薪酬是回报，更是激励。薪酬制度的活力在于员工能够看到自己的表现得到准确和公正的评价。让员工了解企业的薪酬政策，有利于提升企业对员工的吸引力。

很多企业在薪酬政策上采取保密行为，不让员工知道薪酬到底是依据什么制定的，员工无从了解企业在激励什么、鼓励什么、回报什么，薪酬政策对员工的激励作用就会大大减弱。笔者认为，尤其在公司，不仅不能对薪酬政策进行保密，相反更应该宣传，让薪酬政策透明化，从而让员工看到企业对自己的期望，并据此调整自己的行为。薪酬政策的透明化不仅可以正确地引导员工的行为，而且还可以减少诉讼和纠纷的发生，以利于劳动者和用人单位双方建立互信的机制。

（2）薪酬激励长期化。中国很多企业对员工缺乏长期激励计划。一些企业热衷于制订短期激励计划，但是短期激励计划虽然有助于提升企业的吸引力，但是不利于长期地稳定优秀员工，因为企业没有长期激励措施，员工不可能有长期的积极行为。世界一流的企业大都实施了员工持股和股票期权计划。所以，我们认为企业应该从长期激励的角度出发，对员工适度地开放股权。

我们看到有些互联网企业，公司的所有者或者公司的创业者把股权大量地开放给员工，甚至有的老板在公司的股权不到 10％。这种长期激励方式实现了企业与员工的共赢，员工在分享公司的成功和利益的同时也承担了公司的经营风险，毕竟从医药产业的发展趋势来看，职业经理人正向职业合伙人转变。

（3）福利待遇货币化、社会化。从世界一流企业的福利政策来看，福利应逐渐走向社会化和货币化，从而使企业把主要的激励政策和组织绩效结合起来，提升企业的持续竞争优势。

第五节　人才价值

一个企业的识人、育人、用人、留人的能力构成了企业另外一个隐形价值，俗话说："用人所长无不用之人，用人所短无可用之人。"关于一个人的"长或短"如何去发现是管理者技巧的问题，但是企业的人才引入机制、培养使用机制却是企业创新发展的关键因素，虽然很多企业相配套的部门和机构很健全，但是实际操作上是否能够按照企业发展的需要来进行相关的人才匹配就是关键问题，所以人才隐性价值不是体现在这个部门是否存在而是这个部门能否给企业带来积极的帮助。

在人才管理的过程中，企业必须建立一套科学的评估体系，以确保能够准确地识别和利用员工的长处。这不仅需要管理者具备敏锐的观察力和判断力，还需要企业内部建立完善的培训和激励机制，以促进员工的个人成长和团队协作。同时，企业应注重培养员工的创新意识和解决问题的能力，因为这些能力是推动企业持续创新和发展的核心动力。

企业还应重视人才的多元化和跨部门合作。通过打破部门壁垒，鼓励不同背景和专业的员工进行交流和合作，可以激发新的创意和解决方案。同时，企业应定期对人才结构进行评估，确保人才配置与企业战略相匹配，避免出现人才浪费或短缺的情况。

为了进一步促进员工之间的交流与合作，企业可以定期组织跨部门的培训和研讨会。这些活动不仅有助于员工了解其他部门的工作内容和挑战，还能增强团队之间的凝聚力。此外，企业还可以设立跨部门项目小组，针对特定问题或项目进行专项研究和解决，从而提高工作效率和创新能力。

在人才管理方面，企业应建立一个全面的人才发展体系，包括职业规划、培训和晋升机制。通过为员工提供成长和发展的机会，企业能够吸引和留住优秀人才。同时，企业还应重视绩效评估体系的建设，确保员工的努力和贡献得到公正的评价和奖励，从而激发员工的工作热情和创造力。

对此，企业要想在竞争激烈的市场中保持领先地位，就必须重视人才的多元化和跨部门合作。通过打破部门壁垒、促进员工交流、定期评估人才结构以及建立完善的人才发展体系，企业才能够激发新的创意和解决方案，提高整体竞争力。

在实际操作中，企业应建立一套灵活的人才引进和培养流程，以适应不断变化的市场环境和企业需求。这包括建立有效的招聘渠道，吸引行业内外的优秀人才；实施定期的员工能力评估，及时发现和培养潜在的优秀员工；以及建立激励机制，鼓励员工不断学习和提升自我。

此外，企业还应注重员工的个性化发展和职业规划，为他们提供多样化的培训和学习机会。通过内部培训课程、在线学习平台以及与专业机构的合作，员工可以不断更新知识，提高专业技能。同时，企业应鼓励跨部门交流和轮岗制度，让员工在不同的岗位上积累经验，拓宽视野。

在人才管理方面，企业应建立科学的绩效考核体系，确保员工的努力和贡献得到公正的评价和合理的回报。绩效考核不仅关注结果，更应重视过程和员工的努力程度。通过定期的反馈和沟通，帮助员工了解自己的优势和不足，制订改进计划。

最后，企业应重视企业文化的建设，营造一个积极向上、开放包容的工作环境。企业文化是吸引和留住人才的重要因素之一。通过组织各种团队建设活动、庆祝活动以及员工关怀计划，增强员工的归属感和忠诚度，使他们能够更好地融入企业，发挥最大的潜能。

总之，企业的人才管理不仅关系到部门的运作效率，更是企业在激烈的市场竞争中保持领先地位的关键。通过科学的人才管理，企业可以最大化地挖掘和利用人才的隐性价值，从而推动企业的持续创新和长远发展。

第六节　文化思想价值

企业文化的隐性价值，主要的价值所在是为企业约束没有制度规定的盲区，往往这种文化会在企业员工中间形成一种习惯，这种习惯也许是积极的，也许是消极的，然而一旦形成会在一段时间内影响着企业的进步和发展，文化的隐性价值更像是一种氛围，在氛围积极因素多的情况下，企业会蒸蒸日上，在氛围消极因素多的情况下，企业往往业绩平平。企业文化作为企业的灵魂和核心竞争力的重要组成部分，其隐性价值体现在多个方面，这些价值虽然难以直接量化，但对企业的长远发展具有深远影响和意义。以下是企业文化作为隐性价值的作用。

一、增强企业凝聚力与团队合作精神

企业文化如同一股无形的力量，将企业员工紧密地凝聚在一起。它通过塑造共同的价值观和行为准则，使员工形成强烈的归属感和责任感。这种归属感和责任感促使员工在工作中相互信任、密切合作，形成协同工作的氛围，从而提高工作效率和质量。企业文化作为"黏合剂"，在无形中增强了企业的凝聚力和团队合作精神，这是企业文化隐性价值的重要体现。

二、导向与激励作用

企业文化具有明确的导向作用，它为企业和员工提供了长远的发展方向和重要方法。企业核心价值观和企业精神发挥着无形的导向功能，引导员工将个人目标与企业目标相统一，使员工在追求个人发展的同时，也为企业的发展贡献力量。此外，企业文化还具有激励作用，它激发员工的工作激情和创造力，使员工在工作中追求卓越、勇于创新。这种激励作用不仅提高了员工的工作积极性和满意度，还推动了企业的不断创新和发展。

三、塑造企业品牌形象与提升品牌价值

企业文化是企业的灵魂和形象代表，它体现了企业的核心价值观和使命愿景。一个积极向上、创新进取、诚实守信的企业文化能够吸引和留住优秀的人才，树立企业的良好形象，提升企业的品牌价值。通过企业文化的塑造和传播，企业能够在激烈的市场竞争中脱颖而出，赢得更多的市场份额和客户的信赖。这种品牌形象的塑造和品牌价值的提升，是企业文化隐性价值的又一重要体现。

四、促进企业可持续发展与社会责任履行

企业文化强调诚信守法、环境保护、社会责任等价值观念，这些价值观念引导企业向着可持续发展的方向努力。企业文化将社会责任融入企业的经营活动中，推动企业在经济、环境和社会效益上实现平衡发展。这种可持续发展的理念和社会责任的履行，不仅有助于提升企业的社会形象和公众认可度，还能为企业创造更广阔的发展空间和更持久的竞争优势。

企业文化作为隐性价值的意义在于增强企业凝聚力与团队合作精神、发挥导向与激励作用、塑造企业品牌形象与提升品牌价值以及促进企业可持续发展与社会责任履行等多个方面。虽然隐性价值难以直接量化，但对企业长远发展具有深远影响不言而喻。因此，企业在发展过程中应重视企业文化的建设和管理，充分发挥其隐性价值的作用，以实现企业的长期发展目标。

综上所述，我们可以清晰地看到企业的隐性价值在不经意之间就会决定着企业的命运，隐性价值和显性价值在企业内部是一个平衡体，如果企业内部的隐性价值已经远远地滞后于企业的显性价值，那么这个企业即将迎来一个瓶颈时期，改革在所难免。在很多企业一味地追求以结果为导向的时候，一定要十分关注存在于企业之中看不到摸不着的隐性价值，只有

不断地提升企业的隐性价值，才能让企业的显性价值不断地获得提升。隐性价值是企业不可忽视的重要资产。它虽然不像财务报表上的数字那样直观，但其对企业长远发展的影响却是深远的。企业应该在追求显性价值的同时，更加注重隐性价值的培养和提升，这样才能在激烈的市场竞争中立于不败之地。

第八章

系统管理工具

第一节　两个规则与企业宪法

在系统管理法中首先提及的有两个规则：第一是对内规则；第二是对外规则。何为规则？规则就是营销建立的制度，对内规则就是建立团队的管理制度。企业每一个发展阶段对应的政策有着很大的差别，系统管理方法中屡次提到红线管理，也就是在营销业务当中要设定管理的底线。给足空间设定底线，是系统管理方法的基本思路。在实践过程中，首先破坏规则的往往是团队的领导，按照员工心理比对法可以得出"员工不会听领导说什么，主要看领导做什么"，那么任何一次规则的破坏都是对营销体系制度本身权威性的一个极大挑战。对外规则就是对合作商建立的制度，有激励但也要有约束。如果是一个产品处在开发期，那么建立的对外规则中约束力要相对较小，激励措施则稍微侧重；如果是市场成熟产品，这种比例要正好相反。规则的建立要将它变成任何人不准逾越的"企业宪法"，只有在建立规则后才能提供一个平等的内部竞争环境，才能保障营销运营中弱于执行的局面。

对内规则主要是由企业内部的制度、流程来确定的，每个企业都有自己的一套运营机制。医药行业是受到国家政策影响非常严重的行业，因此以处方为主的企业需要对国家政策、医疗走向和规则做一个充分的了解。

医疗卫生事业发展的水平直接涉及该国公民生存权落实的程度，而公民的生存权则属于公民应当享有的最低限度的宪法权利，是人权的逻辑起点。当一个公民因病致穷或因病致死，便失去了生存权，也就休谈其他权利了。为了保障人的生存权和发展权，宪法规定了公民获得包括医疗保障在内各项社会保障的权利。因而，医疗卫生法律关系必然包含宪法法律关系。实际上，保障生存权是生命伦理最基本的要求，而法律是伦理的制度化和规范化，法律关系是伦理关系在法律上的表现。人类凭借理性的力量构建起宪政制度，正是以根本大法的形式来保障包括人的生命健康权在内的基本权利得以实现。

在"深化医疗体制改革"的现实环境下，企业的政府事务处理能力和政府政策解读能力会成为企业生存发展的新课题。事实上，很多企业直接开始布局 OTC 市场，但是企业在此之后会发现，其实零售市场面临的局面并不比处方药轻松。零售连锁的"高毛利"要求，竞品打压等问题，都在困扰着医药工业单位，医药未来的集中化程度还将持续，淘汰落后企业也是势在必行。因此，宏观环境带来的行业冲击是巨大的，运作一个企业，不仅仅要研读政策，同时还要判断趋势，在此判断过程中，考验的是企业家和经营者的智慧，一个企业的战略决定了未来企业发展的路径。

从企业层面来讲，"企业宪法"是一个企业核心价值观的体现，为什么要建立"企业宪法"？因为一个企业其实就是一个小的社会，中国老一代的企业家多数以"家长制"的形象出现。例如，很多企业在改革当中，会发现企业出现的很多问题，其实问题并非思路和方向所致，而是企业内部机制转化出现了状况。一个机制的运转离不开组织，但从开始创立企业之后逐步形成的组织结构，在运营一段时间后就开始出现固化和所谓的利益阶层，这些利益阶层会形成管理上的壁垒。由于各个部门利益已经固化，因此在企业经营当中会出现部门争利的现象，导致组织很难为市场服务。在实操中我们会奇怪地发现，当企业重新改革的时候，往往对规则破坏最大的是公司的领导层，其会造成改革缓慢、增加企业内耗等问题，因此"企业宪法"，应对任何人都要有约束力，只有真正地遵循"企业宪法"，每一个阶层的员工才能得以效率和做事为先，否则就会陷入人事的派系斗争当中去。

"企业宪法"作为一个企业基本的准则，必须受到有效的保护，在这个"人情社会"当中，想要完全贯彻执行，难度或许非常大，但是企业运营的规则和秩序是不容挑战的，这是企业发展之道，更关乎着企业的兴衰存亡。

第二节　营销三个体系的打造

一、市场战略体系

市场营销战略是企业市场营销部门根据战略规划，在综合考虑外部市场机会及内部资源状况等因素的基础上，确定目标市场，选择相应的市场营销策略组合，并予以有效实施和控制的过程。

市场营销总战略包括：产品策略、价格策略、营销渠道策略、宣推促销策略等。市场营销战略计划的制订是一个相互作用的过程，是一个创造和反复的过程。

（一）构建营销战略

现代企业营销战略一般包括战略思想、战略目标、战略行动、战略重点、战略阶段等。营销战略思想是指导企业制定与实施战略的观念和思维方式，是指导企业进行战略决策的行动准则。它应符合社会主义制度与市场经济对企业经营思想的要求，树立系统优化观念、资源有限性观念、改革观念和着眼于未来观念。企业战略目标是企业营销战略和经营策略的基础，是关系企业发展方向的问题。战略行动则以战略目标为准则，选择适当的战略重点、战略阶段和战略模式。战略重点是指事关战略目标能否实现的重大而又薄弱的项目和部门，是决定战略目标实现的关键因素。由于战略具有长期的相对稳定性，战略目标的实现需要经过若干个阶段，而每一个阶段又有其特定的战略任务，通过完成各个阶段的战略任务才能最终实现其总目标。

市场营销战略作为一种重要战略，其主旨是提高企业营销资源的利用效率，使企业资源的利用效率最大化。由于营销在企业经营中的突出战略地位，使其连同产品战略组合在一起，被称为企业的基本经营战略，对于保证企业总体战略的实施起着关键作用，尤其针对处于激烈竞争中的企业，制定营销战略显得非常迫切和必要。市场营销战略包括两个主要内容；一是选定目标市场；二是制定市场营销组合策略，以满足目标市场的需要。根据购买对象的不同，将顾客划分为若干种类，以某一类或几类顾客为目标，集中力量满足其需要，这种做法，称作确定目标市场，这是市场营销首先应当确定的战略决策。目标市场确定以后，就应当针对此目标市场，制定各项市场经营策略，以争取这些顾客。

市场营销的第一目的是争取顾客和维持顾客；要从长远的观点来考虑如何有效地战胜竞争对手，使其立于不败之地；注重市场调研，收集并分析大量的信息，只有这样才能在环境和市场的变化有很大不确实性的情况下作出正确的决策；积极推行革新，其程度与效果成正比；在变化中进行决策，这要求决策者具备很强的能力，要有像企业家一样的洞察力、识别力和决断力。

在企业营销管理过程是市场营销管理的内容和程序的体现，是指企业为达成自身的目标辨别、分析、选择和发掘市场营销机会，规划、执行和控制企业营销活动的全过程。

企业市场营销管理过程包含着下列四个相互紧密联系的步骤：分析市场机会，选择目标市场，确定市场营销策略，管理市场营销活动。

1. 分析市场机会

在竞争激烈的买方市场，有利可图的营销机会并不多。企业必须对市场结构、消费者、竞争者行为进行调查研究，识别、评价和选择市场机会。

企业应该善于通过发现消费者现实的和潜在的需求，寻找各种"环境机会"，即市场机会。而且应当通过对各种"环境机会"的评估，确定本企业最适当的"企业机会"的能力。

对企业市场机会的分析、评估，首先是通过有关营销部门对市场结构的分析、消费者行为的认识和对市场营销环境的研究。还需要对企业自身能力、市场竞争地位、企业优势与弱点等进行全面、客观的评价，以及检查市场机会与企业的宗旨、目标与任务的一致性。

2. 选择目标市场

对市场机会进行评估后，对企业要进入的哪个市场或者某个市场的哪个部分，要研究和选择企业目标市场。目标市场的选择是企业营销战略性的策略，是市场营销研究的重要内容。企业首先应该对进入的市场进行细分，分析每个细分市场的特点、需求趋势和竞争状况，并根据本公司优势，选择自己的目标市场。

3. 确定市场营销策略

在企业营销管理过程中，制定企业营销策略是关键环节。企业营销策略的制定体现在市场营销组合的设计上。为了满足目标市场的需要，企业对自身可以控制的各种营销要素（如质量、包装、价格、广告、销售渠道等）进行优化组合。重点应该考虑产品策略、价格策略、渠道策略和促销策略，即"4Ps"营销组合。

随着市场营销学研究的不断深入，市场营销组合的内容也在发生着变化，从"4Ps"发展为"6Ps"。近年，又有人提出了"4Cs"为主要内容的市场营销组合，对于任何知识，我们都要活学活用，千万不能照搬照抄。医药行业的营销活动和其他品类有着截然不同的特点，要从品类自身的特点出发，如儿科产品和心脑产品的市场战略完全不同。

4. 管理市场营销活动

企业营销管理的最后一个程序是对市场营销活动的管理。营销管理离不开以下三个营销管理系统的支持。

（1）市场营销计划。既要制定较长期战略规划，决定企业的发展方向和目标，又要有具体的市场营销计划，具体实施战略计划目标。

（2）市场营销组织。营销计划需要由一个强有力的营销组织来执行。根据计划目标，需要组建一个高效的营销组织结构，要对组织人员实施筛选、培训、激励和评估等一系列管理活动。

（3）市场营销控制。在营销计划实施过程中，需要控制系统来保证市场营销目标的实施。营销控制主要有企业年度计划控制、企业盈利控制、营销战略控制等。

营销管理的三个系统是相互联系、相互制约的。市场营销计划是营销组织活动的指导，营销组织负责实施营销计划，计划实施需要控制，保证计划得以实现。

（二）制定市场营销战略的条件

经营理念、方针、企业战略、市场营销目标等是企业制定市场营销战略的前提条件，是必须适应或服从的。一般是既定的，市场营销战略的制定过程中首先要确定的就是市场营销目标。确定目标时必须考虑与整体战略的联系，使目标与企业的目的以及企业理念中所明确的、对市场和顾客的姿态相适应。

市场营销目标应包括以下三点。

（1）量的目标，如销售量、利润额、市场占有率等。

（2）质的目标，如提高企业形象、知名度、获得顾客等。

（3）其他目标，如市场开拓，新产品的开发、销售，现有产品的促销等。

（三）制定市场营销战略的内外环境

主要是对宏观环境、市场环境、行业动向和竞争，以及本企业状况等进行分析，以期准确、动态地把握市场机会。

1. 宏观环境

宏观环境即围绕企业和市场的环境，包括政治、法律、社会、文化、经济、技术等。了解分析这些环境对制定市场营销战略至关重要。其理由有三：一是市场营销的成果很大程度上要受到其所处环境的左右；二是这些属于不可控制因素，难以掌握，企业必须有组织地进行调研、收集信息，并科学地对其进行分析；三是这些环境正加速变化。

环境的变化对企业既是威胁也是机遇，关键是能否抓住这种机遇，或者变威胁为机遇。人口结构的变化，即独生子女化和老龄化。我国企业在玩具生产上注意抓住了儿童市场，却忽略了老年人市场。但这在美国和日本等国家已是企业的热门话题，在玩具生产中，老年人玩具占有很大的比重。

2. 市场环境

从市场特性和市场状况两个方面来对其进行分析。

首先，看市场特性，它包括以下几个方面：一是互选性，即企业可选择进入的市场，市场（顾客）也可选择企业（产品）；二是流动性变化，即市场会随经济、社会、文化等的发展而发生变化，包括量和质的变化；三是竞争性，即市场是企业竞争的场所，众多企业在市场上展开着激烈的竞争；四是导向性，即市场是企业营销活动的出发点，也是归着点，担负着起点和终点的双重作用；五是非固定性，即市场可通过企业的作用去扩大、改变甚至创造。

其次，市场状况还要考虑市场规模、市场人口、购买欲望三大要素，以及市场是同质还是异质。现在，我国人民的需求呈现出两种倾向：一是丰富化和多样化；二是两极分化越来越明显、突出。绝大部分产品供大于求，形成买方市场。

3. 行业动向和竞争

把握住了行业动向和竞争就等于掌握了成功的要素，所以一要了解和把握企业所在行业的现状及发展动向；二要明确竞争者是谁，竞争者在不断增加和变化，它不再只是同行业者，而相关行业、新参与者、采购业者、代理商、顾客等都可能处于竞争关系，如每次在行业的各种会议上做宣传多的产品，还要关注在媒体中投入较多的产品，因为它们往往代表了竞争对手的最新动向。此外，了解顾客的需求和偏好变化同样重要，这有助于企业及时调整产品和服务，以满足市场需求。同时，企业还应关注政策法规的变化，因为这些变化可能会对行业产生重大影响，甚至改变竞争格局。

在明确竞争者之后，企业需要制定相应的竞争策略。这包括但不限于产品差异化、成本领先、专注细分市场或建立强大的品牌认知度。通过这些策略，企业可以在激烈的市场竞争中谋求占位。同时，企业还应不断进行内部优化，提高运营效率，降低成本，增强企业的核心竞争力。

此外，企业应注重与合作伙伴建立稳固的关系，无论是供应商、分销商还是战略联盟伙伴，良好的合作关系能够为企业带来更多的资源和机会。在合作过程中，企业应保持开放和透明的沟通，确保双方利益的平衡和共赢。

最后，企业应不断学习和创新，因为只有不断创新，才能在竞争中保持领先地位。无论是技术创新、管理创新还是商业模式创新，企业都应鼓励员工提出新想法，并为这些想法的实施提供支持和资源。通过持续的创新，企业能够适应市场的变化，满足顾客的新需求，从而在竞争中立于不败之地。

4. 本企业状况

利用过去实绩等资料来了解公司状况，并整理出其优势和劣势。战略实际上是一种企业用以取胜的计划，所以，企业在制定战略时必须充分发挥本公司的优势，尽量避开其劣势。在明确企业的优势和劣势之后，接下来的步骤是进行市场分析。这包括了解当前市场的需求、竞争对手的状况以及行业发展趋势。通过深入研究这些因素，企业可以确定其战略定位，找到适合自己的市场细分领域。同时，企业还需要评估自身资源的配置情况，确保战略实施过程中资源的合理分配和高效利用。

再有，制定战略时需综合考虑前面章节所述的外部环境的影响，如政治、经济、社会和技术等因素。这些外部因素可能会对企业的运营产生重大影响，因此必须纳入战略规划之中。企业可以通过 SWOT 分析（即优势、劣势、机会和威胁分析）来综合考虑内外部因素，从而制定出更为全面和可行的战略计划。

最后，战略的制定并非一成不变，企业需要根据市场和自身状况的变化不断调整和优化战略。通过定期的评估和反馈机制，企业能够及时发现问题并作出相应的调整，确保战略始终符合企业的发展目标。只有这样，企业才能在激烈的市场竞争中保持竞争力，实现可持续发展。

（四）市场营销战略的制定和实施

市场营销战略的制定和实施程序：市场细分—选定目标市场—市场营销组合—实施计划—组织实施—检测评估。

1. 市场细分

市场中不是单一、拥有同质需求的顾客，而是多样、异质的团体，所以市场细分能发现新的市场机会，也能更好地满足市场需求；既能更充分地发挥企业优势，又能为企业选定目标市场提供条件、奠定基础。市场细分要按照一定的标准（人口、地理、心理、购买行为等因素）进行，细分后的市场还要按一定的原则（如可测定性、可接近性、可盈利性等）来检测是否有效。市场细分的好坏将决定市场营销战略的命运。

2. 目标市场的选定

目标市场的选定和市场营销的组合是市场营销战略的两个相互联系的核心部分。选定目标市场就是在上述细分的市场中决定企业要进入的市场，回答顾客是谁、产品向谁诉求的问题。即使是一个规模巨大的企业也难以满足所有的市场，但我国不少企业恨不得一口吞下所有的市场，结果适得其反。特别是保健品，有的功效多达十几种，几乎能包治百病，适合任何人群。另外，有的企业不知道自己的产品是什么，向消费者诉求什么。例如，有的公司上市的一种产品，据该公司介绍，这个产品什么都能治，补肾、助睡眠、强筋骨等，具有很多治疗效果，但这究竟是什么，会令人感到疑惑不解。总之，一是企业必须有明确的目标市场；二是对于一种产品必须有明确的诉求，有明确的消费群体；三是要抓住主要矛盾，突出重点，既不要向谁都诉求，也不要什么都诉求。

3. 市场营销组合

目标市场一旦明确，就要考虑如何进入该市场，并满足市场需求的问题，那就是有机地组合产品、价格、渠道、促销等因素，但千万不是几种组合因素的简单相加。企业在进行营销组合时必须考虑以下几点。

（1）要通过调查国内外优秀企业等来了解它们一般进行的营销组合。突出与竞争公司有差异的独特之处，充分发挥本公司优势的有利性。营销组合是企业可以控制的，企业可以通过控制各组合来控制整个营销组合。

（2）营销组合是一个系统工程，由多层分系统构成。营销组合因素必须相互协调，根据不同的产品，制定不同的价格，选择不同的渠道，采取不同的促销手段。

（3）营销组合非静态而是动态。产品生命周期分为四个阶段，当产品生命周期所处阶段发生变化时，其他组合因素也随之变化。就拿广告来说，导入期为通告广告；成长期为劝说广告；成熟期为提示广告。

在上述三种主要的组合因素中到底哪种最重要，实则会因品类、业态不同而异，但一般来说，其中受到高度重视的是产品属性。企业提供的产品是不是市场所需产品，是否能满足患者的需求，解决患者所要解决的问题，提供患者希望获取的利益，这才是产品的关键所在。只有让患者满意，患者才会认可并接受你的产品。可是，我国不少企业不是以市场为导向，而是还停留在产品观念或推广观念上，所以造成了产品的大量压货，导致渠道上有几十个亿的存货。随着国家对医药商业渠道的管控，未来渠道会不断地趋于集中化，目前以华润、九州通、国控、上药为主的商业公司已经成为国内医药批发配送企业的龙头。

一个企业的销售额下降，市场占有率下跌，其原因不一定是推广人员的努力不够，而有必要把销售可能的一些条件都考虑到产品中去。要解决销售问题，还是应该首先解决产品问题，做到产品计划先行。例如，日本的朝日啤酒公司，其市场占有率连年下跌，在 1985 年跌到了 9.6％。为扭转下跌不止的局面，公司于 1985 年进行了大规模的消费者嗜好与口味调查，并根据调查结果研究开发了新产品。这种新产品投放市场的当年，销售额猛增，市场占有率止跌回升，到 1989 年就上升到了 25％，行业排名第二。

4. 确定战略并实施

根据知识经济时代的基本特征，市场营销的基本战略可归结为如下几条。

（1）创新战略。前面章节针对创新已经进行了相关论述。创新是知识经济时代的灵魂。知识经济时代为企业创新提供了极好的外部环境。创新作为企业营销的基本战略，主要包括以下几个方面。

① 观念创新。知识经济对人们旧的传统观念是一种挑战，也对现代营销观念进行着挑战。

② 组织创新。组织创新包括企业的组织形式、管理体制、机构设置、规章制度等广泛的内容，它是营销创新战略的保证。

③ 技术创新。随着科技进步的加快，新技术不断涌现，技术的寿命期趋于缩短，技术创新是企业营销创新的核心。

④ 产品创新。技术创新最后要落实到产品创新上，所以产品创新是

关键。例如，由于技术创新频率加快。百济神州累计研发投入超过 500 亿元，已有 BTK 抑制剂泽布替尼和 PD-1 单抗替雷利珠单抗两个创新药在包括中国、美国、欧洲的多个国家获批上市。泽布替尼是中国首个"出海"成功的原研抗癌药，2023 年销售额突破 10 亿美元。

（2）人才战略。知识经济时代的企业竞争，其实质是人与人、群体与个人的竞争；是高科技知识、智力、智能的竞争；是人的创新能力、应变能力、管理能力与技巧的综合素质的竞争。人才战略主要包括以下几个方面。

一是人本智源观念。营销者要牢固树立人才本位思想。数字经济时代，知识和能力是主要资源。知识和能力的生命载体是人。我非常认同杰克韦尔奇在他退休后出的书中写道，市场营销应该从"4P"理论延伸到"5P"，大家都知道"4P"分别代表着产品（product）、价格（price）、渠道（place）、推广（promotion），那么第 5 个"P"就是（person）人。人的因素占据企业发展的主导地位，人才竞争就是企业的终极竞争。

二是终身学习观念。由于知识更新节奏的加快，一个毕业生工作 5 年后，将有 50%—60% 的知识被更新掉。对于个人来说，要树立终身学习观念。对企业来说，要树立全员培训观念。

（3）文化战略。企业文化包括企业经营观念、企业精神、价值观念、行为准则、道德规范、企业形象以及全体员工对企业的责任感、荣誉感等。它不仅是提高企业凝聚力的重要手段，同时，它又以企业精神为核心，把企业成员的思想和行为引导到企业确定的发展目标上来，并通过对企业所形成的价值观念、行为准则、道德规范等以文字或社会心理方式对企业成员的思想、行为施加影响、控制。价值观是企业文化的基石，许多企业的成功是由于全体员工能够接受并执行组织的价值观。

企业文化是企业内部的一种无形力量，它能够激发员工的创造力和工作热情，使他们在面对挑战时更加团结一致。一个强有力的企业文化能够帮助企业在激烈的市场竞争中脱颖而出，因为它能够塑造企业的独特个性，让企业在客户和合作伙伴中树立起良好的口碑。

企业文化的形成并非一蹴而就，它需要企业领导层的精心培育和全体员工的共同努力。通过定期举办团队建设活动、培训课程和员工交流会，企业可以不断强化其文化内涵，让员工在日常工作中自然而然地体现企业文化。此外，企业文化的传播也需要借助各种媒介，如企业内刊、网站、社交媒体等，以确保信息的广泛传播和深入人心。

（4）形象战略。在信息爆炸的数字经济时代，产品广告、销售信息等很难引起消费者注意和识别，更谈不上留下什么深刻印象。在此情形下，企业间竞争必然集中到形象竞争上。形象竞争，企业现在已经在应用，但很多企业并没有足够的重视。在数字经济时代，广告宣传也随之进入"印象时代"。企业用各种形式宣传和促销手段，不断提高企业声誉，创立名牌产品，使消费者根据企业的"名声"和"印象"选购产品。正如广告专家大卫奥格威所说，"广告是对品牌印象的长期投资"。

（五）医药营销实战战略

1. 医药零售市场情况分析

（1）市场规模与增长。

2023 年，医药零售市场全品类规模为 5 394 亿元，同比 2019 年增长3.7%。2023 年，零售终端（实体药店＋网上药店）市场销售规模超过9 000 亿元，同比增长 6.5%；其中，实体药店零售规模为 6 229 亿元。2021 年，医药零售行业市场规模为 5 449 亿元，同比增长 6.4%。

（2）门店数量与连锁率。

截至 2023 年底，零售药店数量已经超过 68 万家，对比 2019 年的复合增长率为 7%。截至 2022 年，我国共有零售药店 62.3 万家，其中连锁企业 6 650 家、下辖门店 36 万家，连锁率达 57.8%。

（3）市场表现与门店经营。

2024 年一季度，全国新开门店 16 035 家，关闭门店 6 778 家，新增门店数为 9 257 家，对比 2023 年期末，门店数增长 1.3%。2024 年 1—5 月份，72% 的门店生意出现下滑，保守预估有超过 45% 的门店亏损，2024年 5 月这个数据进一步提升至 54%。

（4）用药需求与市场趋势。

2022 年底，随着防疫的放开，市场购药需求猛增，全年药店零售规模达到 5 433 亿元，同比增长 10.4％。2024 年一季度，零售市场主要靠四类药在增长驱动，其他大部分品类都出现了下滑（市场同比－4％）。

（5）政策影响。

2023 年职工医保个人账户收入较 2022 年减少了近 1 400 亿元，下降了 18％，该部分主要转移到统筹账户。

（6）新零售趋势。

医疗服务渠道多元化，线上渠道在疫情的驱动下迅速壮大，互联网医院、在线问诊 APP 等多元化服务提供平台得到快速发展。零售药店积极布局院边店、DTP 药房，新零售、全渠道也逐渐成为各大药房的战略发展重点。

2. 时代转换中的医药营销战略解析

过去药品零售连锁企业最大的竞争对手是医院药房。但目前我们已经到了"跨界打劫"的时代，也就是说干掉你的不一定是你的同行。从高济医疗、全亿健康的布局可以看出，资本大潮下各路基金公司开始对国内连锁药房进行布局，无论是想长期做大产业还是短期的资本运作套利行为，无疑对国内的医药零售格局都会产生一定的冲击。

长期以来，人们形成了"到医院就医，在医院药房取药"的思维模式，而不习惯到零售药店进行处方外配，只有在患小病时优先选择直接到零售药店购药。药品零售连锁企业作为具有先进经营模式的零售药店，可以充分发挥自身优势，采取侧翼战略，一个是目前已经有大量的零售商业开始布局 DTP（direct to patient）吸引医院的患者到连锁药店购药，以提高药品终端市场的份额，同时可以对疗效确切，没有中标的产品进行推广，在患者愿意自费的前提下，也对无法进入招标序列的药品提供一条生存之道，这就是明显的侧翼战略。

另一个侧翼战略是通过提供专业化的药学服务来吸引患者。零售药店可以聘请经验丰富的药师，为患者提供个性化的用药咨询和健康指导。通过建立患者档案，跟踪患者的用药情况，及时发现并解决用药问题，提高患者的用药依从性和满意度。此外，零售药店还可以开展健康讲座、疾病预防宣传等活动，增强与患者的互动，提升药店在社区中的影响力和信任度。

同时，药品零售连锁企业还可以利用现代信息技术，如建立在线药房平台，提供网上咨询和药品配送服务。通过线上平台，患者可以方便地查询药品信息、提交处方、进行在线支付，并享受快速的药品配送服务。这种模式不仅能够满足患者足不出户购药的需求，还能够扩大药店的服务范围，吸引更多的远程患者。

在竞争激烈的医药市场中，药品零售连锁企业通过实施侧翼战略，不仅能够提升自身的核心竞争力，还能够为患者提供更加全面和便捷的健康服务。通过这些创新的经营模式，零售药店将逐渐改变人们的就医和购药习惯，成为医疗健康领域的重要参与者。下面就连锁终端的战略布局进行一些分析，在连锁终端战略布局的过程中工业也会随终端的变化而制定自己的战略。

（1）会员私域侧翼战略。

国内的连锁药房多数都有会员体系。由于医院药房有凭处方取药的限制，而处方的药量一般仅为几天，故一些患慢性病或治疗周期长的患者出于经济考虑，趋向于到会员药房购买所需药品。这样可以有一定的折扣，让患者得到一定的实惠，不过我们看到患者人群几乎每个人手里都有一把各个药店的会员卡，所以患者人群也是跟着价格来走的，目前有一些药品零售连锁经营企业通过会员增值服务，用"会销"的手段对会员进行健康教育，同时也会对产品的特点做相应的讲解，一场会下来也会有可观的销售，但这种方式的缺点开始逐渐显现出来，一是这种宣传有的企业有夸大的嫌疑，另外就是这种方式会对药房的销售额造成不稳定，开会时销售额就高，不开会销售额马上下滑，这对企业稳定经营会有一定的影响。

（2）多元化经营侧翼战略。

药品零售连锁企业在 2015 年，有过一段大健康布局的浪潮，很多企业开始经营药品以外的物品，如食品、健康护理用品、美容化妆品、休闲娱乐用品、家庭日用小商品等，而且还开展其他业务，如深圳海王星辰连锁药店就开办了兼营彩扩业务的药店。开展多元化经营不仅可以满足消费者的多种需求，还可以找到新的营利点，维持企业的生存和发展。至于多样化经营孰对孰错，都无所谓，重点是只要企业定位好自己经营的方向，定位好自己的企业性质，都能给医药零售行业带来多样化的销售模式。工业企业在此可以根据终端进行需求供应和品类开发。

（3）地域游击战略。

我国医院一般都设在城镇，大型药品零售连锁企业的连锁门店也大多集中在城市繁华地段，而乡村尤其是偏远山区几乎没有医院，有的只有卫生站，大型药品零售连锁企业也很少涉足。中、小型药品零售连锁企业由于资金有限，一般会避开经营费用较高的城镇地区，发挥自身小巧灵活的经营优势，在农村开设连锁药店。工业可以针对此类市场进行精准布局，例如，修正药业很多年前就开始布局县域以下的市场，除了第三终端的开发还对农村药房进行了大面积的覆盖。

（4）上下一体化发展防御战略。

目前，很多大型药品零售连锁企业采取向上一体化战略。"向上"指企业的药品供应系统；向上一体化指兼并药品批发企业，使其成为自己的配送中心，缩短药品分销渠道，有效控制药品的购销成本。同时，一些大型连锁企业开始向上游工业布局，现阶段主要用来贴牌自己的产品。例如，养天和向上并购了上市公司广东嘉应制药。

连锁企业也不断地采取向下一体化战略。"向下"指企业的药品销售系统；"向下一体化"，指以收购兼并、加盟经营、特许经营的方式，将规模小的独立药店纳入自己的连锁体系，对其进行统一管理，包括药品配送、人员培训、财务控制，以提高企业连锁规模，实现品牌无形资产的迅速扩张。

（5）水平一体化战略。

企业还可以采取水平一体化战略。"水平"指同类型企业；水平一体化指以控股、合作的方式与其他具有特殊优势的药品连锁企业合并，提高市场占有率和经营利润。例如，以经营西药为主的大型药品零售连锁企业，可以与具有经营中药或保健品优势的连锁企业联手，提高市场竞争力。

（6）物流信息化管理防御战略。

物流是指商品实物的流通，包括运输、装卸、储存、保管、配送等活动，反映商品时间和空间的变换，是企业扩大销售、降低成本、取得竞争优势的关键因素。对药品零售连锁企业来说，适时适量的药品储存，可以帮企业创造批量采购的条件；及时准确的药品配送，可以帮企业维持正常的经营秩序。随着信息技术的发展，大型药品零售连锁企业可以对物流进行信息化管理。可以采用药品条形码微机管理，对药品的进购、配送、销售进行微机控制，将分店销售药品的数据自动转为供货信息，由配送中心根据分店供货信息制定配送方案，再由总部根据配送中心的药品储存情况拟订药品进货计划。物流信息化管理可以有效提高企业的经营效率和资金利用水平。

（7）品牌防御战略。

一些大型药品零售连锁企业利用规模经营优势和已有的企业声誉，将所销售的药品赋予自己特有的品牌，在药品包装上贴附具有企业标志的防伪标识，并对消费者承诺所销售药品的质量。品牌防御战略不仅有利于企业的广告宣传，可以提高企业的知名度，巩固企业的领先地位，还能够有效地增强消费者对企业的信任度和忠实度。

（8）宣传广告防御战略。

大型药品零售连锁企业可利用自身的资金优势，开展各种企业形象的宣传活动，提高企业的知名度进而提高经济效益。企业可开展各种公益活动，如各种名义的捐赠、下乡送药等，并以新闻报道的形式在广播、报纸上对活动进行宣传，企业可选择电视、电台、报纸、路牌、霓虹灯灯箱、橱窗、公交车身等各种媒体相互协调宣传企业形象。通过广告宣传可有效巩固企业的行业领先优势，提高企业的市场竞争实力。

3. 进攻战略的应用

（1）单一战线进攻战略。

工业可以配合一些经营品种具有特色的药品零售连锁企业，充分发挥自身的独特优势，在特定领域占据领地。以经营传统中药为主的老字号药店，可利用在民族药业中的优势，集中精力开拓国内、国际市场，努力提高经济效益。例如，北京同仁堂、杭州胡庆余堂在杭州商场设立中药材专柜，取得了良好宣传效果；同仁堂药房在开拓国际市场上跨出历史性的第一步，与目前在海外 140 家零售药房，80 家医疗服务中心，这对中医药文化的宣传起到了积极且有影响力的作用。

（2）薄弱环节进攻策略。

医药工业可联合药品零售连锁企业利用商业经营特点，发挥可提供多种特色服务的优势，开展医院药房不便开展的服务业务。

第一，采取线上销售方式，最大限度方便消费者，开展线上预订药品、电话购药、免费送药上门的速递服务和邮递药品业务。

第二，设立咨询服务台由执业药师为消费者提供健康咨询服务，另外，执业药师还应在门店内巡视，主动为消费者购药进行指导。

第三，设立健康管理服务中心，定期与消费者进行交流，询问用药效果。收集不良反应资料，纠正不良用药习惯，以提高消费者的忠诚度。

第四，定期开展安全用药宣传活动，分期介绍各种常见病的用药知识，并印发宣传手册。

第五，设立医药书刊阅览区，设置饮水机和按摩器等设施。

第六，实行缺货登记制度，邀请消费者任监督员，设立意见箱和投诉电话；

第七，购置一些设备，如中药电子调配柜和中药煎药机，为消费者快速准确调配中药，并免费煎药，以保证销售药品的质量，还可设立灯检箱，对针剂药品实行出店前全检，确保针剂质量。

企业在制定自己的市场营销战略过程中，要认真全面地分析企业自身和外部环境的状况，选择可行有效的营销战略。营销战略在具体实施时，应根据环境的变化，及时作出适当的调整。市场是一个没有硝烟的"战场"，企业必须时刻保持警惕，敏锐地捕捉市场动态和消费者需求的变化。在激烈的市场竞争中，企业需要不断地创新和优化自己的产品和服务，以满足消费者日益增长的期望。同时，企业还应注重品牌建设，通过有效的品牌传播策略，提升品牌知名度和美誉度，从而在消费者心中树立良好的品牌形象。

此外，企业还应重视与合作伙伴的关系建设，通过建立稳固的供应链和分销网络，确保产品能够高效地到达消费者手中。同时，企业还应关注竞争对手的动向，通过竞争情报的收集和分析，制定出有针对性的市场策略，以应对市场变化和竞争对手的挑战。

在营销战略的实施过程中，企业还应注重数据的收集和分析，利用先进的数据分析工具，对营销活动的效果进行评估和监控，以便及时调整营销策略，确保营销资源的有效利用。通过持续的优化和调整，企业可以更好地适应市场变化，实现可持续发展。

二、员工训练体系

一个企业最大的成本不是生产成本管理成本，而是"共识"成本，没有共识的管理体系将会产生巨大的内耗，因此企业的训练体系尤为重要。

员工训练体系是指企业为了提高员工的具体技能和知识水平，设计的一系列有计划、有组织、有系统的训练活动，旨在帮助员工更好地完成工作任务。以下是对员工训练体系的详细分析。

（一）员工训练体系与培训的区别

训练与培训虽然都是为了提升员工的技能和知识水平，但它们在目的、内容、形式、时间长度、成本效益和评估方式等方面存在明显的区别。

1. 目的

训练的主要目的是提高员工的技能和知识水平，使他们能够更好地完成工作任务；而培训则更注重于提高员工的整体素质和认知水平，使他们能够更好地适应工作环境并提高工作效率。

2. 内容

训练的内容更加具体和实用，通常涉及具体的技能和知识，如操作机器、使用软件或解决特定问题等；而培训的内容则更加广泛和抽象，可能包括沟通技巧、团队协作、领导力培训等。

3. 形式

训练通常以课堂教学或模拟实践的形式进行，强调知识和技能的传授；而培训则更加注重互动和体验，通常采用讲座、角色扮演、小组讨论等形式。

4. 时间长度

训练通常需要较长时间，因为需要确保员工能够掌握特定的技能和知识；而培训则可以根据员工的需要和公司的目标灵活安排时间且时间长度相对较短。

5. 成本效益

训练通常需要更多的资源和时间成本；而培训则可以通过采用多种形式和方法来提高效率、降低成本。

6. 评估方式

训练的评估通常基于员工的技能和知识水平是否得到提高，可以通过考试、操作演示等方式进行评估；而培训的评估则更加注重员工的整体素质和认知水平的提高，可以通过观察员工的表现、反馈和评估等方式进行评估。

关于员工训练体系是否比培训体系更有效，这并非一个绝对的结论。训练体系在提升员工具体技能和知识方面可能更具优势，而培训体系在提升员工整体素质和认知水平方面则可能更为有效。因此，企业应根据实际需求选择合适的训练或培训方式。

（二）如何建立企业的员工训练体系

要建立有效的企业员工训练体系，可以从以下几个方面入手。

1. 明确训练目标

根据企业的战略目标和员工的实际需求，明确训练目标，包括提高员工的职业技能、增强团队协作能力、培养企业文化认同感等。

2. 制订训练计划

根据训练目标，制订详细的训练计划，包括训练内容、训练时间、训练形式等。训练内容应贴合实际需求，避免过于理论化。

3. 选择合适的训练方式

根据训练内容和企业的实际情况，选择合适的训练方式。例如，对于操作类技能，可以采用模拟实践的方式进行训练；对于沟通协作类技能，则可以采用角色扮演或小组讨论的方式进行训练。

4. 设计训练课程

课程设计要注重实用性，结合企业业务和员工需求，设计出有趣、实用的课程。同时，要关注课程的更新，保持训练内容的前瞻性。

5. 实施训练并评估效果

按照训练计划实施训练，并通过问卷调查、考试、面谈等多种方式对训练效果进行评估。根据评估结果，及时调整和改进训练内容和方式。

6. 建立激励机制

为了激发员工参与训练的积极性，可以建立相应的激励机制，如设立训练奖励、晋升机会等。

三、文化传播体系

文化传播体系是公司核心的价值体系，它也是企业隐性价值的一部分。是随着企业成长并逐渐沉淀下来的一种产物。会变成潜在的、约定俗成的规则存在于企业当中，它与企业的老板文化有着密切的关系。企业运营中最高级的管理就是文化管理，它虽然无形，但也会在工作的各个环节中体现得很具体，文化经营是经营人的精神世界，管理者实际管理的是一种状态，这种状态是无形的，但它能决定队伍是否有战斗力，这从行业内很多销售团队中已经体现得淋漓尽致。文化传播分为积极的文化传播和消极的文化传播，这两种传播犹如磁场的两极，都有着巨大的引力，往往在企业中很容易失衡，那么，如何让积极的文化传播能成为主流，这要从认同感和价值观上找到突破口，一个企业不能只有企业梦想，如果员工和企业做的梦不一样那么企业如何实现梦想呢？因此，只有将企业梦想转化成每位员工的梦想，当员工实现梦想的时候企业才会腾飞，这是企业文化经营的核心。前文详细论述过，在此不再赘述。

第三节　四个板块确保功能健全

所谓的四个板块就是"市场管理板块、业务督导板块、服务支持板块、销售管理板块"。在营销管理中这四个板块是系统管理中经常拿来使用的工具。在营销管理过程中，这四个板块的功能是构成营销管理的核心功能，在这个功能群当中如何来搭建组合结构和模式体系，需要根据企业自身的情况，还有产品类别的特点来设计。笔者在提出"系统营销管理法"的同时，也多次强调所有应对营销的战略战术和方法都要活学活用。市场瞬息万变，因此我们的营销设计亦要与时俱进。

一、市场管理板块

一个公司在营销体系中必须有一个市场管理板块，这个板块中包括产品推广、学术支持、促销策划、品类研究、产品战略等多个方面，很显然，企业如果有一个强大的市场管理板块，就会有强大的营销支持。完善的板块应该分成几个部分，有集团层面的，也应该有基础市场层面的，因此这个板块是指导营销战略发展，品牌规划以及产品发展和品牌传播的重要板块。这个板块在公司里往往是以"市场部、市场营销部"等这样的部门来实现的。

市场部到底是个什么样的部门？在公司处于一个什么样的地位？一直以来都是营销人所争论的话题。无论是处方药企业还是OTC为主的经营企业，市场部的功能是必不可少的，在企业发展的初期，销售无疑是公司赖以生存的最核心的部门，而市场部服务于销售正是大多数企业在发展初期时对市场部的定位，此时，市场部的作用并不明显。但是，当企业发展到一定程度的时候，市场部在策略引导方面的作用就开始有了很明显地体现。特别是对于想致力于做品牌的企业来讲，市场部提供正确的策略，能够有效地提升品牌的知名度、美誉度和忠诚度，使企业的品牌无形价值得到提高，并且做得越好，品牌溢价越高。

在一些外企，Marketing 一直是一个非常重要的部门，也就是国内所说的市场部。市场部是企业销售的战略制定部门，无论是从产品的投放思路、还是学术的开发路径，都需要市场部来进行布局。在国内，许多企业的市场部工作职责不够明确。有些企业认为市场部就是策划部，或者有的OTC 企业干脆就用广告部来代替；这种理解都是错误的。

（一）市场调研

市场部中最重要的一项工作就是市场调研，销售的开端核心点是患者需求调查，因此市场调研显得尤为重要。其中分为两种。

1. 消费者需求调查

可通过自行组织、论坛活动或媒体进行一些消费者的需求调查。消费者需要什么样的产品，我们就做什么样的产品，并制定相应的营销策略。

2. 渠道需求调查

定期制作渠道客户调查问卷，了解渠道上什么样的产品销量好，什么样的渠道政策比较吸引人，什么样的渠道活动能够帮助销量增长。对渠道，做到有的放矢。

（二）市场策略

除了市场调研，OTC 产品为主的企业还需要企业做好以下几点策略。

1. 媒体策略

公司的产品好在哪儿，与其他企业产品不同的地方又在哪儿，这个需要得到媒体的认同。媒体也认为你的产品好，和别人不太一样的时候，他们才好给你做出合适的内容，并且在报道时有一个倾向性。当所有媒体都觉得你的产品好，并都知道你的不同在哪里，那么媒体的内容才能产生一致性，否则有的媒体这样写，有的媒体那样写，你到底是什么特点，消费者哪里记得住。除了与媒体保持良好关系以外，媒体对公司品牌和产品认知的一致性，是需要市场部来做公关的。

2. 产品策略

是指企业制定经营战略时，首先要明确企业能提供什么样的产品和服务去满足消费者的要求，也就是要解决产品策略问题。从一定意义上讲，企业成功与发展的关键在于产品满足消费者的需求的程度以及产品策略正确与否。

3. 渠道策略

渠道策略是整个营销系统的重要组成部分，是规划中的重中之重。它对降低企业成本和提高企业竞争力具有重要意义。包括渠道的拓展方向、分销网络建设和管理、区域市场的管理、营销渠道自控力和辐射力的要求。

二、业务督导板块

业务督导板块中主要是在营销总部或营销公司以下分支或地区的组织建立，这个层面的组织建立合理与否是非常重要的，直接决定了业务开发过程中的高效或低效，能否为企业既定的商业模式服务是业务板块的重要课题，在此板块中我们一定要分清，谁来监督，谁来指导，有时候监督和指导是并行的，因此我们把督导合为一体来进行讨论，要求这个板块中的管理者（中层管理者）必须具有承上启下的能力，中层管理者不但清楚自己想要什么，还要知道员工想的是什么，如何达成业绩是这个板块管理者的使命。

完善的督导体系包括：督导标准的科学设定，主要指督导内容以及执行标准；督导方式的有效设置，如日常监督、不定时监督等；督导工具的设计，如科学的督导表单工具等；以及督导改进循环体系设计等。这些都必须成为手册化、制度化的工具体系，从而被有效实施。

督导制度在医药连锁企业中比较普遍，一般是以门店运营部门来代替，督导的工作性质决定了其在连锁体系中的重要地位。连锁体系运营系统确立了专卖店的操作标准与流程；训练系统使得运营系统的标准与流程得以复制；督导系统则是运营系统标准复制的保证；三大系统相辅相成、相互促进，任何一环的破坏都将影响到整个连锁体系的成功建设。

医药工业体系的督导体系，一般是通过市场监察和审计或者营销管理等来实现的，还有一些较大的公司没有相关的部门。笔者 2018 年在河南仲景皖西制药时就新设立了市场监察部门，后期对桂林三金药业也同样设立了市场监督部门。此部门一般由懂业务的骨干力量加上若干市场专员组成，原则上他们巡查市场的时候是不能主动和当地的业务接触的，他们的主要工作是：市场价格监督、市场调研、市场秩序调研、活动执行调查等。

在这项工作中督导人员的选用非常重要，督导人员的资格条件包括以下四点。

第一，有基层工作经验。督导人员大多从基层做起，这样才能深入了解销售的运作环节，做好督导工作。

第二，有丰富的专业知识。督导人员面对的是来自各方的问题，必须有丰富的专业知识，如营销技巧知识、谈判知识、产品药理药性知识等。

第三，需要有良好的沟通能力。督导人员的一项重要工作是扮演"桥梁"的角色，因此运用良好的沟通技巧、在工作中建立起良好的人际关系并获得信任是十分重要的，好的督导员，必须具有良好的亲和力，能够和客户打成一片，对于不同类型的客户，可以灵活采取沟通策略，教导他们按照规范的动作执行。

第四，有强烈的责任感。督导人员工作效果的好坏不仅取决于其工作能力，还与其工作责任心紧密相关，缺乏责任心的督导人员，很难胜任这项工作。

三、服务支持板块

医药行业相对于其他行业还是比较封闭和传统的，由于终端竞争的日益激烈，所以我们提倡企业要尽快地导入"服务营销"理念。如何提升服务质量呢？我认为可从如下几方面入手：服务从细节出发，突出细节作用。任何一个高效率高品质的企业都在于其杰出的团队力量，而团队力量则是建立在每个人、每一个部门的"细节服务意识"上，因此必须着手抓细节。只有持续提升自己的服务质量，才能够始终满足顾客的需求。"勿以善小而不为"，改善服务中的每一个细节，把它们当作大事来切实落实；"勿以恶小而为之"，损害形象的每一个细节，都不能当作小事置之不理。提升服务质量要从点滴做起，要让每一点改善都带给顾客更大的方便与满意，因为这才是服务的生命源泉所在。

"服务营销"中的服务力就是营销力，笔者曾建议，企业管理升级过程中也要进行员工升级，让普通的市场销售人员，逐步转变成市场服务人员。所以在对员工进行专业技能培训的同时，更应该注重个人素质方面的培训。对每一位员工进行"职业道德、礼仪礼貌"等培训，培养员工与顾客沟通、协作的能力。让每一名员工注重与顾客建立良好的关系，在日常工作中积极热情地为客户服务。对一些不太了解、提出抱怨甚至反感的客户，要主动上门与其沟通、交流。我们会将市场上存在的问题视为改正和提高的机会，使客户最终理解、认同，并真正体会到"以人为本，客户至上"的服务宗旨。那么员工升级方法具体如下。

（1）加快企业人才的培养，形成具有专业化服务水平的专业技术力量。应通过统一的培训、定期考核、评比等手段，提高自身员工的素质。随着员工素质的提高，管理手段的加强，管理水平的提高，服务质量也会随之相应提高。

（2）继续加强企业内部机制，增强员工市场竞争意识。企业不断改革的主要目的就是不断完善企业的运行机制，要在提高服务水平方面下功夫，首先要加强员工的业务素质的考核，做到奖罚分明；积极实施竞争上岗，符合服务要求的人员继续聘用、不符合服务要求的人员严格实施解聘；加强人才的选取聘用，将专业岗位工作在社会上实施专业选聘，保证社会先进管理专业技术在企业中能够得到运用。通过企业内部机制的建立与健全，增强员工的市场竞争意识，有利于调动员工的工作积极性。只有极大发挥了员工的主观能动性，才能使服务更上一个台阶。

做好客户投诉接待与处理，把客户投诉视为宝贵资源。客户的投诉恰好是送给我们最好的礼物，为何不坦诚面对？对我们来说，只有认真分析客户的意见，虚心接受批评，积极解决问题，切实提高服务水平，才能形成更强的竞争力和更好的品牌效应。以积极的姿态正视客户的各种投诉，不断反省自我，把客户投诉当宝贵的资源，才可以及时发现管理与服务中的不足，尽可能地去改进服务，促进管理服务质量的不断创新与提高。总之，一个企业的形象是由基层员工勾画出来的，因为客户平时接触的只有基础员工，一个员工的服务水准也会影响到企业的经营水平和形象。

四、销售管理板块

销售管理板块中主要是公司中高层的组织模型设计，管理板块是为企业战略服务的最高战术落地保障部门，让销售管理板块中的管理者能成为公司的命运共同体，让业务执行板块中的管理人员成为公司的利益共同体，这是能让公司稳步向前发展的有力保证。那么在营销管理中还有一个幕后的工作版块，就是服务支持版块，它包括数据采集和数据分析为主的数据中心、销售行政、销售财务、销售人力资源等服务和支持板块。这四个板块完善后再根据企业发展阶段和销售的具体情况将在以下章节叙述的"五个系统"逐一成型，由此形成了系统管理的主题思路。那么在搭建以下系统时我们需要遵守以市场为依据，匹配功能；以组织为根本，匹配服务；以管理为核心，匹配系统的原则进行分步实施，不能一味贪大求全，忽略了公司实际的运行情况。"在系统管理法中"，我们的工作是价值链的重新搭建，在遵守市场规律的前提下稳步提升企业的业绩，让企业进入一个全新的良性循环，"系统管理法"对于一些企业来讲无疑是一种改革，任何一个企业都希望在改革中不影响销售，"系统管理法"中最主要的一个原则就是"遵守市场规律"，那么企业需要在恶性冲击扩销量和良性长远扩增长的方向上作出选择，同时"系统管理法中"会建立蓄水池功能，用来稳定业绩增长和对冲改革带来的波动，因此"系统管理法"只能活学活用才会给企业带来持续的高增长。

第四节　五个系统健全流程及制度

前面章节讲述了企业的"两个规则"和"四个板块"，在此章节我们着重讲"五个系统"的建立。可以看出，"系统管理法"是从宏观市场定战略，微观市场做调研从而将企业根据市场变化的情况进行企业营销管理布局的一个思维模式，从规则到板块再到系统是一个逐步细化的逻辑。

一、财务管理系统

财务管理的对象是企业的资金运动及其体现的经济关系。企业财务管理是紧密结合资金运动过程进行的，我们以独立的营销公司（医药商业公司）的资金运动，包括资金的筹集、运用和分配等活动为参照，对医药商业的资金运行和财务管理进行解析。

（一）资金的筹集

企业通过各种渠道取得资金，以满足商品经营的需要，这是资金运动的起点。医药企业的资金来源主要是股东出资、银行贷款、内部积累，发行股票、债券、融资租赁等形式。也可以在企业内部面向职工筹集。上述筹资方式，体现着不同的经济关系，如所有权关系、债权关系。企业应权衡其经济性质和相应的经济利益加以选择利用。

（二）资金的运用

医药企业从不同渠道取得的资金，伴随着商品流通过程，不断地进行资金循环和资金周转。商业企业资金，按其在商品流通中的作用和变化特点，可分为固定资金和流动资金。固定资金是固定资产的货币表现。固定资产的价值，根据其磨损程度，通过分期摊销计提折旧费的方法，逐步转移到流通费中去，成为商品价格的组成部分，从而得到补偿。流动资金是流动资产的货币表现。商业流动资金的运动过程，依次经过两个阶段：在商品购进阶段，由货币资金形态转化为商品资金形态；在商品销售阶段，由商品资金形态转化为货币资金形态。二者互相交替，周而复始地不断循环，形成了流动资金周转。

（三）资金的分配

医药商业的资金分配，是指销售收入的分配。企业的销售收入，缴纳销售税金后，一部分用来重新采购商品、支付工资和其他流通费用，保证商品流通的继续进行。一部分用以补偿固定资产的损耗，形成更新改造基金，保证固定资产的重置。其余部分为企业的利润，经过税前调整、缴纳所得税，上缴利润和税后利润分配，正确处理国家、企业和员工三者利益的关系。

（四）医药企业财务管理的内容

医药企业财务管理的内容是由企业资金运动的内容所决定的，其基本内容如下。

1. 资金管理

包括资金筹集和运用的管理。主要有资金筹集管理、流动资金管理、固定资金管理和专项资金管理。通过资金管理，合理筹措使用资金，提高资金利用效果。

2. 费用管理

包括药品的营销和其他费用开支的管理。费用和开支是企业日常各项运营的耗费。通过费用管理，既要保证市场营销的需要，又要节约费用支出，降低成本，提高企业经济效益。

3. 利润管理

包括税金和利润的管理。企业正确计算销售收入和利润，依法纳税，按规定合理分配利润及税后留利。尤其金税系统的实施，更是对企业财税处理能力提出了更高的要求。财务管理的特点是涉及面广、综合性强、灵敏度高，是围绕企业资金运动所进行的一切管理工作的总和。近几年，国家对医疗反腐的重拳出击，让很多做医疗渠道为主的违规企业付出了巨大代价。

二、数据管理系统

随着医药行业的营销发展，AI 大数据和先进科学技术的突飞猛进，数据管理越来越凸显它的重要性。笔者在这里所叙述的数据管理，主要是在营销当中的市场数据分析系统和流向管理系统为主。

（一）流向管理系统

医药行业的药品流向管理历来都是一项复杂、烦琐、重复性强的工作。对于一家制药企业，少则合作几十家商业公司，多则合作几百甚至上千家商业公司，同时直接或间接要合作数万家的终端客户。因此，药品流向数据对药企至关重要，数据也是掌握药品实际销量的重要手段，甚至是唯一手段。所以，要在每个月去收集药品的真实流向，是非常烦琐的一项工作。

目前，有很多管理系统根据药企的需求应运而生，有直连数据抓取系统、云平台码上放心系统、药监码系统等，不过随着国家医药流通相关政策的完善，药监码系统会逐步过渡企业产品追溯系统来转变，这样国内的企业就不必再为药品的真实流向烦恼了。

按照传统的药品流向管理模式，每个月将收集几百家甚至几千家的商业公司药品流向，再将收集到的药品流向数据进行格式整理、数据筛选、数据清洗等工作。整理好数据后再生成销售需要的分析报表，可想而知，这个工作量是巨大的，并且是容易出错的工作。因此，企业需要有相关的数据中心作为支持，需要利用人工或软件工具对繁杂的数据进行处理。

（二）临床数据分析系统

市场数据分析系统包括了临床数据分析和营销数据分析，随着国家积极倡导数据体系建设，我国医疗领域信息化程度得到了很大的提高，预计在全国会出现上百个医疗数据中心，每个数据中心都将承载近 1 000 万人口的医疗数据，数量多、更新快且类型繁杂，使医院数据库的信息容量不断膨胀，这就产生了医疗大数据。医疗大数据通常具有以下特征。

（1）数据巨量化：区域医疗数据通常是来自拥有上百万人口和上百家医疗机构的区域，并且数据呈持续增长的趋势。依照医疗行业的相关规定，患者的数据至少需要保留 50 年。

（2）服务实时性：医疗信息服务中会存在大量在线或实时数据分析处理的需求。例如，临床中的诊断和用药建议、健康指标预警等。

（3）存储形式多样化：医疗数据的存储形式多种多样，如各种结构化数据表、非（半）结构化文本文档、医疗影像等。

（4）高价值性：医疗数据对国家乃至全球的疾病防控、新药研发和顽疾攻克都有着巨大的作用。

因此，如何在海量的医疗大数据中提取信息的能力正快速成为战略性发展的方向，通过大数据分析挖掘出有价值的信息，对疾病的管理、控制和医疗研究都有着非常高的价值，不过还要关注国内针对患者隐私信息出台的法规政策。

（三）营销数据分析系统

目前，营销数据分析系统紧紧围绕着大数据分析展开。大数据分析从海量数据中筛选出有用的信息，然后通过各种手段将信息转化为可视化的报表，从而作出正确决策，并最终推动业务发展。通过一系列分析处理，大数据可以帮助企业制定明智并切实可行的战略，获取前所未有的客户洞察，支持客户购买行为，构建新的业务模式，进而赢得竞争优势。

我国很多传统的医药企业的营销管理系统建设相对偏弱，目前也是逐步升级阶段。这个阶段会伴随着企业数据化改造和线上电商的快速发展而来，企业要提高竞争力、实现创新发展，开展医药数字化营销、业务转型是必走之路。而主数据是影响整个营销管理系统的核心和基石，想要建立扎实的系统平台，就必须依靠规范的主数据管理系统，其价值的高低是衡量医药企业的综合实力的指标，所以企业迫切需要完整、可靠、稳定的主数据管理体系。

目前，很多医药企业引入了 SCM、ERP、CRM、SAP 等数据、信息管理系统。但是这些系统各自独立，系统分割、数据散乱的问题仍然存在，到目前为止数据化管理问题仍然是很多企业亟待解决的。医药企业的数据化有其特殊性，除了经销商和产品数据外，医院、医生、药店、店员还没有形成完整的数据链，系统的搭建还在初级阶段，很多数据公司也开始纷纷布局医药产业的数据管理业务，医药企业应该积极研究并合理利用好相关的数据管理工具，使营销管理工作能有更精准地分析和资源投放。

三、商务分销系统

医药行业本身是一个比较特殊的行业，虽然医药分销也随着市场发展而逐步发展起来，但是在发展过程中，医药分销管理系统尚有很多不足需要完善。在医药行业，商务分销体系管理着货物流向和销售网络搭建，但整体来看还存在着一些问题。

（一）区域发展不平衡

配送中心的优越性在于它达到一定规模和一定水平，从而形成规模经济以后才能充分发挥出来。然而因受到医药行业的限制、地域分割和资金实力等因素的影响，一些区域性的商业公司还存在着网点布局分散、规模小、效率差的问题。目前，全国商业体系有集中的趋势，尤其华润系、九州通系、国控系等，已经有非常大的规模，但即便如此，这些大型企业仍面临着激烈的市场竞争和不断变化的客户需求。为了保持竞争优势，它们必须不断优化自身的物流配送体系，提高配送效率和降低成本。因此，建立现代化的配送中心已成为这些企业的重要战略举措。

现代化配送中心的建设不仅需要先进的技术设备，还需要科学的管理方法和高素质的人才队伍。通过引入自动化分拣系统、智能仓储管理系统和实时物流跟踪技术，配送中心能够实现快速准确的订单处理和货物配送。同时，通过数据分析和预测模型，企业能够更好地预测市场需求，合理安排库存和运输资源，从而进一步降低运营成本。

此外，随着电子商务的迅猛发展，医药行业的配送模式也在发生着深刻的变化。越来越多的消费者选择在线购买药品，这对配送中心提出了更高的要求。为了满足这一需求，企业需要建立更加灵活和高效的配送网络，确保药品能够安全、快速地送达消费者手中。

（二）数据化程度低

从现有情况反映，医疗行业的物流管理系统已经有了较大发展，当然比照专业的物流配送企业来讲，医药数据化仍亟待提高，随着大数据普遍应用和数据化建设的普及性加强，数据化物流管控系统日趋完善。例如，顺丰物流、京东健康等数据化物流发展非常迅猛。现代数据化物流与传统物流的最本质区别就是现代信息技术的应用，因此现代物流离不开大数据网络技术和 AI 技术的支撑，要具有系统化、信息化、自动化、网络化、智能化、标准化、社会化的几个基本特征。中国的医药物流尚没有实现工业整体链条的商业供应链管理体系，简言之，还未形成从产品出库到经销商、分销商、再到消费者的一整套数据管理体系。近年来，大数据技术在物流领域开始应用和发展。但由于历史的以及现代发展的种种原因，比如物流不被重视、从业人员素质较低、对信息化的意识不强等，我国物流的总体信息化程度还偏低，全国范围内尚未构成有机协调跨公司之间的物流网络体系。因此，应用数据挖掘对现代医药物流管理决策进行研究具有非常重要的意义。

（三）配送中心的功能不健全

配送中心是集诸多流通功能于一体的现代化流通中心，尤其强调各功能的协调和一体化。其基本功能远远超出了仓储和运输的范围，如购销功能、储存保管功能、运输配送功能、装卸搬运功能、流通加工功能、包装功能、信息处理与信息反馈功能。为了实现这些功能的高效运作，配送中心通常采用先进的信息技术和自动化设备。例如，使用条形码和 RFID 技术进行货物追踪，确保物流信息的实时更新和准确性。同时，自动化立体仓库和自动分拣系统大大提高了货物处理的速度和准确性，减少了人工成本和错误率。

此外，配送中心还注重与供应链上下游企业的紧密合作，通过建立战略伙伴关系，实现资源共享和信息互通。这种合作模式不仅能够提高整个供应链的反应速度、降低库存成本、提升客户满意度，更能加速提高资金周转率。配送中心还通过数据分析和市场研究，不断优化配送路线和库存管理策略，以适应不断变化的市场需求。

四、市场督导系统

在确定了营销政策之后，最主要的是能够有效落地，快速执行，所以在这个过程中督导体系显得尤为重要，我们从字面上来了解，督导就是"监督和指导"，那么谁来监督谁来指导呢？这要根据公司的实际情况来进行设计。一般来说，营销总经理是监督整个业务体系的最后一环，但是指导往往是从基层的销售经理开始，同时，培训部和市场部也会起到相应的辅助工作。

（一）市场督导管理的意义

企业的市场制胜法宝，就是"终端为王"的营销策略，而市场督导管理工作在整个营销工作中是非常重要和必不可少的，有些企业为了节省费用开支，根本不建立督导制度，显然极不明智；而建立了督导管理制度的许多企业，又未有效利用，经常将此制度闲置一角，当某市场出现问题时，便连忙派人奔赴现场临时督导管理一下，而没有把督导管理工作转变为制度，有计划有步骤地开展工作。此种有事即督、没事即停的现象，在一些大型企业中也存在。这很明显是没搞清楚督导管理工作的重要意义，没有把督导管理工作转变为制度。

市场的推进是分阶段和分步骤进行的，市场督导管理者不同阶段要及时和准确地对该阶段市场状况有一个正确判断，为督导管理工作的下一步提供参考依据。企业推向市场的是产品，办公室里看到的数字只是销量，业务员要的是销量，促销员要的也是销量，单纯的数字难以真正反映问题。要挖掘数字背后的东西，正确的判断来自准确的市场资料分析，而由销售人员提供的市场资料准确性的修正和判断，则来自市场督导管理者从市场上为企业提供的第一手资料。因此，督导的意义在现代经营的营销管理中深远且非常重要。

（二）市场督导管理的作用

市场督导管理工作，是对业务代表拜访终端产品销售店结果的检查，是协助业务代表发现问题、解决问题的有力补充。市场督导管理者配合业务员共同对产品销售店主要负责人和决策人进行协同拜访。

市场督导管理同时又是对终端产品销售店运作情况的检查，包括硬终端与软终端检查。硬终端检查主要指产品检查与宣传品检查；软终端检查包括进门观察、营业员导向测试、产品知识测试、宣传资料检查、营业员随机询问与促销巡查等。督导管理者在督导管理工作中要把握收集信息和展开帮促两个主要的环节。

1. 收集信息

所谓收集信息，主要是收集主要竞争对手，或者一些大型企业在当地所覆盖的药店终端或卖场；了解同类产品特点及其竞争优势；了解最畅销同类产品的畅销原因；了解本企业产品经销商、分销商的覆盖能力及覆盖销售店的销售数据；了解行业人士对终端销售店的评价和口碑，了解行业内的相关统计资料；了解终端销售店的实地情况，包括面积、营业员人数、地理位置、消费者人流量估算、周围社区状况及消费水平等。企业要不断强化市场的督导管理制度，及时获取真实、丰富的第一手市场信息。

2. 展开帮促

一家企业会有不同的产品，并且不断推出新产品，而促销员很难同时接受企业的产品培训，加上促销员的岗位流动性较大，这就需要市场督导管理者合理安排、特别指导，帮助促销员更好地推广产品。在人手紧张的时候，市场督导管理者有时甚至需要顶替促销员上岗。

运用好市场督导管理制度的企业，必定能增强服务营销的质量，提高产品竞争力和附加价值，在终端获得市场。市场督导管理对企业形象、品牌形象具有强力的塑造作用，能给企业和产品带来不可估量的效应，真正赢得消费者的长线效应。

（三）市场督导管理者的主要工作职责

市场督导管理是针对市场终端进行的监督和辅导的行为。作为一项综合性强、专业性高的工作，市场督导管理在激烈的营销战役中扮演着极为重要的角色，这也意味着对市场督导管理者自身素质的要求越来越高。

1. 市场督导管理者的作用

督导管理者处于一种承上启下的地位。对于员工而言，市场督导管理者代表着管理方、权力、指令、纪律、休假、收入和晋升。对区域负责人或上级而言，市场督导管理者是他们与员工和具体工作之间的纽带，市场督导管理代表着生产力、成本、人工效率、质量管理、客户服务，同时又代表着员工的需要和要求。对顾客而言、市场督导管理者甚至代表着企业。

2. 市场督导管理者的义务

市场督导管理者对各个地区市场、客户和员工承担着重要的任务。

（1）对地区管理的义务。市场督导管理者对地区管理的义务，主要是做好分内工作，这关系到企业重用市场督导管理者的原因；市场督导管理者有义务高效完成企业授权的工作；由于与员工和客户的日常接触比较频繁，市场督导管理者还有义务把员工、客户的要求及时汇报给企业。

（2）对客户的义务。市场督导管理者对客户的义务主要有：新品市场投放的情况，新品在市场上导入的问题分析等。

（3）对员工的义务。市场督导管理者应为员工营造一种自己被接纳、被认同，能够坦诚相对，具有公平性、归属感的开诚布公的工作氛围。那种强硬高压的管理法已经难起作用，所以，营造一种能使员工心甘情愿为督导管理者付出的工作氛围，不仅是督导管理者对员工的义务，也是自身工作的需要。

3. 督导管理者的岗位职责

（1）市场督导管理者的岗位职责主要有：确保销售按时地完成工作计

划；确保渠道、终端的促销活动等工作顺利进行；对公司的市场营销政策执行情况负责；对市场调研内容准确性负责；对活动可行性负责；对所掌握的销售数据的安全负责；对销售任务、培训结果、终端陈列状况负责。

（2）市场督导管理者的主要工作有：负责督导区域内所有员工的培训、工作考核、薪资考核，以及招聘、上岗、晋升、调职、辞退等人事管理；负责区域内新品上市的前期准备和促销等相关工作的落地；参与负责区域内周、月、季、年营销例会，填写督导报告；监督店铺促销活动的执行及促销结果的反馈工作；确保区域内递交的各项报表的准确性；监督指导商务、OTC 代表的销售动作，监督企业各项政策在零售终端和专柜店的执行情况；完成上级交给的各项调查任务；根据市场状况，提供科学有效的促销方案；协助招商产品调查市场编写调查报告；协助招商人员调查属地代理商背景资料；协助代理商进行公司政策解读。

五、终端动销系统

终端动销系统也是前面所讲的市场管理体系的一部分，我们经常强调"决胜在终端"。零售药房往往是非处方药销售的"战场"，那么在终端如何做促销，什么样的动销最有效，则取决于企业在终端促销的设计能力和执行能力。

（一）终端卖场动销的形式

在目前医药营销行业中，卖场促销是一种被广为应用的、综合性较强的动销方式。为什么众多非处方药品的生产商、经销商对终端卖场促销如此热衷和青睐呢？尝到其甜头的厂商都有相同的感受。

首先，终端卖场促销是一种现场感染力极强的促销方式。因为其一系列活动都是在终端卖场里进行，而终端卖场恰恰又是众多药品集中销售的场所，在这种场所开展的活动，使人很自然地联想到药品的买与卖；加之其他药品在现场销售中所营造的氛围，必定会感染消费者，使其容易产生冲动性的购买行为。

其次，终端卖场促销将药品的卖点和消费者的需求准确对应，使消费者的购买具有指导意义。通过产品专员对药品功效、特点、用法用量等相关知识的宣传讲解，以及坐堂医生针对消费者病情病理咨询所作出的解答，很快会让消费者知道商家"要卖的"是否正是他"要买的"。这种现场指导，能迅速地缔结双方的买卖供求关系。

最后，药店终端动销通过宣传产品、凝聚人气，增加了药店对该药品的销售信心。药品销售企业在药店或卖场做促销活动，实际是在做一个帮药房引流和增量的工作，药店看到药企出人力、财力、物力来推动自己经营的药品的销售，其何乐而不为？自然会将其列入主推产品当中，如果还能提供一部分终端奖励让营业员重点推介则更会锦上添花。

非处方药品在终端卖场里的促销形式较多，大体可归纳为以下几种。

1. 服务促销

在活动期间，聘请有执业许可证的医师人员，在店堂内进行坐堂义诊，让进店的目标消费者在药店里不花钱挂号同样可以和在医院一样得到医生的会诊，通过医生对患者的病情诊断、咨询解答，让患者在明确自身病症的情况下，结合医生的指导，再去选购对症的药品。通过这种服务，一方面可以使患者做到"安全、对症用药"另一方面可以降低患者的治病用药成本，此举无疑会深受广大消费者欢迎。

2. 卖点促销

产品专员以发放宣传单或现场讲解的方式，介绍药品卖点（有的是剂型，有的是功效，有的是成分，有的是价格）以药品独特的卖点来吸引消费者。消费者获取了相关信息后，必然将该药品与同类产品进行综合比较，如果某药品确有优势，消费者自然会毫不犹豫地选择购买。

3. 利诱促销

利诱促销是指在消费者能以正常的价格获得药品的使用价值时，又"额外地"赠送另一种相关的使用价值，让其感觉到此时购买这种药品"物超所值"。这种促销形式具体包括以下几种。

（1）配发赠品。赠品是产品的变身（很多赠品是在产品上加印"赠品"字样而成的），它变相地让消费者不用花钱获取了产品。

（2）派送礼品。礼品是和出售的药品有着不同的、但相关的使用价值物品，比如促销减肥类药品时，派送体重秤作为礼品。这种形式对居家旅行日常必备药品的促销较为适合，因为消费者购买此类药品时，常有很大程度的备用性质，不是因为急于治病才买药，可以迟买，也可以早买，受时间限制程度较小。

（二）终端卖场促销的流程及细节

要想成功地开展一次卖场促销活动，其流程的设计和细节的安排是最为关键的。因为它涉及目标药店的筛选、人员的安排、卖场的布置、活动的实施及活动后的跟踪访问等一系列具体而细致的工作。

1. 确定目标药店

首先，筛选符合下列条件的目标药店。

（1）地理位置好，交通方便。

（2）人流量多，有较多的销售机会。

（3）店堂的综合销售情况较佳，在当地有较好信誉和较强的影响力。

随之，需与店堂负责人协商，说服他提供场地、促销工具，制定出促销活动期间药品的优惠零售价，并储备足够的药品，以防在活动期间卖断货。总之是要全方位地赢得药店的支持和配合。

2. 挑选、训练促销人员

促销人员挑选至关重要，他们是促销活动成功与否的关键。比如说，坐堂医生必须是相关领域的专家或是在这一领域有较深的造诣；同时，应有良好的医风医德，不至于误导患者；而产品专员则要求交际沟通能力强，口齿清晰，表达流利，并且能应对突发事件。在正式的活动开展之前，明确每个参与者的分工，做好活动前模拟演练，以不变应万变；同时强调团队协作精神，做到每一个流程的每个细节上的人员安排无重叠、无空白和漏洞。促销人员最好统一着装，这样，一方面显示正规，另一方面可以增加活动的可信度。

3. 明确活动时段、促销形式以及目标销量

（1）活动时段：明确促销活动具体起止时间，包括促销天数和每天的

起止时段。时段选择一般确定在人流高峰期和药品的销售旺季为佳。促销形式：依据药品的具体情况确定以哪种形式为主，哪种形式为辅，或是几种形式的综合运用。

（2）目标销量：最好将目标销量平均细分到每一天。当天如未能达到预定目标，则应及时总结不足之处，并调整促销方案。

4. 促销卖场的布置

（1）拉挂条幅，突出本次活动的主题。其格式通常是"生产厂家＋药名＋店名＋活动方式＋活动时段"。条幅悬挂必须抢眼，字体必须醒目易认。

（2）放置充足的关于药品卖点宣传的宣传标牌及精美印刷资料，以备消费者查阅或带走。

（3）摆放样品，做好生动化陈列，将药品直观、生动地展现在消费者面前。

5. 促销活动的实施

在此阶段主要是几方人员需紧密配合，分工协作：坐堂医生和产品专员等促销人员负责对患者进行病情诊断以及产品知识和病理知识的讲解；店堂对应柜台的营业员负责对消费者进行推荐性的售卖；其他人员负责发药、收款、赠品或礼品领取的线路指导。确保促销活动紧张而有序地进行。

6. 填写档案表

在患者离开药店之前，应说服其填写基本信息档案表，记录下患者姓名、联系方式、通信地址、用药前的病症、本次购药数量，以便在患者用药完毕之前适时跟踪访问建立客户档案。这里应注意的是，访问次数不宜过于频繁，用药周期长的，不应超过 3 次，一般以不超过 2 次为宜。否则，容易引起消费者的反感，同时也可以提供健康微信群扫码或健康公众号扫码等工作。

（三）绕开卖场促销的"雷区"

在促销活动的安排和实施时，往往会因决策或执行过程中的"百密一疏"，不仅没有真正达到"促进销售"的目的，反而"劳民伤财"成了一笔亏本生意。促销活动过程中常见的"百密一疏"有以下几点。

1. 为"人气"而战，没有明确销量增长目标

不管以什么形式开展促销活动，其最终目标是要能促进药品的销量，也就是向促销要销量。通过促销"抢眼球""赚人气"不是我们的最终目的，花了钱只能赚到吆喝的赔本活动最好不做也罢。

2. 宣称医生和药品"包治百病"，没有明确的卖点诉求

聘请医生和宣传药品时，没有对其进行准确的定位，没有将医生的专长、药品的功效和目标消费者的需求三者有机结合起来，造成患者咨询的不是医生的专长，医生无法精确地解答；消费者患的是其他方面的病症，为了卖出药品送出礼物却牵强附会地宣称"这种药品正好对其有着明确的疗效"。本想通过宣传"包治百病"来争取更多的购买机会，相反因诉求模糊，让消费者感到无所适从，却又白白错过了许多销售机会。更有甚者，有的厂商为突出其药品的卖点，竟恶意诽谤、贬低竞争对手的同类产品。

3. 赠品多于药品，礼品贵于药品，主次不分，喧宾夺主

促销过程中的"利诱"是有限度的，超过限度地一味刺激，效果将适得其反。倘若发放的赠品数量比患者购买药品的数量还多，那么患者以后可能永远也不会购买这种药物了，为什么？因为他已用数量众多的赠品治愈了自己的病。倘若派送的礼品价值比药品的价值还要贵重，那么，消费者将不知你究竟在销售什么，说不定还会把药品当成礼品的"添头"，记住了礼品而忘却了药品，效果适得其反，促和销脱节，想买买不到，痛失销售机会。

促销活动过程中最让人尴尬的是，当促销人员费尽千方百计、磨破嘴皮说服消费者购买时，消费者竟找不到对应的售药柜台；或开了票找不到收银台付款；付了款回头取药却又被告知货已卖完……，诸如此类的促、销各环节的脱节现象比比皆是，致使消费者想买却买不到。

4. 做"一锤子买卖"，忽略了售后跟进

产品销售是一项长期的系统工程，单凭一两次促销活动而没有系统的

售后跟进的短期行为绝对得不到持久、稳定的销量。促销活动结束后，通过开展售后跟进工作，听取消费者的反馈意见，一方面可以了解到自己所诉求的卖点，是否真正被消费者所接受认同，从而获取工艺、价格、包装等方面改进的依据；另一方面，可以凸显自身的服务优势，争取更多的回头客。也许消费者正在为选择我们的产品还是竞争对手的同类产品而犹豫不决时，我们一个跟踪式电话拜访正好坚定了其再次购买的决心。

综上，通过几个板块的阐述，将系统管理方法和思考维度做了细化讲解，最后要告知大家系统管理法一定是建立在全局观的前提下展开的。要想用好系统管理方法，不是几个定式就能解决一切问题，这需要建立一套系统的营销思维方法，建立系统营销思维的准则是：由市场来定组织；由组织来成系统；由系统来生制度；由制度创流程；由流程来促执行。建立系统营销更多的是企业自身的改变，这需要企业领导者的决心和勇气，只有不断地随着市场的变化来调整营销组织、才能达到事业永固，基业长青，毕竟"胜人者有力，自胜者强"。

第九章

分销渠道设计与管理

营销是一个整体范畴，目前很多大规模并以 OTC 产品为主的医药企业，多数是以商业渠道销售为主的。由于这块业务非常重要，所以有必要对此业务进行详尽讲述，以便让读者对此业务有一个更清晰和更充分的认识。

分销渠道是产品从生产企业到最终消费者的过程中所经过的各个中间环节连接起来的通道。任何产品只有送到消费者手中才是现实的商品，才能获得利润实现企业的市场分销目标。企业如何把产品最有效、最快速地传递到消费者手中满足市场需求，是本章要深入研究的主要内容。

分销渠道策略是企业市场分销组合中的一个重要策略，其他策略的实施都要通过渠道发生作用。比如说，企业的产品质量很好，价格制定合理，促销手段也得力，但如果分销渠道策略上出现问题，则企业的产品也是很难销售的。因此，对于医药企业而言，了解通常分销渠道的类型、合理选择合作伙伴、加强渠道的管理工作，不仅有利于企业产品的市场销售，而且也是企业进行市场分销的关键。分销渠道既是产品的销售通道，也是产品导入市场的路径，更是企业感触市场的"神经末梢"。所以，医药企业应充分重视分销渠道的建立与维护工作。

第一节 分销渠道的类型与作用

一、分销渠道的概念

（一）概念

分销渠道（distribution channel）是指产品或服务从生产者（制造商）

传递到最终消费者（用户）的过程中所经过的路径或通道。这个概念涉及商品所有权转移、商品实体流动、信息沟通和促销活动等多个方面。分销渠道不仅包括分销商，如批发商、零售商等，还包括其他辅助服务，如物流、仓储、金融服务等。

分销渠道具体表现为那些促使产品或服务顺利地被使用或消费的一系列的中间组织或个人。他们与生产企业合作，使产品在市场上流通，并克服产品因地区不同而在时间、需求、供应上所形成的差异。概括来说，分销渠道具有以下特征。

第一，分销渠道由参与药品流通过程的各种类型的组织和个人组成。药品只有通过这些组织和个人才能在市场销售，从生产者流向消费者，最终实现商品的价值。

第二，每一种分销渠道的起点是生产者，终点是个人消费者或生产经营组织。

第三，在商品从生产领域向最终消费者或生产经营组织流转的过程中，商品的所有权有一次或一次以上的直接或间接的转移。

（二）医药分销特点

医药分销渠道是医药产品从生产者转移到医疗单位或患者所经历的途径。与一般商品类似，医药产品只有从生产者转移到医疗单位或患者手中，才能真正实现其价值与使用价值。然而，由于医药产品是关系生命健康的商品，为了保证用于防病治病的医药商品质量的安全性、疗效的可靠性与使用的经济性，任何政府都会采用政策与法律手段干预或限制医药商品的流通活动。因此，医药产品分销渠道又有着与一般商品不同的特性，主要表现为以下三点。

（1）选择渠道类型的自由度相对较小。

（2）对渠道成员有严格的资格限制（必须得到 GSP 认证）。

（3）对一些特殊药品垄断经营（如毒麻类产品）。

这也是医药行业与其他行业不同的地方，因此医药的营销体系和其他产品的营销体系也会有所不同，医药的市场管控政府介入更多，限制更大，渠道相对较窄。

二、分销渠道的作用

分销渠道在商品流通中扮演着至关重要的角色，它们的作用主要体现在以下几个方面。

（一）促进商品流通

分销渠道通过连接生产者和消费者，使得商品能够顺利地从生产领域过渡到消费领域。通过合理的分销网络布局和高效的物流体系，确保商品能够快速、准确地送达消费者手中。

（二）调节供需矛盾

分销渠道能够根据市场需求的变化，及时调整商品的供应量和种类，从而缓解供需之间的矛盾。通过收集和分析市场信息，分销渠道可以预测未来的消费趋势，为生产者提供生产指导。

（三）提高交易效率

分销渠道通过专业化的分工和协作，简化了交易过程，降低了交易成本，它们通过提供便捷的购买方式和售后服务，提高了消费者的购买体验和满意度。

（四）降低风险

分销渠道能够分散经营风险，降低生产者在市场中的不确定性。通过与多个分销商合作，生产者可以更好地应对市场需求的变化和竞争压力。

（五）提供信息支持

分销渠道是市场信息的汇集地，它们能够收集、整理和传递关于市场、消费者、竞争对手等方面的信息。这些信息对于生产者来说具有重要的参考价值，有助于他们制定更加科学合理的营销策略。

（六）推动市场扩张

分销渠道能够帮助生产者将产品推向更广阔的市场，包括不同的地域、不同的消费群体等。通过与分销商的合作，生产者可以更加灵活地调整市场策略，以适应不同市场的需求变化。

综上所述，分销渠道在商品流通中发挥着促进流通、调节供需、提高效率、降低风险、提供信息支持、推动市场扩张和增强市场竞争力等多方面的作用。因此，对于生产者来说，选择合适的分销渠道并与之建立良好的合作关系是至关重要的。

三、医药分销渠道的类型

医药营销中有四种典型渠道模式。

（一）多级渠道模式

多级渠道模式是指药品由生产厂家生产，经过一级经销商，分销到各地市二、三级分销商，再出售到药店零售终端，由终端售卖给最终消费者的一种药品销售模式。其特点是分销商数量多，层次多。

（二）二级渠道模式

医疗市场由于前期国家对医疗体系实行"两票制"的限制，因此药企只能选择二级销售模式。二级渠道模式是指药品由生产厂家生产，由区域一级经销商按照企业要求指定分销到药店或医院等零售终端，由终端售卖给最终消费者的一种药品销售模式。其特点是在一个目标区域之内只有一个经销商。

（三）一级渠道模式

一级渠道模式是指药品由生产厂家分销到药店或医院等零售终端，再由终端售卖给最终消费者的一种药品销售模式。其特点是没有中间环节的经销商。一级渠道模式也叫终端直营模式。

（四）零级渠道模式

零级渠道模式是指药品由生产厂家直接售卖给最终消费者（C 端）的一种药品销售模式。其特点是没有销售渠道中的任何经销商和零售商。零级渠道模式也称直销模式。

由此可以看出，在药品营销中的四种典型渠道模式中，零售终端对大多数医药企业来说是一个无法跳过的环节，这说明销售终端在药品销售过程中的地位是无法替代的。无论终端如何布局和运作都要对渠道进行前置性设计，因此终端管理系统的前端设计往往是渠道设计。

四、医药分销商的功能与类型

医药分销商是通过医药商品买卖或提供相关服务来促成医药商品交易的经济组织，通常指进行医药产品代理、批发和零售的专业医药公司或医疗单位，它是联系生产和消费的中间环节，因此人们在习惯上称之为分销商。近些年大量的 CSO 公司出现，CSO（contract sales organization）即医药合同销售组织，是制药公司的药品营销外包服务机构。

（一）医药分销商的功能

1. 医药分销商存在的必要性

分销商是社会分工和商品经济发展的产物。分销商存在的必要性在于它有助于解决生产与消费之间在时间、地点、数量、品种方面的矛盾，帮助生产者把产品及时、准确、高效地送达消费者手中，节约社会劳动、提高分销效率。

此外，由于产品、市场、财力、分销经验、管理水平，尤其是国家政策与法律的规定等方面的原因，医药生产者将药品直接销售给消费者的可能性很小。同时，鉴于医药商品的特殊性，企业即便能够做到也未必能取得良好的经济效益。不可忽视的是，分销商还可以凭借其信息灵通、接触面广、熟悉分销市场以及专业化和规模化的经营，比生产企业更有效地推动产品进入目标市场。而对不擅长运作市场分销领域的生产企业也可集中精力从事产品的研发和生产。从商品经济的发展趋势看，社会分工会越来越细，商品流通量也逐渐增大，同时由于产品的生产和使用的层次日益增多以及消费者对医药产品的要求日趋复杂，预示着分销商将发挥越来越大的作用。

2. 医药分销商的功能

(1) 药品的销售与促销。医药分销商是从事医药批发零售业务的专业性组织。单就批发商而言，通常为了能够很好地销售药品一般都建立有健全的销售网络，与零售商之间存在着长期的业务关系，相互信任，并有一批专门从事药品批发工作的专业人员。医药生产企业完全可以借助这些专业机构的力量，使药品能够快速、平衡地到达最终消费者手中。

(2) 整买零卖。医药分销商有助于解决药品生产与消费之间在数量、品种、规格、时间与地点上存在的矛盾。单个生产企业的产品有品种少、数量大、规格少的特点，而消费者的需求则是多品种、多规格、数量小。这种生产与消费上的不协调，只有依靠医药分销商的力量才能使双方满意：分销商首先发挥"蓄水池"的聚合功能，吸纳各个生产企业的药品；然后发挥其平衡分配功能，按消费者的需要将各种药品组成一个个有特殊要求的组合，满足最终消费者或使用者。

(3) 仓储与运输。生产企业的药品进入医药分销商渠道的仓库储存时，实际上已成为生产企业仓储与配送功能的进一步延伸。由医药分销商储存药品，可以降低生产者的产品储存成本和风险。另外，分销商比生产者更接近顾客，因此可以提供更快捷的运送服务。

(4) 融资功能。分销商的融资功能从理论上讲应包括两个方面，一是分销商向生产者预购或者及时付款，即相当于为生产者提供了融资服务；二是生产者在一定信用额度内赊销药品，可在一定程度上解决分销商的资金不足，对分销商而言也是融资，二者互惠互利实现共赢。当然，现实运营中后一种情况较为常见，这给医药生产企业造成了较大的资金压力。如何解决无奈之举下的资金沉淀，减少呆死坏账金额，也是目前医药生产企业亟待解决的现实问题。

（5）风险承担。药品市场出现分销商后，生产者就可将部分商业风险转嫁给批发商。生产企业与经销商发生业务联系后，经销商首先可以承担医药产品在分销过程中的破损或者超过有效期的风险，另外还可在一定程度上避免医疗机构拖欠货款的风险。而目前我国药品市场的供求态势决定了生产企业要将风险全部转移给分销商也是不可能的。

（6）信息沟通。医药分销商是生产者与消费者之间信息沟通的桥梁。它既能将生产信息通过各种方式传递给市场从而促进市场需求，又能将市场信息反馈给生产者，以便生产者及时调整生产计划和分销策略。

（二）医药分销商的类型

医药产品按其最终使用者的不同可分为个人消费者与生产者组织两大类，因而产品可相应地概括为药品、医药工业品（指原料药、中间体等）两大类。由于这两类医药产品的销售管理方式不同，因而其分销模式各有特点。

1. 药品分销渠道的类型

药品分销渠道模式常用的有以下四种类型。

（1）医药生产企业——销售终端——个人消费者。

（2）医药生产企业——医药经销商——销售终端——个人消费者。

（3）医药生产企业——医药经销商——分销商——销售终端——个人消费者。

以上销售终端指：KA 药房、电商平台、医疗单位、零售单体店等。

2. 各药品分销渠道类型特点

（1）医药生产企业——销售终端。此为直销类型，由生产企业直接向产品下游生产企业供货，适用于控销、品种单一的产品类型。这是医药企业常用的销售模式。随着电商平台的发展，企业具体操作时往往直供电商平台交易，也被称为第四终端。

（2）医药生产企业——医药经销商——销售终端。生产企业通过一定的经销商或代理商向生产者销售产品。优点是有助于代理企业网络优势扩大市场份额，最大限度地占有分销资源，缺点是企业不能直接与需求者沟通，对市场终端信息的控制力不够。

（3）医药生产企业——医药经销商——分销商——销售终端。此模式为环节最多、途径最长的一种。通常适用于流量型产品、品种多的生产企业，可以充分借助分销商的各种功能促进生产与销售工作的开展，但也容易造成渠道成员之间的矛盾，乱价、串货等行为。

3. 分销渠道标准分类

按照分销商在商品流通中的地位不同，可分为经销商和零售商。经销商处在商品流通的起点，其经营特点是批量购进批量销售。零售商处在商品流通的终点，其经营特点是批量购进，零散销售。按在商品流通中是否拥有所有权划分，可分为经销商和代理商。经销商是拥有一定资金、场地、人员的法人，在其经营中，通过购进商品和销售商品实现商品所有权的转移，获得相应的经济利润。CSO公司则是在商品流通中为购销双方提供穿针引线服务，促成商品交易的实现，获得一定的服务手续费或佣金。医药分销商可根据不同的标准，分为如下类型。

（1）医药经销商。

本书中医药经销商是指销售的一级经销商或代理商，目前经销商主要分为商业批发商、代理批发商和生产企业的销售部或办事处三种类型，它们在分销职能方面存在较大的差异。商业经销商，又被称为经销批发商，是指具有法人资格具备GSP资格标准的独立批发企业。这是经销商的主要类型，目前医药市场上主要由各级各类医药商业经营批发公司组成。其收入来源主要是商品经销的价格差和配送费。代理经销商，是不取得商品所有权的经销商类型。其收入来源主要是委托人提供的佣金，在商品的经营中往往不承担风险。生产企业的销售部或办事处主要是由生产企业自设销售组织，专门经营本企业产品的批发销售业务，虽隶属于生产企业但又独立于生产企业的独立部门。这种类型多见于大型预算制管理的直营业务体系。

无论是哪种类型的经销商，其本质都是相同的，是主要从事药品经营的商业组织，不直接服务于最终消费者。其特点如下。

① 处在药品流通的起点和中间环节。

② 销售对象是医疗机构、其他批发商、医药零售商和生产企业等间接消费者。

③ 交易有一定的数量起点，交易次数少、批量大。大量医药商品经过医药经销商进入医疗机构，医药经销商的经营活动对保障医药市场的基本供应、满足人民用药需要，起着举足轻重的作用。

我国医药经销企业与生产企业相比，具有一些明显的优势。

① 经营优势：我国截至目前约有 7 000 家医药经销企业，大型的经销商一般都经营历史长，机构齐全，分工细，专业化强，经营人才多，管理经验丰富，而且在长期的经营中形成了系统的分销网络。

② 资金优势：目前，我国金融政策下批发企业能够较多地取得银行贷款，拥有较雄厚的经营资金。一些企业也向下游提供供应链金融服务。

③ 经营设施优势：医药经销企业拥有完备的医药商品的储存、运输及经营场地等配套设施，拥有一支保管养护医药商品的专业队伍，具有处理大量医药商品实物流通的能力。

④ 信息优势：医药批发企业所处的地位，上联生产者，下接医疗机构及零售企业，经营点多面广，信息收集量大、反馈快，具有指导生产、引导消费的能力。

（2）医药零售商。

医药零售商是向最终消费者或使用者提供医药产品和服务的分销商。一般来说，商品只有经过零售商才能最终完成其从生产领域到消费领域的流通过程。目前在我国它主要由各种药店和各级各类医疗机构（医院、诊所）组成。随着我国医药市场日趋规范，OTC 药品除了可在社会药店和医院药房购买外，还可进入各种超市和便利店（需要具备国家规定的具体条件并严格按照批准药品范围经营）购买以及电商平台的销售。零售商和经销商的主要区别在于，零售商服务于个人消费市场，比经销商更接近消费者，从而更方便、准确地向生产者传达消费者的需求信息。

医药零售商是联系生产者、批发商和消费者的桥梁，其特点如下。

① 处于商品流通的最终环节。

② 销售对象是直接消费者或使用者。

③ 经营特点是批量进货、零星销售，交易次数多、金额小。

④ 其经营场地与服务质量的高低，对医药商品的销售有很大影响。

医药零售商的经营活动与人们的生活质量密切相关，医药生产企业在选择合适的零售商时需根据药品的不同类型，同时处方药必须凭医生处方才可销售。而 OTC 药品则可将重点放在零售药店及线上电商。目前的即时零售（O2O 模式）在渠道中的影响力也越来越大。

（3）代理商。

医药代理商是指受委托人委托，或 CSO 公司。替委托人采购或销售医药产品并收取佣金的一种分销商。它不拥有药品的所有权，只是在买卖双方之间扮演媒介的角色，通过促成交易赚取手续费或者佣金，一般由医药商业公司或个人组成。医药代理商按一定标准可分为以下两种。

① 按代理产品分：采购代理和销售代理。采购代理通常与委托人有长期的业务关系，提供进货、验货、仓储和送货、信息、产品选择等服务；销售代理则帮助生产者销售全部或部分医药产品或服务，它对价格、付款及其他销售条件等方面有较大的权力，其功能相当于生产者的销售部门。

② 按代理地域分：全国总代理和地区总代理。由于地区范围的不同，其销售权利与义务也不相同。有实力的医药商业公司倾向于做全国总代理，全权负责全国的市场开拓、销售工作，同时产品的价格制定、实物配送、资金回笼、售后服务等都由代理商承担。而代理商的义务是确保在一定时间内达到一定的销售目标。从这方面考虑，实力相对较弱的公司则会退而求其次，承担一定地区销售代理的角色。

对于代理商的选择，通常发生在药品生产企业想在新的区域市场销售医药产品的情况下。一方面对于专业性很强的医药产品来说，在分销过程中需要专业的分销知识和技术支持，一般的经销商难以胜任；另一方面，生产企业进入全新的目标市场，很难控制新的局面，而借助代理商专业的分销网络能很快进入新市场，占领市场份额，这对生产企业提高销售效率有很重要的意义。而生产企业选择何种代理商取决于产品的销售潜力、企业的分销基础设施、企业对代理商的控制能力等多方面的因素。所以，企业应根据自身情况灵活操作，力求使企业达到促进产品销售和扩大市场占有率的目的。

（4）医药分销商。

分销商是医药市场分销渠道中的一个广泛群体，本书指二级经销商。利用经销商促进销售也是分销渠道中最为常见的分销模式，医药市场中主要由医药商业公司、医疗机构、社会药店、医院药房等组成。分销商与经销商的主要区别是它没有经销商或代理商拥有产品的一级销售权，通过转售产品或服务营利，通常分销商的经营风险大于经销商或代理商的经营风险。它与代理商的区别还在于，代理商更偏重于某一领域的同类医药产品，如医疗器械代理商或者药品代理商；而经销商经营的产品种类更多，业务繁杂，可能医疗器械与药品同时经营，如药店。在职能分配上，一般由生产企业负责市场开发，经销商负责产品的销售，借助分销商属地化健全的销售网络，进行区域分销，从而促进经销商完成生产企业在目标市场的销售目标。在渠道管控过程中，分销商（二级商）又分成协议客户和非协议客户，一般协议客户在促销、配送费会有一些生产企业的支持或返利。在以往工作的经验中往往二级商业乱价串货的现象比较多，也难以管控，一般是通过一级经销商来进行约束。

第二节　医药分销渠道的设计

对于医药生产企业而言，在熟悉分销渠道类型、明了各种类型的分销商的特点、功能与业务性质的基础上，还必须科学地进行具体分销渠道设计与管理，才能使药品顺利地从生产者向消费者转移。

一、医药分销渠道的类型

（一）直接渠道与间接渠道

按照医药产品从生产者到达消费者手中的过程经过分销商类型的多少来分类，可以分为直接渠道与间接渠道两类，主要是与企业不同阶段需要开设直接渠道还是间接渠道策略有关，并与上述的一级经销商和二级经销商相类似。

1. 直接渠道

与一般行业不同，医药行业中直接渠道是指医药产品从生产者流向最后消费者或用户的过程中只经过一层分销商（适用于药品）或不经过任何分销商（适用于原料药）的分销渠道。直接渠道是医药工业产品分销渠道的主要类型。这是因为工业品需求品种规格少、数量大、前后工序联系性强、用户数量少而且相对集中。

直接渠道的优点是：生产者与消费者接触较多，能及时、具体、全面地了解市场需求及变化，从而及时调整生产经营决策，能为消费者提供售前、售后技术咨询、服务；销售环节少，商品能很快地到达消费者手里，从而缩短商品流通时间，减少流通费用，提高经济效益。当然，直接渠道也有其不足：直销生产者要设置销售机构、销售设施和配备销售人员，这不但会增加相应的销售成本，还会分散生产者的精力。此外，生产者要负担储存费用、商品损耗。如果市场供求变化影响了商品价格，因库存产品所有权在生产者手中，故而生产者还要承担市场风险。

2. 间接渠道

间接渠道是指医药产品从生产者流向最终消费者或用户过程中经过两层及以上分销商的分销渠道。间接渠道是药品分销的主要类型。这是由药品的特殊性和国家的政策法规所决定的。

间接渠道的优点是：通过分销商交易，减少了相应的交易次数，节省了生产企业花费在销售上的人力、物力、财力；可以借助分销商的销售经验、销售网络和商誉，扩大商品销售范围，提高市场占有率；可以减少资金占用，增加生产资金投入，减少生产者经营风险。间接分销渠道也有不可避免的缺点：由于分销商的介入，增加了相应的销售环节，延长了商品流通时间。一般来讲，分销商不可能对其经销的所有商品知识、技术要求都了如指掌，故难以为消费者提供完善、周到的售前、售后技术服务工作。另外生产者与消费者之间有了许多隔温层，致使生产者对市场变化反应迟钝，常有明显的滞后性。

（二）宽渠道与窄渠道

医药分销渠道的宽度是指分销渠道中每个层次使用同种类型分销商数目的多少。多者为宽，少者为窄。

1. 宽渠道

在每一个产品流通环节上选用两个以上同类型的分销商分销产品则称为宽渠道。采用宽渠道分销的优点在于：药品可以大批量地迅速进入市场，增加销售量；同类分销商互相竞争，可促进整体分销效率的提高；有利于生产企业对渠道成败进行评价、取舍。在目前的市场条件下，OTC药品和处方药生产者多采用这种渠道。宽渠道的缺点主要表现在：分销商与生产者的合作关系不密切，很难保证分销商对生产企业的忠诚度，他们在分销过程中有可能不专注于产品销售，不愿付出更多的费用和精力，从而影响药品的销售甚至是企业形象。此外，生产企业难以对分销渠道进行有效控制。

2. 窄渠道

药品生产者在每一层流通环节只选用一个分销商来销售自己的产品，这种分销渠道一般称为窄渠道。窄渠道最大优点是生产者与分销商协作关系紧密，生产企业对分销商的支持力度相对较大，易于管控分销商。缺点是生产者对分销商的依赖性太强，一旦关系发生变化，生产企业将面临难以预料的市场风险。这种分销渠道类型适用于单位价值高的进口药品和新特药品的销售。

（三）长渠道与短渠道

按照药品流通过程中间环节的多少，分销渠道又可以分为长渠道和短渠道两类。

1. 长渠道

药品生产者使用两个以上的不同类型的分销商销售产品，这样的分销渠道称为长渠道。长渠道的优点是：渠道长，分布广，触角多，能有效地覆盖目标市场，扩大自己的产品销售。通常销售量大、销售范围广、单位价值低的药品适合采用长渠道策略。但长渠道不足之处是：因涉及的分销商多、环节多，使之销售成本增加，最终造成药品销售价格提高，进而削弱了药品的价格竞争力；再有中间环节多、信息路线长、失真率高，会影响生产者决策；加之中间环节多，商品运输距离远、时间长、货物配送成本高，也容易增加药品损耗；诸如此各渠道环节中工商之间、商商之间难以建立密切的合作关系。

2. 短渠道

药品生产者在销售过程中只使用一个环节或者没有经过中间环节的分销渠道称为短渠道。短渠道的优点是：中间环节少，商品流通时间短、流通费用低，能增强药品的价格竞争力；有利于生产企业了解市场信息，及时决策；也利于生产者与分销商合作。短渠道的主要弊端是：由于渠道短，市场覆盖面相对较小，不利于药品的大量销售，因而只适合单位价值高的新特药品、进口药品等的销售；此外由于流通渠道短，市场稍有变化，就可能直接波及生产者，因而生产者经营风险也较大。

二、影响医药分销渠道设计与选择的因素

分销渠道的设计与选择是任何医药生产企业都必须认真对待的一项工作，它关系到药品能否及时销售和回款，关系到企业的销售成本与利润，与企业分销的成败关系甚大。判断分销渠道有效的标准之一就是可利用渠道将医药产品顺利地转移到企业的目标市场。要设计与选择好分销渠道，就必须考虑影响渠道设计与选择的因素。影响医药分销渠道设计与选择的主要因素有产品特点、顾客特性、企业（公司）状况、市场环境状况等。

（一）医药产品的特性

根据医药产品的特性来设计与选择分销渠道主要从药品的单价、重量、技术含量、有效期限、适用性、市场生命周期等方面考虑。

1. 药品的单位价值

单位价值高的药品如生物制品、进口药品、新药等，在选择分销渠道

时应采用短渠道或直接渠道，因为每经过一个环节，都要增加一定的费用。而使用面广量大且价格较低的药品，其分销渠道可以长而宽，以增加市场覆盖面。

2. 产品的体积

产品体积过大或过重，渠道宜短，中间环节少，可以节约运输、储存费用和减少商品损耗，如大型医疗器械。

3. 时效性或有效期

季节性强或有效期短的产品，应将渠道简化到尽可能短，以减少流通时间和中转环节对产品质量的影响。

4. 科技含量

药品技术含量高，宜采用直接渠道或短渠道。因为大多数医药产品，特别是刚上市的新特药，对技术服务要求很高。

5. 适用性

如药品的适用性较广，宜选择间接渠道、宽渠道；相反则可采用直接渠道、短渠道甚至是直销渠道。

6. 生命周期

药品所处的市场生命周期不同，渠道选择也应不同。在导入期为了尽快使产品进入市场，收集产品销售信息，应选择短渠道或直接渠道；成长期则应在巩固原有渠道的基础上，增加渠道宽度；成熟期为适应竞争，吸引更多的顾客，应拓展渠道宽度，增加销售网络；衰退期为了缩减开支，渠道宜窄、短。

（二）市场特征

1. 市场规模

目标市场潜力、购买力、零售商规模都与渠道模式的选择有密切关系。市场容量大、购买力强、零售药店多的大城市，可采用短渠道和直接渠道。企业一般都要建立自己的办事机构，直接负责当地市场的销售工作。而市场潜力小、购买力弱的地区，可通过批发商向中小零售商供货，其渠道模式则采用长渠道或间接渠道。

2. 购买频率

购买频率高的药品，宜选用间接渠道和宽渠道；购买率低的新特药品，应选用直接渠道或短渠道销售。

3. 购买习惯

若是顾客希望随时买到的常用药、保健品则宜采用宽渠道、间接渠道，如创可贴的销售。

4. 市场竞争

出于市场竞争的需要，企业有时可选择与竞争者相同的渠道、相近的地区；有时则需要故意避开竞争者，另辟蹊径，开拓新的渠道。

（三）企业状况

分销渠道的设计与选择深受企业的规模、管理能力、资金实力、产品组合、经营目标、分销策略等企业特性的影响。一般而言，规模较大的生产企业资金力量雄厚、声誉较高，其市场覆盖范围、顾客规模也大，销售能力、与分销商合作的能力都较强。这样的企业通常建立有自己的分销网络，并会有选择地使用必要的分销商，其渠道特征是"短而窄"情况相反的企业，尤其是那些缺乏分销经验与管理能力弱的医药企业，则要更多地依赖分销商提供服务，多选择一些合适的分销商可能更为有利，其渠道就会"长而宽"。

（四）分销环境因素

分销环境因素如政治、经济、法律等，也会对药品分销渠道的设计与选择产生影响。例如药品招标采购制度、医疗体制改革、基本医疗保险药品目录、处方药与非处方药分类管理及其他有关药品经分销售方面具体的法律法规，都直接影响或制约了医药分销渠道类型的设计与选择，使一些特殊药品必须按照法定渠道流通。除此之外，环境因素形成的社会价值观和伦理观会时刻影响渠道行为，渠道成员的业务行为符合社会价值观和伦理观，就能取得信誉，也就为获得市场扫清了人为障碍。

三、药品分销渠道模式确认

对医药生产企业来说，如果目标市场和产品定位均已确定，企业面临的下一个问题就是渠道模式确认问题。渠道模式要根据上述影响渠道选择的各种要素，作出下述决策。

（一）确定渠道的基本模式

医药企业在设计药品分销渠道时首先必须对这些问题作出选择。

（1）药品的最终销售地点：是通过零售药店销售还是医疗机构销售？或者既在零售药店销售又在医疗机构销售？

（2）是否使用分销商：是企业自建分销网络将药品销售给零售药店、医疗机构还是通过分销商实现上述目标？或者既用分销商销售自己也销售？

（3）分销商的类型和数量：如果决定选用分销商，那么选用什么类型和多少数量的分销商？

（二）确定分销商的类型

企业在设计渠道时要考虑选择哪个类型的分销商更利于产品分销任务的完成。生产企业在选择分销商时往往还要受自身条件的限制，也就是说企业吸引合格的分销商的能力是有区别的：声誉好效益佳产品有竞争优势的企业有很多备选分销商；默默无闻实力弱的小企业难以吸引优秀的分销商。具体来说，企业选择分销商类别时主要从以下方面考虑。

1. 经销商考察

经销商主要指医药产品分销区域内的商业批发公司、零售药店和医疗机构。企业规模的大小和其产品常常决定了企业选择怎样的经销商。在选择经销商时应主要考察其经营历史、银行资信、经营现状，具体包括经销商的地区销售优势、产品种类销售优势、产品政策，还应该包括经销商的财务状况和管理水平、销售技术和服务水平等，尤其是企业不能忽视对经销商忠诚度的考察。

2. 代理商考察

尤其在专业性要求很高的医药产品分销领域，对于那些资金实力不足，分销和管理能力比较弱的医药生产企业，或者实力强大的公司在某一个销售量很低的非重点区域来说，采用专业代理商是比较好的选择。专业代理商一般在某领域的药品分销有自身优势，有助于产品迅速进入市场，帮助企业规避交易风险，而且可以由代理商提供技术支持和服务，降低销售成本。选择代理商应主要考察因素为：代理商的经营优势、销售网络、财务能力和管理水平、技术水平、诚信等，包括代理商是否有政治、社会影响力也是生产企业需要考虑的非常关键的因素。

（三）确定分销商的数量

当确定使用分销商以后，医药生产企业分销决策者还必须决定在每一渠道层次上使用分销商的数量，即决定渠道的宽度。这主要取决于医药产品本身的特点、市场容量的大小、需求面的宽窄以及企业整体经营目标等因素。在分析设计时，根据分销商的数量，通常有三种类型可供选择。

1. 密集型分销

即寻找尽可能多的分销商，无论谁申请经销自己的产品只要具备相应资格医药企业都予以批准。企业可利用尽可能多的分销网点，使渠道尽可能加宽，让每个潜在消费者都能接触到医药产品，从而以扩大销售量取胜。医药市场中的常用药品、保健品都适合采取这种分销形式，给消费者提供最大的购买便利。

2. 独家型分销

厂家在某地区仅选定一家分销商负责其产品分销，通常双方协商签订独家经销合同。所谓独家经销，是指生产企业要求该经销商不得再经营其他竞争产品。通过授权独家销售，生产企业希望经销商在销售活动中更加积极，而且能够在价格、促销、信用、技术支持服务方面等对分销商的政策加强控制。独家经销是最窄的分销渠道，通常适用于新产品或品牌性强的产品的销售。独家分销对生产者和分销商都存在利与弊：对生产者而言，有利于提高产品形象和获得较高利润，不利之处是过度或完全依赖分销商，分销商能否很好地发挥作用直接关系到生产者的生存与发展；对于分销商而言，独家经销风险较大，因为经销药品是否具有良好的市场潜力和销售形势，直接关系分销商的命运。两者可谓一荣俱荣、一损俱损。

3. 选择型分销

这是介于上述两种形式之间的分销形式，即利用分销商可能不止一家，但对那些有意参与产品分销的分销商并不全都加以利用，而是有条件地选择其中几家经销自己的药品。大多数医药产品都可利用这种形式的渠道，因此无论是信誉良好且成立已久的企业，还是刚刚起步的新企业都可以采用选择型分销。由此企业不必再为分销商数目众多，分销商不肯协调动作而耗费很大精力；同时企业又能集中精力与确定的分销商发展良好的合作关系，并可激励其努力工作以提高企业销售水平。相对独家经销方式它的优势有市场覆盖面广，有利于扩大销路和开拓市场，促进分销商之间展开销售竞争；相比密集分销方式它又能节省费用、降低成本，并易于控制分销商的销售活动而不必分散太多的精力。

（四）规定渠道成员的权利与义务

医药企业在确定了分销商的类型和数目以后，接下来的工作便是明确各分销渠道成员的权利与义务。主要内容有价格政策、销售条件、经销区域或特殊服务等。

价格政策是决定生产者与分销商双方经济利益的关键。生产企业所制定的价格和折扣计划必须获得分销商认可，使他们相信这些政策的公平性，这样他们才能在实际中去严格执行。价格政策的制定需考虑众多因素，如企业产品特征、市场供求关系、同行业平均水平与商业惯例等。

销售条件中最为重要的是明确付款条件和生产者担保。为促进货款及时回笼，企业可制定一些奖励措施，如现金折扣、优先供货等。生产者保证在何种条件下企业允许退货、途中损耗的分担等，其目的是解除分销商的后顾之忧，积极主动地销售本企业药品。

在分销商权利与义务中，经销区域权也是一个关键要素。企业需根据具体情况明确划定某个经销商的销售区域，以防因窜货问题而造成市场秩序混乱；必须制定明确的惩罚条例，以避免这种现象的发生。

一些特殊的服务条例也必须在与分销商签订的经销合同中明确，尤其是在采取独家经销渠道时，否则项目不明、责任不清，必然影响双方的经济利益与合作关系。

四、对渠道设计方案的评估

医药企业在选择分销渠道时，要对已设计好可供选择的各种渠道形式进行科学的评估，根据评估的结果选出最有利于实现企业长远目标的渠道形式。评估主要涉及三个方面：一是渠道的经济效益；二是对渠道的控制力；三是渠道的适应性。

经济效益标准主要是要比较每一种渠道可能带来的最大销售量与销售成本的关系，选择投入少效益好的渠道。这里关键的一点是统计分析与专家分析须完美结合，以提高销售量预测的准确程度。另外需要注意的是这样的成本不仅是指分销渠道的建立成本，还应考虑分销渠道以后的营运与维护成本。

对渠道的控制力方面，自然是渠道越短越窄越易控制。因为分销商毕竟是一个独立经济实体，它必然要考虑自身的经济利益与长远发展，它更关心的是企业的产品能否给它带来最大经济利益，所以生产企业不能指望分销商对自己像下属机构那样的忠诚与专一。维系生产企业与分销商合作关系的根本还是经济利益。所以在现代市场分销工作中十分强调"双模式"，因为只有双方在合作中都获利，合作才会牢固和长久。因而对渠道控制的内涵与方式也应重新界定，否则观念上的偏差很可能导致终止合作关系。

分销的适应性与经销合同的内容和期限密切相关。市场是复杂多变的，企业的分销策略需要随市场供求的变化而改变：药品品种可能改变、价格可能调整、渠道结构和政策可能变更，因而与分销商签订合约特别是长期合约时需充分考虑未来可能变化的因素，避免陷入被动局面。

第三节　医药分销渠道的管理

在实际工作中医药分销渠道的管理通常被称作医药企业客户管理，它是指当企业设计并选择了适合本企业的分销渠道以后，就必须在分销活动中对所有商业客户（指医药商业公司、药品零售商、医疗机构等）进行具体的管理工作。其内容包括选择渠道成员：寻找潜在客户，取得潜在客户的一切必需资料，筛选出最有合作可能的合作伙伴；与实际客户建立良好的业务关系，采取有效措施激励分销商并使良好的合作关系得以延续；客户管理规范化：对客户的推广工作业绩进行评估，以及帮助、支持客户或在必要时进行渠道调整。

一、选择渠道成员

我们除了现在国内大型的药品经营企业，如国药控股、九州通、华润医药、上药集团等，各个省份还有一些区域的龙头医药商业，并不是所有的生产企业都可以随意选择渠道成员，有些商业经营的方向也有很多的不同，有的医药商业以医疗渠道配送为主，有的是以零售为主，因此在选择渠道配送商的时候要根据商业性质的匹配度来进行选择，同时我们建议要严格地控制渠道的流向，遵循着"三定原则"既定量、定向、定价原则。定量是对渠道要严格控制发出量，避免过度供大于求，从而对市场会造成巨大的库存压力，迫使经销商低价抛售货物，造成市场秩序混乱；定向是经销商要严格按照生产供应企业约定的渠道和终端供货，不能随意发售，避免引起窜货问题；定价是经销商必须按照规定在供应给各级的商业中确定统一的价格，避免价格不同造成市场价格混乱，扰乱市场秩序。

（一）选择渠道成员时需考虑的因素

在医药市场中一个好的医药商业客户的标准是具备必需的药品经营资

格和条件，具有良好的商业信誉，能够快速准确地将药品推向目标市场，并能通过与生产者合作进行市场推广活动，迅速抢占目标市场以提高该药品的市场占有率。可见，医药企业选择合适的合作伙伴，其重要性不言而喻。因为商业客户选择的好坏将直接影响药品在当地的市场销售情况。若选择不当，轻则影响销量，重则败坏企业声誉，增加呆坏账，影响企业资金周转。一般来说，选择渠道成员的标准应包括：分销商的声誉、经营范围、经营能力、协作精神、业务人员素质以及未来销售潜力等。

1. 基础资料

（1）团体资料即客户的最基本的原始资料。主要包括客户的名称、地址、电话、隶属关系、经营管理人员、法人代表及单位等级、经营医药产品所必需的"一证一照"（《药品经营许可证》或《医疗器械经营许可证》、企业法人《营业执照》）是否齐全。

（2）个人资料客户法人及相关合作者的姓名、年龄、籍贯、性格、兴趣、爱好、学历、职称、职务、业务专长、科研成果、社交团体、家庭成员、相互关系、有特别意义的日期等。

2. 经营特征

经营特征主要是比较各个分销商的服务区域、销售网络、销售能力、发展潜力、经营理念、经营方向、企业规模、经营体制、权力分配等经分销售方面的内容。

3. 业务状况

业务状况主要比较各分销商之间以往经营业绩、同类产品的销售情况、本企业产品所占比例、管理者及业务人员的素质、与其他竞争者的关系、与本公司的业务关系及合作态度等。

4. 交易情况

各分销商的交易情况主要包括客户的销售活动现状、存在问题、保持和扩大产品市场占有率的可能性及优劣势、未来的变化及对策、企业形象、声誉、信用状况、交易条件等。其中特别需要着重考察的是其信用（资信）状况，该商业客户的销售回款额、在外应收账款、回款期限、会计师事务所审计报告、银行信誉等级等。

（二）选择渠道成员的一般方法

选择渠道成员的方法很多，如销售量分析法、销售费用分析法等，这里重点介绍企业最常用的一种方法：强制评分选择法。强制评分选择法的基本原理是：对拟选择作为合作伙伴的每个分销商，就其从事商品分销的能力和条件打分评价，作出最终选择。由于不同的分销商存在分销优势与劣势的差异，因而每个项目的得分会有所区别。注意到不同因素对分销渠道目标完成的关系程度，可以给不同的因素赋予一定的权数，然后计算每个分销商的总得分，选择得分较高者。这个方法主要适用于一个较小的区域市场。

二、激励渠道成员

激励渠道成员是渠道管理中最基本的内容，它是指在分销商选定之后，为促进渠道成员实现渠道目标，使之不断提高业务经营水平，生产企业采取的一切措施或者活动。激励渠道成员应本着互利互助的合作精神，对经营业绩好的分销商应及时予以奖励，以争取建立长期合作关系。

（一）商业客户的经营心理与需求分析

研究商业客户的经营心理与需求，是生产企业采取激励措施的前提。就如同个人消费心理会影响、支配其消费行为一样，商业客户也会因经营宗旨、利益分配、内部人事环境等因素的变动而影响其与生产企业的合作状态。主要可从以下内容把握商业客户的行为与心理。

1. 商业客户是独立、平等的经营者

通常情况下商业客户是一个独立、平等的经营者，与生产企业仅仅是业务上的合作关系，而非受其直接管辖的下属销售机构。因而生产企业需要充分尊重和理解合作者，摆正双方关系：分销商需要依靠生产企业的声誉和产品获得生存发展机会，而生产企业亦要依赖分销商才能在市场分销中获得有利地位。这种相互依存的同盟关系要求双方在相互尊重和理解的基础上，友好协商来解决一切问题。

2. 商业客户最关心的还是经济利益

分销商无论与生产企业的合作关系多么融洽，双方关系得以维系的根本还是因为分销商销售某一生产企业的产品能够给它带来比销售其他生产企业的产品更多的经济利益。因而经常会出现品种好、利润高的产品分销商抢着销售，而对没有品种优势销售难度大的产品则分销商唯恐躲之不及。所以有专家评价说分销商首先代表的是顾客的利益（顾客需要的产品、畅销的产品分销商才愿意经销），其次才是生产企业的销售代理人。因此，生产企业只有不断为分销商提供质量过硬、销售前景看好的产品，才能保证其"忠诚度"和"销售热情"不会下降。

3. 合作方式的多样性

除授权独家经销形式外，通常分销商会经销多家企业的多种产品，而且同一品种也会有多个厂家供货。其目的之一是方便它的顾客选择，另一目的是在供应厂家之间造成竞争态势，以取得更优惠的销售条件。因而这类分销商与生产企业的关系不可能像独家经销那样紧密，也不可能将每一个企业的每一种产品都作为重点产品去精心运作。由此而来，生产企业想让其及时提供市场相关信息是比较困难的，除非在签订合约时特别约定，否则只有依靠企业自身去实地调研。

4. 人际关系的影响

在与渠道成员的合作过程中也会受到人际关系的一定影响。如果产品相同、市场相同、各生产者提供的条件相差无几，则人际关系状况就会影响到渠道成员与生产企业的合作关系。因而企业需要实现分销工作的人性化管理，与合作者保持良好的人际关系。

（二）常用激励措施

为激发渠道成员的经营积极性，生产者对分销商采用的激励措施很多。本质上通常有直接激励和间接激励两种方式。

1. 直接激励

直接激励是指生产企业以物质或金钱作为奖励刺激渠道成员。具体措施如下。

（1）根据市场需要及时向分销商提供适销对路的药品，并协助其做好相应的药品市场开发工作。通常 OTC 药品需要做大众促销工作，对于处方药品生产企业通常需派专业分销人员进行目标医疗机构的销售推广。

（2）制定合理的药品价格与折扣政策。合适的药品价格不仅有助于市场销售，而且会使分销商获得相应的利润。因而在制定时充分考虑企业成本与消费者的承受能力，同时根据实际销售业绩，给予分销商合理的价格折扣（通常有累计折扣和数量折扣两种）是鼓励分销商积极销售本企业药品的有效手段。

（3）设立合理的奖惩制度，鼓励分销商多销货早回款。通常做法是：在一定时期内，分销商的药品销售累积到一定数量，或是经销商实现当月回款时，给予它们一定数量的返利；相反，当分销商没有达到合同约定的销售量或不按期回款时，则给予一定的惩罚。

（4）对于 OTC 药品可通过生产者负担广告费用，或者与分销商合作广告等形式，扩大企业和品牌的知名度，以促进市场销售。对于处方药品生产企业则应在能力范围内负责医院推广工作，或者由分销商负责医院的推广工作而生产企业承担相应的费用，以促进临床药品使用量提高。

2. 间接激励

间接激励是指生产企业通过非物质或非金钱奖励激发渠道成员的经营积极性。常用措施如下。

（1）药品生产企业可提供技术指导、宣传资料、举办药品展示会、指导商品陈列、帮助零售商培训销售人员或邀请分销商派员参加生产企业的业务培训等，以支持分销商开展业务活动，提高专业水平，改善经营管理，促进药品销售。

（2）生产企业建立规范的客户管理制度，对原本分散的客户资源进行科学的动态化的管理，协助分销人员及时了解分销商的实际需要，通过良好的沟通建立相互信任、相互理解的业务伙伴关系。

（3）建立企业战略联盟。这是指生产企业和渠道成员为了完成同一目标而结合起来的分销统一体，如双方协商制定销售目标、存货水平、广告促销计划等。其目的是生产企业以管理权分享来促进经销商经营效率的提高，并期待建立长期稳定的合作关系。

三、评估渠道成员

确定渠道成员和相应的激励措施之后企业可以执行分销策略，但这只是渠道管理工作的开端。此时企业应通过各种途径了解渠道成员日常工作的开展情况，考察其经营表现，这就是企业对渠道成员的评估和监测，目的是通过对分销商的考察和评估，及时采取相应的监督、控制与激励措施保证分销活动顺利而有效地进行。生产企业需将现有客户的资料登记造册，建立客户数据库，通过对现有客户进行资料分析，将潜在的市场机会变为现实的销售业绩，将分散的客户资源组合成企业可大力开发的整合资源。企业可从以下几个方面对渠道成员进行评估。

（一）渠道成员构成分析

通过对一定时期内企业全部或是某个大区或是某个销售人员的产品销售、回款情况统计分析，将分销商分为不同类别，以便企业在日后分销工作中有所侧重、区别对待，也可作为信用额度、回款期限等的判断标准之一。通常可根据销售量及回款额的大小确定客户的不同地位：即 A 类重点客户占累计销售额或回款额的 75%，B 类客户占 20% 左右，C 类客户所占销售比例较小，但可将其视为具有未来潜力的客户。

（二）重要客户与本公司的交易业绩分析

企业应随时掌握各客户的月交易额或年交易额及回款额，统计出各重要客户与本公司的月交易额或年交易额（回款额），计算出各重要客户占本公司总销售额（回款额）的比重。通过对比其实际业绩与计划，认真找出原因并采取相应措施保持企业总体销售的稳步增长。

（三）不同品种的销售和回款构成分析

将企业销售的各种产品按销售额和回款额从高到低排列，分别计算出各类产品的销售额及回款额占总销售额和回款额的比重，对比公司销售、回款计划，找出差距与分析问题所在，配合企业分销策略的调整，确定今后的工作重点。

（四）渠道成员的忠诚度和顾客满意度分析

渠道成员的忠诚度是指他们对生产企业或者某个产品的忠实程度、持久性、变动情况等，如分销商是否严格履行了分销合同，是否积极参与或配合企业的产品宣传推广工作等。顾客满意度分析重在考察最终消费者或者用户是否对分销商提供的服务或者技术支持的满意程度。

四、调整渠道

始终保持竞争优势的分销渠道是不存在的，因此医药企业不仅要做好分销渠道的建立与运行管理工作，还需要根据实际需要及时改进渠道。特别是当市场环境发生变化时，如购买方式发生变化、市场容量扩大、产品处于不同生命周期、国家相关政策变化如处方药品变成 OTC 药品、新竞争者的兴起、企业整体分销策略的变动、分销商不能顺利完成任务，企业应当及时地对原有分销渠道进行修正。渠道调整措施主要如下。

（一）增减渠道环节

即原有分销渠道基本类型不变，根据需要适当增减渠道环节，以达到优化资源配置，提高营运效率的目的。如在原有的区域市场内增加或取消代理商这一层。一般情况下，为了适应激烈的市场竞争，企业多采取减少渠道环节的做法，即目前分销渠道由金字塔式向扁平化方向转变的新趋势。在具体进行渠道调整时，企业需要对通过增减渠道环节可能给企业盈利带来的影响进行比较作出决策。

（二）增减渠道成员和提高成员素质

即保持原有渠道模式不变，只是增加或减少个别渠道成员。这时需要认真权衡增加或减少分销商所能带来的销售量增加或减少与所付代价之间的关系。渠道成员素质的提高有利于产品分销渠道总体效率的提高，具体可采用不定期对渠道成员进行培训，或者为其提供必要的智力支持。

（三）对原有渠道进行彻底调整

根据产品的不同生命周期和市场分销环境的变化而对渠道策略进行必要的调整，或是由于经营产品的改变而对渠道进行根本性的重新设计。如当某分销渠道不能将产品顺利地送达目标市场时，要考虑对其重新定位新的目标市场；当现有渠道严重阻碍了企业的经营目标的实现，需要选择新的分销渠道。

第四节　医药分销渠道冲突管理

企业和分销商之所以能走到一起，是因为他们不得不配合来完成分销任务，通过满足最终消费者的需求使双方都获得一定的利益。对企业而言，渠道设计就是设计出一个合理的渠道结构以便更好地完成企业的分销任务。而在此之后，便是企业根据分销目标和计划对渠道进行科学管理，促成产品或服务的实体分配。但是无论对渠道进行怎样的设计和管理，随着渠道环境的变化，如渠道成员的变化、企业产品或服务的变化、市场需求的变化等，企业和渠道成员间的矛盾与不平衡都会逐渐显现出来，渠道冲突亦随之出现。在渠道管理中，渠道冲突（conflicts in channel）是指同一个渠道的成员之间在追求各自的利益和实现特定销售目标的过程中，某一成员认为渠道中的其他成员所采取的做法和措施，阻止或妨碍了该成员目标的实现，从而引发的矛盾。医药渠道冲突管理是医药分销渠道管理的重要内容之一，成员之间的关系如何将会直接影响渠道目标的实现和渠道管理失控，最终影响整个渠道的分销效率和企业的经营利润。

一、医药分销渠道冲突的主要类型

依照不同的划分标准，渠道冲突有多种分类方法。其中最常见的是按渠道成员之间关系的协调性与竞争性的角度出发，将渠道冲突分为水平渠道冲突、垂直渠道冲突、多渠道冲突三种。

（一）水平渠道冲突

水平渠道（horizontal channel conflict）冲突指的是发生在同一渠道同一层次分销商之间的冲突。当分销渠道中只有一个分销商时，水平渠道冲突往往不存在。但是当同一渠道层次中有多个分销商时，渠道冲突则难以避免。而造成水平冲突的原因大多是企业目标市场的分销商数量分布区域规划欠合理。医药分销领域中常见的水平渠道冲突主要表现形式有同层次的代理商（或医药商业批发企业）之间跨区域销售，即窜货问题、压价销售等。如果发生了这类冲突，生产企业应及时采取有效措施，缓和并协调这些矛盾。另外，生产企业应未雨绸缪，采取相应措施防止这些情况的出现。

（二）垂直渠道冲突

垂直渠道冲突（vertical channel conflict）指在同一渠道中不同层次企业之间的冲突，也称作渠道上下游冲突。一个典型的医药分销渠道包括医药生产企业、代理商（医药商业批发公司）、医疗机构（或零售药店），那么医药生产企业与代理商（医药商业批发公司）间的冲突、医药生产企业与医疗机构（或零售药店）间的冲突、代理商（医药商业批发公司）与医疗机构（或零售药店）间的冲突便属于垂直渠道冲突。渠道的长度越长（渠道的层次越多），可能的垂直渠道冲突越多。就医药产品而言，因国家政策的限制和研发成本、生产成本的上升，以及带量采购等因素影响，药品利润空间越来越小，在此情况下，某些医药商业批发公司可能会抱怨药品生产企业在价格方面控制太紧，留给商批的利润空间太小，提供的配套服务太少；医疗机构（药店）对医药商业批发公司或医药生产企业，可能也存在类似的不满。垂直渠道冲突带来的问题一是在分销过程中上游分销商不可避免地要同下游经销商争夺客户，这会大大挫伤下游渠道成员的积极性；二是当下游经销商的实力增强以后，希望在渠道系统中有更大的权利，也会向上游渠道成员发起挑战。因此，生产企业必须从全局着手，妥善解决垂直渠道冲突，促进渠道成员间更好地合作。

（三）多渠道冲突

随着顾客市场的不断细分化和 B2B 模式的兴起，加之越来越多的生产企业采用多渠道分销系统。当生产企业建立多渠道分销系统后，不同渠道服务于同一目标市场时所产生的冲突就是多渠道冲突（multi channel conflict），有时也被称为交叉冲突。例如，某生产企业同时利用 B/C 端销售平台、销售队伍、分销商三条渠道进行药品销售，那么 B/C 端互联网销售平台、销售队伍、分销商三条渠道之间的冲突就是多渠道冲突。这种冲突主要表现在销售网络紊乱、价格差异等方面。在信息化时代，多渠道冲突有了一种新的形式——线上渠道和线下渠道间的冲突，最为凸显的是药品价格。当多渠道冲突发生时，生产企业要重视引导渠道成员之间进行有效的竞争，权衡各渠道的影响力，并加以协调。

目前我国的医药分销领域，渠道冲突的主要表现形式是水平渠道冲突和垂直渠道冲突，其中尤以水平渠道冲突中的窜货为最主要的和最经常的冲突代表。线上对终端门店价格的冲击也不容忽视，对于线下门店的影响非常大。当然有时候，渠道冲突并非只对企业的渠道系统的发展造成不利的影响，反而在特定条件下，一些渠道冲突在特定的产品阶段有可能会更好地促成企业分销目标的实现。

二、医药分销渠道冲突产生的原因

分销渠道存在的基础是专业化分工所带来的相互依赖，只有依靠分销渠道中各成员的专业化分工，彼此团结协作才能最终实现产品或服务的价值，完成渠道目标。然而，渠道中各成员的相互独立性又决定了他们都力图获得利润最大化。这就意味着渠道冲突的存在是必然的，往往渠道成员间的相互依赖越强，渠道冲突产生的可能性就越大。但是医药分销渠道冲突产生的原因多种多样，概括起来有以下几点。

（一）目标差异

每个渠道成员都有与其他成员差别很大的一系列目标，而目标又常常决定了渠道成员的行为，因此，目标的差异性是引发成员之间发生渠道冲突的因素之一。一般来说，渠道中的成员为了提高自己的效率或节省成本，愿意为渠道的整体目标贡献自己的力量。但在如何达到渠道的整体目标上，或者说在具体的渠道运作过程中，各个渠道成员都会有各自的主张和要求。这些主张和要求源于并表现于各自不同的个体目标的设置上，从而产生个体目标与整体目标的差异。这些都可能阻碍其他成员目标的实现，于是，渠道冲突也就不可避免地产生了。例如，医药生产企业希望为它的新药获得更多的推广机会以快速进入市场并获得认可，而代理商则更关心这种新药是否会比其他产品创造出更多的利润。实际上，对于刚刚上市的新药来说，生产企业和代理商的目标是相互矛盾的。

（二）感知差异

感知差异是指由于各自的经验、掌握信息的数据和质缺的限制，不同的渠道成员对同一事件、状态或所处环境的看法或反应存在分歧。渠道成员的感知差异主要包括：对现实事件当前状况的理解，对其未来发展趋势的预测和抉择时对信息的掌握情况，对各种分销策略后果的认识情况以及对目标的观解等方面的差异。对现实的理解不同，渠道成员采取的行动也不同，当渠道成员对如何实现渠道目标，或者对如何解决他们之间存在的问题持不同的观点时，冲突就有可能发生。比如医药生产企业不满足于现有分销状况，想进一步扩展业务，开拓新市场；其渠道下游的医药商业批发公司，也许安于现状，对现有业务表示满意，而且考虑到扩展新市场会在一定程度上增加运作资金，延长工作时间等，所以医药批发商业公司往往会拒绝扩展业务。在此情况下，双方难以达成共识，冲突在所难免。除此之外，对于同样的渠道政策渠道成员也可能作出不同的反应。例如，规模小的零售药店可能会认为，与生产企业合作广告更有利于促销，而规模较大的连锁药店对此举措也许会认为促销作用不大。凡此种种都是医药分销领域中比较常见的因渠道成员的感知差异引发的渠道冲突。

（三）角色不一致

一个渠道成员的角色，是指他在渠道中应当承担的任务，以及使每一个渠道成员都可以接受的行为规范。当一个渠道成员的行为超出了其他成员的预期范围，就会出现角色不一致。这种角色的不一致更多地体现在渠道分工。尤其在医药分销利润空间日益缩水的情况下，一些零售药店试图将部分渠道功能和成本移交给供应商以达到降低成本的目的。例如，他们要求一些供应商在提供药品的同时为药品配套相应的使用工具，以免自己费时费力费钱。一些药品生产企业要求零售药店提供技术支持和服务，而零售药店认为自己没有这项义务。如此一来，零售药店没有像生产企业所预期作出行动，便会有发生冲突的可能性。除此之外，渠道成员对技术的理解掌握和运用情况不同也是角色不一致的表现。以分销技术为例，零售药店和医药商业批发公司注重的是如何经营，特别是渠道运作的基础保障和人力资源工作；而药品生产企业注重的是体现其分销导向的战略层面的行为，而对他们认为耗费精力的、琐碎的经营细节并不注意。由此来看，普遍存在于渠道成员间的对分销战略、战术的理解及运用能力的不一致也是引发渠道冲突的重要原因。

（四）决策权分歧

决策权分歧是指渠道成员对于其他应当控制的特定领域的业务掌控权限的强烈愿望。这种分歧往往发生在各成员对同一业务的不同目标及采取措施的过程中，如不论是药品生产企业还是零售商有权在政策允许的范围内决定商品的最终销售价格；生产者可以通过价格控制来确定产品的形象与定位，零售商可以通过价格控制来确保利润率；或者生产企业是否有权规定分销商的存货水平：为了自身经济效益，生产企业和分销商都希望把存货水平控制在最低，而存货水平过低会导致分销商无法及时向顾客提供足够产品而使得消费者转向竞争者，而分销商的低存货水平往往也会导致生产企业的高存货水平，从而影响到生产企业的经济效益。此外，存货过多也会增加产品超过有效期的风险。

（五）沟通困难

沟通对于分销渠道系统的顺利运行的重要性不言而喻。渠道成员间信息传递缓慢或不正确都会引起渠道冲突。一般来说，沟通困难导致的冲突常有下述两种情况：第一，没有沟通或沟通不及时。比如，一方面，药品生产企业为了保持其竞争优势，往往是在分销系统形成时才会宣布其新产品，尤其是对于竞争激烈的非专利药品；另一方面，医药批发商业公司或零售药店希望尽快得到新产品相关信息，以便采取相应的导入期分销战略。第二，沟通因受到外界干扰而使信息不准确。分销渠道中的不同人员对专业用语有着不同的理解或使用不当时，如目前药品的商品名、通用名、化学名的混淆使用经常会给渠道信息的传递造成障碍，那么冲突发生的可能性就会增加。

（六）资源稀缺

资源稀缺或者说资源的分配不均是导致渠道冲突产生的重要原因之一。这方面主要体现在对目标顾客和产品的优先政策上。目标顾客是渠道成员为实现渠道目标最为关注的对象，产品的优先政策也给目标的实现创造了更多的机会。因为拥有目标顾客意味着拥有更多的销售机会，而产品的一些优先政策也会吸引更多的消费者，比如更低的价格、更优惠的促销政策。在渠道运作过程中，药品生产企业在同一市场区域可能有多种渠道，包括企业自身的销售队伍、各类分销商。但是企业直接面向目标顾客的销售队伍不可能与分销商共享同一个目标顾客，同一个顾客也只会和生产企业众多渠道中的一个进行交易。这种状况下很容易产生渠道冲突。

事实上，导致医药分销渠道冲突的因素往往是相互影响，而非孤立存在。如渠道成员沟通困难经常是引起感知偏差的重要原因，角色不一致又可能导致成员间的目标差异。所以在实践中，一定要根据具体情况，科学分析，找出渠道冲突产生的真正原因，然后有针对性地解决问题。

三、化解渠道冲突的常用方法

渠道冲突管理是指分析和研究渠道合作关系，对预防和化解渠道冲突工作加以计划、组织、协调和控制的过程。渠道冲突的存在是一个客观事实，在任何产品或服务分销过程中都是不可避免的。研究表明，并非所有的渠道冲突都会阻碍企业的发展，存在适当的冲突可能在一定程度上增强渠道成员的忧患意识；况且在特定条件下，某些冲突也有助于激发渠道成员的创新性，提高渠道效率。然而，我们必须认识到，对生产企业来说绝大部分冲突的影响是消极的，甚至可能影响到分销渠道的生存。因此，企业要辩证分析渠道冲突，区别对待。

笔者在桂林三金营销公司任总经理时，当时就是主要解决渠道冲突带来的市场混乱和低价窜货问题，渠道管理是很多品牌工业的难题，大量的工作实践表明，总结出的关于有助于避免和化解渠道冲突的方法，并且协助企业化解了当时渠道混乱给企业带来的危害，常用的方法大致有如下几种。

（一）激励

此方法通常是处理渠道矛盾和冲突的主要方法。要化解渠道冲突，特别是企业和渠道组织的冲突，企业首先要从理念上认识到渠道组织作为外部组织，和企业一起构成了价值链，是产品价值实现的必要环节。因此，企业和渠道组织的关系不是对立关系，而应该是促进价值实现的伙伴关系。企业可以通过采取有效措施激励分销商。如提供全程扫码设备支持，用来及时了解货物流向。当冲突发生时，企业对分销商实施政策干预和奖惩，以物质或非物质利益刺激分销商和一些惩戒措施，如特殊价格折扣、断供、回购市场低价货，扣除保证金，合规奖励等。除此之外，企业可与分销商适当分享管理权，如建立战略联盟。建立战略联盟是一种典型的关系分销形式，主要以产销联盟的形式出现，如会员制、独家销售代理制、共建合作公司等。

（二）协商和谈判

企业和渠道组织之所以能在一起，是因为要通过各自的专业化分工协作来共同完成分销目标。因此，为了更好地处理渠道冲突，企业和其渠道成员应该通过建立定期或不定期的沟通机制，即可以通过协商和谈判来弱化和降低渠道冲突，甚至可以起到预防渠道冲突的作用。渠道成员因存在的认知差异、角色不一致、资源稀缺等都可能产生渠道冲突。因此，企业在渠道规划时应未雨绸缪，使企业和渠道成员、渠道成员之间加深对共同目标的认识，加深相互理解，尽可能多地考虑到实际情况，详细界定渠道成员间的权利、责任、义务等。事实证明，此举能较好地将渠道冲突消灭于萌芽状态。鉴于当前国内医药生产企业分销渠道冲突在很大程度上是因为与下游渠道成员关系恶化造成的，企业一是可以通过加强自己与渠道成员之间的信息交流与沟通，实现信息共享，从而增进相互了解和信任；二是可以加强有效的人际沟通，与渠道成员维持良好的协作关系。

（三）重新整合

分销渠道在激励、沟通与协商均不起作用的情况下，企业应该对现有的渠道模式、渠道关系以及企业运作渠道的管理方式进行重新审视、分析，对企业现有的渠道进行重新组合、优化，简化渠道关系，提高渠道整体运行的效率，以此来适应渠道环境变化，增进渠道成员彼此之间的合作，从而预防和控制渠道冲突。具体可采用的方法如通过警告、减少服务以及降低经营性援助；而对那些对渠道规则置若罔闻、屡犯不改的渠道成员，如分销商肆意跨地区销售、恶性压低产品或服务价格、长时间未完成销售目标，可能是企业在最初选择渠道成员时对其资格和标准考察失误，因此，企业可以将其清除出渠道。笔者参与了几家上市公司的渠道管控整合工作，其实渠道的整合最终考验的是企业的决心，只要企业有决心，渠道整合将变得相对简单。

四、窜货管理

窜货，在业内又被称为倒货、冲货，是渠道冲突的一种具体表现形式，主要体现为产品跨区销售。在分销渠道的建设与维护中，企业往往会遭遇窜货问题，窜货已经成为国内医药分销工作中的一个顽疾。这是令经营者们头疼不已的问题，控制窜货很可能导致企业失去原有的分销渠道影响销量；任其发展又可能降低企业对市场的控制力，破坏市场秩序，造成价格混乱，甚至使得消费者对品牌失去信心。

（一）窜货的主要类型

1. 按窜货的动机目的和窜货对市场的影响程度不同分类

（1）自然性窜货。

自然性窜货是指经销商在获取正常利润的同时，无意中向自己辖区以外的市场倾销产品的行为。这种窜货在市场上是不可避免的，只要有市场的分割就会有此类窜货。它主要表现为相邻辖区的边界附近互相窜货，或是在流通型市场上，产品随物流走向而倾销到其他地区。如某药品在甲地零售价格低于乙地，乙地消费者可能在条件允许的条件下去甲地购买，此种产品多集中于治疗慢性病且需长期服用的药品。这种形式的窜货，如果货量大，该区域的价格体系就会受到影响，从而使利润下降，严重时可发展为恶性窜货。

（2）恶性窜货。

恶性窜货是指为获取非正常利润，经销商蓄意向自己辖区以外的市场倾销产品的行为。经销商向辖区以外倾销产品最常用的方法是降价销售，主要是以低于厂家规定的价格向非辖区销售。恶性窜货给企业造成的危害是巨大的，它不但扰乱了企业产品的整个价格体系，降低渠道总利润，还会使分销商丧失积极性并最终放弃经销该企业的产品，甚至混乱的价格还可导致企业失去消费者对其产品、品牌的信任与支持。恶性窜货是我们通常所指的窜货，也是医药企业最为关注和重点打击治理的市场现象。

（3）良性窜货。

良性窜货是指企业在开发市场初期，有意或无意地使其经销商的产品流向非重要经营区域或空白市场的现象，多见于流通性较强的市场。在市场开发初期，良性窜货是有利于企业的：可在空白市场上提高其知名度和市场占有率而无需任何投入。但是由此而在空白市场上形成的价格体系尚不规范，因此企业在重点经营该区域市场时应对其进行重新整合。

2. 按窜货发生的不同市场分类

（1）同一市场上的窜货。

医药企业的分销渠道系统一般都是按医药生产企业—医药商业批发公司（代理商）——医药零售药店或医疗机构——个人消费者来组建的。这种类型的渠道级数层层放大，呈金字塔状，这就为同一市场中的窜货提供了可能。

（2）不同市场之间的窜货。

指的是市场上产品的外流。参与不同市场之间的窜货主体是同级别的总经销商和同一家药品生产企业不同的分公司或销售人员。

企业必须警惕另一种更为恶劣的窜货现象：过去曾有经销商将假冒伪劣产品与正规渠道的产品混在一起销售，尤其针对乡村市场，掠夺合法产品的市场份额，或者直接以低于市场价的价格倾销。更为重要的是医药产品关乎生命安全，这种情况一旦发生，不仅会如一般商品发生窜货时扰乱市场秩序，而且还会在社会中造成不可低估的负面影响，使人们对药品监管部门产生信任危机，甚至对整个医药市场产生怀疑。

（二）窜货现象产生的原因

窜货之所以在生产企业的重压之下依然发生，归根结底是一个"利"字，利润永远是渠道成员追求的目标。同时我们也应该意识到，渠道现象存在的原因是多方面的，在此把它归纳为以下四个方面。

1. 渠道政策有偏颇

（1）价格体系紊乱。

只要存在价格差，窜货就不会断绝。紊乱的价格体系是窜货的重要源头之一，一些企业在制定价格策略时，由于考虑不周，隐藏了许多可导致窜货的隐患。目前生产企业普遍采用的定价方法是对出厂价层层利润加成最后形成零售价。每层分销渠道的价格都有一定比例的折扣，此折扣的存在，便成了利润的源头。如果总经销商（总代理）自己做终端，就可以同时享受两个层级的价格折扣所带来的丰厚利润。这种价格体系所产生的巨大差异，就形成了那些重利不重量的分销商越区销售的价格。

（2）渠道规划失误。

企业分销渠道规划失误，涵盖很多内容，比如分销商之间市场划分距离过密而造成的窜货。市场资源的稀缺性导致分销商之间为争夺更多的市场、取得更多的利益而交叉倒货。另外企业在选择渠道分销商时也会出现漏洞，如一些生产企业因扩大市场占有率而置市场规范于不顾，未经过多方严格考核就选定多家分销商，而最终导致企业难以有效控制分销商的行为，尤其当企业遭遇一些只以利益为重不考虑市场规则的不合格的分销商时，窜货的发生也是在意料之中了。

（3）渠道激励措施的影响。

企业为激励分销商努力销售本企业产品，提高本企业销售量和市场占有率，经常向经销商承诺种种如年终返利、高额回扣、特殊奖励、经销权等。企业针对渠道成员制定的一系列激励措施，一般都会以分销商完成一定额度的销售量为基准，分销商超额完成的百分比越高，获得的奖励政策越多，带来的利润越丰厚。这样一来，原本制定好的价格体系被这一激励措施瓦解。为完成既定的销售量以获得高额奖励，许多经销商往往不顾一切地提高销售量，如一些大经销商会采取平价进出，去冲击其他规模较小的经销商；一些不道德的经销商会不择手段地侵占其他区域市场通过提高销量获得返点，如倒贴差价，这些做法都将扰乱原本井然有序的市场。有的时候，企业在启动新市场时，会让分销商掌握新产品的推广费用，变相为低价位或采取优惠价格政策，而形成价格空间导致窜货。

（4）防范机制不到位。

一些企业不顾当地市场的消化能力盲目地给分销商硬性销售指标，当销售任务超过该地区市场正常销售量时，便刺激了分销商进行越区销售；

有些企业为确保经营目标的实现，对一些销售稳定、业务增长较好的分销商，盲目增加销量任务导致分销商在完不成任务的情况下，设法向周边其他区域市场销售；导致其他分销商苦不堪言，只好再推波助澜，如此操作，使得整个市场会出现无序化恶性循环。

2. 企业管理水平有待提高

这主要体现在管理制度不完善和销售管理不力两方面。有些企业根本没有窜货方面的制度，对代理商、经销商以及销售人员没有严格的约束政策，更没有奖惩措施。销售管理不力一是体现在对销售的管理不力。一些企业在销售的过程中片面追求销售量，采取了短期行为，对于窜货的现象审视不够，或是信息反馈不及时，不能及时发现窜货现象，或是对窜货的客户处理不严，姑息纵容，更甚者助纣为虐。企业的这种态度间接鼓励了经销商的窜货。二是企业对企业的业务员管理不严。在许多企业，业务员的收入始终是与销售业绩相联系的。一些业务员或企业派驻经销商的市场代表，为了完成既定的销售目标，低价向相邻市场抛售产品；有时为了提高收入，会鼓动经销商违规操作进行越区销售。还有许多越区销售现象是由业务员操守不正引起的。他们因嫉妒企业其他业务员的出色业绩，故意引起区域冲突，以达到破坏该地区正常销售秩序，引起经销商抱怨以及销售积极性减退、销售量下降的目的。

3. 产品差异为窜货提供了可能

由于产品在包装及销售情况上形成的差异，也为医药产品窜货提供了契机。国家为了加强对药品的管理，对药品包装、说明书相关内容在法律上都有明确的规定。而往往企业相同的产品采用统一的包装设计也为窜货提供了便利。尤其在发生窜货问题时，根本无从区分窜货产品的来源，难以掌握药品的分销流向。药品分销领域的窜货，无法追踪问题的源头，这加大了窜货管理的难度。医药产品窜货还有一种原因，就是分销商为了减小损失而抛售滞销品。这主要是因为一些生产企业由于售后服务欠佳，造成产品的存货量多但又不予退货。分销商难以在短时间内自行处理，为了减少损失他们通常会把这些滞销产品冲到畅销的市场上出售，或者会将本区域市场内的滞销产品向其他区域市场窜货。此外，还有一种情况，就是同类产品的竞争，致使分销商经营难度增加，为了完成销售量他们除了会采取在本区域市场降价，同时还会向其他区域窜货。对于那些竞争者，他们有时候也会采取不正当竞争，把市场上企业的药品收购一空，即被业内称为"扫货"，然后将其产品以极低的价格倒向市场，而达到破坏企业分销网络的目的。

4. 市场环境的客观影响

市场环境的客观影响主要体现在对市场供需的影响上。市场需求受很多因素的影响，需求变化而生产企业的分销策略没有及时变更，也容易给窜货制造可能。由于业绩压力大，企业要求压货一旦大批量地压货，势必会对渠道造成巨大的资金变现压力。商业公司尤其针对近效期的产品更是急于出货，因此一般会申请更为优惠的促销政策，然后贴补给下游客户，由于出货出现巨大利差，因此窜货就此产生，这种问题在日常的工作中相当的多，也给市场秩序造成巨大的影响，主要是认真耕耘终端的省份，如果有外来低价货物，就会对终端维护的积极性大为降低，久而久之，没有人愿意开发终端，终端丧失动力后渠道的存货会越来越多，于是形成恶性循环。

（三）医药渠道窜货的控制措施

医药产品窜货的最大危害莫过于让销售者失去操作市场的信心，因为很多实例已经证明频繁的窜货虽然在短期可以提高企业的销售量，但最终后果则是销售额都有不同程度的下降，甚至产品市场遭到封杀。窜货的危害是严重的，窜货的原因是多样的。为了解决存在于企业分销中的顽症——窜货，可以从原因着手，采取相应的策略，以便有效地遏制窜货的发生。在医药行业对于渠道串货的"控制营销"手段，成为最有效的方法之一，最主要的核心是要尊重市场的经济规律，控制企业盲目扩大销售的欲望，如果违背了供求关系和市场规律，市场的力量一定会反噬于企业。

1. 完善渠道政策

（1）企业应建立完善、公正的价格体系。企业在制定价格时，可将销售网络内的经销商分为总经销商、二级批发商、三级零售商，分别制定出明确的总经销价、出厂价，批发价、团体批发价和零售价。在确保销售网络中各层次各环节的经销商都可获得相应利润的前提下，对销售网络中的各个层级的分销商进行严格的出货管理，使得各地经销商都能在同一价格水平上进货，以堵住窜货的源头。

（2）科学规划分销渠道。这是实现窜货控制的基础。医药商品的特殊性决定了药品分销渠道中分销商有举足轻重的作用。所以，首先要根据具体药品的特点，如是处方药还是非处方药，销售渠道主要在零售药店还是在医疗机构等因素综合考虑分销商的选择，这主要包括分销商的数量和分销合作形式。除此之外，企业建立良好的售后服务机制也能减少窜货发生的概率。完善周到的售后服务能在一定程度上减轻经销商的负担，从而有助于改善生产企业和经销商之间的关系。经销商为维系这种已建立好的关系，轻易不会通过窜货来破坏这份感情，因而这种良好关系的建立在一定程度上可以控制窜货的发生。

（3）制定合理的激励措施。企业在制定激励措施时，应注意政策的持续激励作用，政策应能协调生产企业与各地经销商之间的关系，尽量为所有经销商创造平等的分销环境。激励措施应当充分考虑合理的促销目标、适度的奖励措施、时间的控制、严格的兑现制度和市场监控，确保给予的奖励是在受控之下的。对有窜货行为的经销商按后果的严重程度分别给予警告、停止广告支持、取消年终返利和取消经销权等处罚，对窜货行为起到惩戒的作用。现实中，大部分医药企业即便发现窜货，出于对一些大的代理商对企业的产品销量影响巨大，而有所顾虑，此时企业应该认识到，企业不仅需要有分销能力的经销商，更需要按照规则运作的经销商。因为市场秩序的稳定是保证企业长期发展的关键。所以一旦发现经销商违规，企业要及时查证、规范处罚、公开结果，以提高监审的透明度和威慑力。

（4）制定现实的分销目标。企业应对现有市场环境、市场容量进行调研总结和自我资源进行评估，在此基础上制定符合实际的分销目标，特别是以前提到的"三定"（定量、定价、定向）原则尤其重要，根据产品所处的不同的生命周期、分销商的分销能力来衡量分销目标是否合理。这里的关键问题是企业要提高对市场预测的能力。

2. 提高分销管理水平

（1）完善渠道管理制度建设。

由于渠道管理者和各经销商之间是平等的企业法人的关系，销售网络不可能通过上级管理下级的方式来实现，所以企业要通过完善的合约来约束经销商的市场行为。在合同中明确加入"禁止跨区销售"的条款，将总经销商的销售活动严格限制在规定的市场区域之内。在企业内部业务员之间也可以签订不窜货协议，规范其市场操作。另外，还可将业绩考核与窜货挂钩，制定出公正合理的绩效评估和酬赏制度。

（2）加强分销队伍的建设与管理。

分销队伍是分销制胜的保证与根本，为防止分销人员窜货，应加强分销队伍的建设与管理。在企业内部的分销队伍建设与管理方面：首先，严格人员招聘、选拔和培训制度。企业应把好业务员的招聘关，挑选真正符合要求的最佳人选，并提供完善的培训。其次，在企业中营造一种有利于人才发挥所长的文化氛围，企业应尊重人才、理解人才、关心人才，并制定人才成长的各项政策，从而在增强其成就感与积极性的同时，增强其对企业的忠诚度。最后，企业应建立良好的淘汰机制，因为在企业的分销队伍中难免会掺杂一些素质欠佳或能力平庸的人员，淘汰机制应能有效地维持业务员的分销效率。企业对分销商的选择也与业务员的选拔类似，而且渠道成员的选择因为与市场运作的成败关系密切，理应更加谨慎选择。一旦发现本企业业务人员或者渠道成员有窜货行为，在劝说无效的情况下应当果断将其清除出销售网络。

3. 产品包装区域差异化

在不同的区域市场上，相同的产品采取不同的外包装形式，通过对产品不同外包装的识别，可以在一定程度上控制窜货。实现产品外包装区域差异化的主要措施有：一是实行产品代码制，即在产品的内外包装印上给每个销售区域产品编上的一个唯一的号码，且在条件允许的情况下，各企业还可对喷码技术进行适当改进，也可以经常变动位置喷印暗码。二是产品包装在数量上差异化，即同种药品在不同的销售渠道，在符合法律法规的前提下，采用不同的包装数量来区分。如药品的流通领域主要有社会药店、医院（社区诊所），那么企业可以向零售药店供应小包装，这是因为来此购买药品的顾客多是病情不严重，希望随买随用，提供的药品数量够使用一次即可；而向医院（社区诊所）就诊的顾客需求就有所不同了，他们希望通过医生的诊治解除病痛，而且在医院（社区诊所）不如去零售药店那么便利，因此企业给医疗机构提供的产品包装数量可以增加。三是通过文字标示，即在每种产品的外包装上印刷"专供某地区"的字样。实现产品包装差异化主要是为了能准确地监控产品流向，使得经销商在窜货上会有所顾忌；即使发生窜货，企业也可以追踪产品来源，为企业处理窜货事件提供真凭实据。可以说，产品包装差异化带给企业的是在监控和解决窜货问题上的主动权，也成为目前医药企业最多采用的防止窜货的措施之一。

4. 完善沟通与监督机制

与经销商多方面沟通，了解季节变化或者产品的销售环境。当企业外在客观环境发生变化并影响到市场需求时，及时修订销售目标。像对季节性强的药品，如感冒药，春秋多发季节的销售指标与夏冬季节的一定要有所区别。在一定程度一定条件下，允许退货并与经销商共担风险。这样主要是为防止经销商在处理滞销产品而发生窜货行为。如果经销商的分销能力的确不能满足企业要求，那么企业可以考虑替换分销商，而对其存货可由接任者原价接管，避免低价冲入市场。目前更多的医药企业倾向于组成行业协会。这个组织由渠道内的所有经销商组成，各成员之间达成协议，相互监督来控制和防止窜货。

第十章

医药产品整合营销

如果说医药零售行业经历了几个较大的周期，一是以广告打天下的"全媒体时代"；二是以配送服务为基础的"全渠道时代"；三是以终端为王的"全终端时代"；那么在数字化、智能化快速发展的今天我们下一个时代是什么呢？我想那就是"全产业链合作时代"，也就是——"整合营销时代"。

整合营销在医药营销中将不同的营销工具、传播渠道和营销手段进行有效整合，以实现统一的营销信息传递给目标受众。这种策略的核心在于确保所有营销活动的一致性和协调性，以达到最大化营销效果。整合营销之所以比传统营销更有效，就是通过建立数据中台，为患者提供更加一致和个性化的用药体验和健康管理，同时通过数据驱动的决策来优化营销活动，从而提高效率和效果。

第一节　医药产品整合营销要求

一、整合营销的定义与特征

（一）整合营销的定义

整合营销（integrated marketing）是一种对各种营销工具和手段的系统化结合，通过中台数据分析系统，根据环境进行即时性的动态修正，以使交换双方在交互中实现价值增值的营销理念与方法。整合就是把各个独立的营销综合成一个整体，以产生协同效应。这些独立的营销工作包括直供终端、合作共建、团队整合、媒体整合、事件营销和客户服务等。战略性地审视整合营销体系、行业、产品及客户，从而制定出符合企业实际情况的整合营销策略。

（二）整合营销思想的形成

整合营销理论产生和流行于 20 世纪 90 年代，是由美国西北大学市场营销学教授唐·舒尔茨（Don E.Schultz）提出的。整合营销就是"根据企业的目标设计战略，并支配企业各种资源以达到战略目标"。传媒整合营销作为"整合营销"的分支应用理论，简言之，就是从"以传者为中心"到"以受众为中心"的传播模式的战略转移。整合营销倡导更加明确的消费者导向理念，因而，传媒整合营销理论对我国数字智能形势下传媒业的发展应该具有重要指导意义和实用价值。

整合营销是从解决人们不看、不信、不记忆广告问题中找到的方法。整合营销是对传统营销的一次革命，它与传统营销理论不同，唐·舒尔兹教授用一句话来说明这种理论：**过去的座右铭是"消费者请注意"，现在则应该是"请注意消费者"。**

真正改变整合传播并使其应用变得日益广泛的多种动力，不是传播者，而是组织的外部因素——呈现各种形式的信息技术。组织内部因素——高层管理者对传播从业者的计算能力和职位工作的新的要求，以及消费市场的激烈竞争。运用整合营销传播，可以达到与顾客交谈的目的。在未来一对一营销的时代，与消费者达成双向沟通，并建立起长远的良好关系对一个企业的生存和发展是极为重要的。

（三）医药领域的整合营销

医药领域的整合营销要特别强调以下几个方面。

1. 整体性与系统性

整合营销强调将医药企业的各个经营要素，如研发、生产、财务、物流、仓储、销售、信息、资金和品牌等，进行全面整合，形成一个统一的营销体系。这一体系要求各个部门和团队之间紧密协作，相互沟通、相互协调、相互支持，从而确保营销活动的整体性和系统性。这种整体性的营销方式有助于提升营销效率，实现资源的优化配置。

2. 客户导向与需求满足

在医药整合营销中，客户导向是至关重要的。企业需要深入了解目标客户的需求和偏好，以此为基础制定营销策略。通过满足客户的实际需求，建立长期的客户关系，从而实现客户黏性的提升。这要求企业不仅要在产品和服务上做到精益求精，还要在营销策略上不断创新，以更好地满足客户的期望。

3. 灵活性与动态性

由于医药市场的竞争环境和客户需求不断变化，整合营销需要具备一定的灵活性和动态性。企业需要根据市场变化及时调整营销策略，确保营销活动始终与市场需求保持同步。此外，企业还需要在营销过程中保持创新精神，不断探索新的营销方式和渠道，以适应市场的快速发展。

4. 开放性与资源整合

整合营销强调开放性，即企业需要构建一个开放的系统，将市场上尽可能多的资源整合进来，为营销活动提供支持。这包括与其他制药企业、流通商业、药店终端甚至医疗终端的合作与整合。通过资源整合，企业可以扩大市场份额，提升品牌影响力，进而实现更好的经济效益。

（四）我国医药行业整合营销的必要性

随着经济的多元化发展，和人们对健康知识的普及，顾客偏好和行为正在不断地发生变化，以顾客为导向的买方市场也正在开始登陆我国医药零售市场。而中国的大多数医药企业还在营销的迷雾中徘徊，表现出很多通病。

1. 忽视医药产品本身的重要性

中国医药市场经济的发展，目前仍然存在两个问题：第一是医药同质化品类多，终端唯高毛利是取。第二是忽略产品本身去进行所谓的营销，常常以炒作、宣传为焦点，而不是以产品的适应证、品牌为核心，满足顾客消费者的需求进行营销。

2. 把广告等同于营销

医药企业投资广告主要有三种心态：一是舍得花钱等同于广告意识

强；二是短期内采取立体式广告攻势，以排山倒海般的气势迅速驱动市场，随后便修身养性；三是断断续续进行广告投资。其认为广告是万能的而忽略了营销涉及价值、价格、形象、渠道、网络、策划、公关、广告等许多方面。

广告仅仅只是营销的其中一个方面，营销离不开广告，但营销绝不等于广告。

3. 市场及产品定位失误

营销管理上的市场定位和产品定位的失误，常常会导致企业的推广营销策略达不到应有目标，并会导致企业或产品在消费者心目中没有一个特有的个性化的品牌形象。

4. 陷入恶性价格战的循环怪圈

价格战的硝烟此起彼伏，从这个领域波及另外一个领域，从这个城市传染到另外一个城市。我国的每次市场竞争都必将会演变为产品及服务的价格竞争。**中国医药企业如何从价格竞争走到非价格竞争，如何超越价格竞争而走向光明坦荡的价值竞争等问题，或许是今后生存和发展的关键。**

纵观近年来医药领域的系列问题，挖掘其最根本的病因应该是我国医药企业营销制度上的缺陷。制度的管理是否有效、实施是否得当，是否有一整套系统化的营销体系制度，是关系到营销的可持续及能否取得成功的关键。那么怎样去实现一个好的医药整合营销呢？

（五）医药整合营销的目标

一个好的营销整合目标，首先必须与医药企业总体目标和销售目标相协调。同时必须看清大的政治经济周期，医药行业是政策影响非常大的行业，因此企业在整合营销过程中，要仔细分析大的政策环境和传播环境。同时要明确每个阶段整合营销的目的以及企业所要达到的目标。下面我们仅从整合营销的传播端着重讲解。

1. 是吸引原始需求还是吸引选择需求

原始需求是对某类产品或服务的需求。比如，所有生病后想买药的消费者的欲望，构成了市场上对药品的原始需求。针对这种原始需求的营销传播工作，通常并不是我们医药企业的营销重点。处方药的营销起始点在医生的处方，OTC 产品的营销起始点往往在顾客自诊范畴的目标品类，因此 OTC 产品的营销更接近营销的本质，顾客在选择过程中能从原始需求端开始做教育。比如，快克和泰诺，你选择什么。这种选择需求往往更能决定每一个产品的市场占有率，很自然这一部分的需求才是我们医药企业的重头戏。

2. 提供信息、说服还是提示

在提供信息的过程中，特别是能通过权威部门发布相关真实可靠的信息，这对市场竞争显然是有效的。而对于一些品牌弱的产品，则只有通过有效的、艺术性的说服才能让消费者动心；必须想办法让他们相信，购买该产品，可以提升自我形象、增进自身利益，通过说服使消费者从知晓到感兴趣、产生欲望并最后付诸行动。然而如何说服顾客购买这又是一套营销艺术，这方面的内容在前面章节也有所提及。

3. 树立品牌形象还是企业形象

品牌形象是一个复杂的概念，它包括购买者通过品牌名称而引起的情绪变化，并决定于产品本身、产品价格、产品零售商、产品购买者和使用者以及针对品牌的营销传播工作等许多影响因素。而企业形象则是指企业的外观形象和内在精神在社会公众心目中的总体印象和感识。品牌形象是与产品相关的概念，是一种产品的个性；而企业形象则是产品营销商的个性。对此问题的回答通常对应于不同的营销重点，但两者之间又是相互依存、相互制约的。例如我们提到一个企业您会联想到什么，同仁堂、片仔癀、云南白药、东阿阿胶，每个企业在顾客心中都有个标签，这就是构成企业品牌和形象的基本元素。

（六）医药营销整合营销的要求

医药整合营销领域共同的要求如下。

1. 以整合为中心

整合营销重在整合，既包括医药企业内部的整合，也包括企业外部的整合以及企业内外部的整合等。要形成平台化的整合体系，包括药诊联合

（诊疗和药品）、药械联合（药品和器械）、跨药联合（中西药结合）等思路。

2. 系统化

管理整合营销时代的医药企业面对的竞争环境复杂多变，因而只有整体配置企业所有资源，使企业中各层次、各部门和各岗位，以及总公司、子公司、产品供应商与经销商及相关合作伙伴协调行动，才能形成竞争优势。所以，整合营销所主张的营销管理，必然是整合的管理、系统化的管理。

3. 协调与统一

整合营销就是要形成一致化营销，形成统一的行动。这就要强调医药企业营销活动过程中的协调性，不仅仅是企业内部各环节、各部门的协调一致，而且也强调企业与外部环境协调一致，共同努力以实现整合营销，这可以说是整合营销与传统营销模式的一个重要区别。

4. 规模化与现代化

整合营销是一种集平台化、数字化营销的新模式，因而十分注重企业的规模化与数字化经营。对于医药企业而言，规模化一方面能使其获得规模经济效益，另一方面也为高效地实施整合营销提供了客观基础。与此同时，整合营销要通过数字 AI 技术可以为企业实施整合营销提供效益保障。

第二节　医药产品营销传播原理

营销不仅要求企业生产出符合市场需要的产品、制定合适的价格、采用合适的分销渠道，而且还要求企业采用多种有效的手段开展传播与动销活动，以促进企业产品的销售。因此，每一个企业都不可避免地在市场中扮演着传播者与促销者的双重角色。企业要开展有效的传播与促销活动，必须明确传播的基本原理。在此，笔者将多年操盘上市企业非常重视工作之营销当中的传播进行系统化讲解。

营销传播是公司试图向消费者直接或间接地告知、劝说和提醒其销售的产品和品牌信息的活动。以下是对营销传播概念的详细阐述：

一、定义与内涵

营销传播（marketing communication）是营销策略中的一个重要组成部分，它利用各种传播手段，将企业、品牌、产品或服务的信息传达给目标受众，以促进销售和品牌形象的提升。它代表着公司及其品牌的声音，是公司与消费者进行对话和建立关系的桥梁。营销传播着眼于将企业的品牌和产品发布纳入战略传播方案的整体背景下，创造出有重点、一贯性的品牌和产品认知，从而实现高报道率、高影响力的最佳传播效果。

二、传播的基本要素

营销传播的基本要素包括信息源（谁说）、信息（说什么）和接收者（对谁说）。这三个要素共同构成了营销传播的核心，确保信息能够准确、有效地传递给目标受众。

（一）信息发送者与接收者

信息发送者是向信息接收者发出思想、创意、情感、观念或对某一事物加以描述和说明等信息的人或组织。信息发送者首先必须明确要向谁传播信息、传播什么信息、要获得什么反应等。他们必须对沟通信息进行正确的编码，分析接受者如何解译信息，并选择合适的媒体、手段和工具进行有效的传播，同时还要建立反馈系统，以便及时了解受众对信息的反应。

在医药营销沟通中，营销信息的直接发送者一般是市场营销人员，接收者一般是目标消费者或潜在消费者。但在双向沟通行为中，营销人员和视听众都可能既是信息接收者又是信息发送者。特别是在人员销售过程中，推广洽谈活动中信息的发送者既可以是推广人员，又可以是顾客，并不断地互换着这两个角色。

（二）编码和解码

要使所传播的信息对沟通对象产生刺激，信息发送者的编码过程须与信息接收者的解码过程相吻合，发出的信息必须是接收者所熟悉的。一般来讲，发送者与接收者的共同的经验范围越相似，共同语言就越多，传播信息就可能越有效。对营销人员来讲，他们必须对消费者进行深入了解，掌握消费者惯用的信息符号系统、解码过程经常出现的偏差等，根据不同的药品消费者及时调整沟通符号系统，对所传播信息进行正确的编码，使之与消费者的认知的自然过程相吻合。否则，营销沟通过程就会产生种种干扰，致使传播信息失真，并不被消费者所接受。从这个意义上讲，药品营销高手既是药学专家，又应该是消费心理学专家和沟通内行。

（三）噪声干扰

指影响信息正确编码与解码的种种客观与主观的因素。客观因素包括沟通环境、媒体手段等；主观因素较为复杂，发送者和接收者的知识结构、价值观念、语言文化、兴趣爱好等都会影响双方的正常沟通。因此在营销信息的传播过程中，会遇到许多干扰——众多商业信息和非商业信息。由于人们对同一刺激会产生不同知觉，因此，人们对信息的接受和理解不仅依赖于刺激物特征，还依赖于周围环境以及个人所处的状况。

（四）接收者的反应

信息接收者在接收营销信息后，会根据其内在的特征与特点，产生不同的反应。通常信息接收者的反应过程需要经历三种知觉过程：选择性注意、选择性曲解、选择性记忆。

1. 选择性注意

药品消费者不可能关注所有的药品信息，一般只对其感兴趣的、对其有切身利害关系、能解除其疾病痛苦的药品信息加以注意和感兴趣。因此，营销人员必须对目标市场的消费者进行调查，了解他们关注什么、对什么最感兴趣、最需要解决的问题是什么等，以确定传播信息的关键诉求点。同时还要了解主要药品竞争者信息沟通的特点，尽量避免与之过多地雷同，以提高信息的吸引力。

2. 选择性曲解

指药品信息接收者可能曲解所接收到的信息。信息接收者往往根据自己的生活经验和态度来判断、接受他们所接触到的事物。对接收符合其想象的事物进行加工，加上自己的主观色彩，而忽视不感兴趣的信息。因此，营销人员在营销沟通过程中，要使营销信息简明、清楚、富有戏剧性，并多次重复、突出要点。

3. 选择性记忆

指药品信息接收者只能保存其所接收到的与自己观念类似、要求一致的那一部分信息。营销信息沟通，目的就是要让消费者接收到信息并长久地保存在其记忆中，从而对其态度和购买行为产生影响。市场营销人员应该多多研究目标市场消费者或营销传播受众心理行为的特点，从而为确定传播信息内容与传播形式、媒体选择等提供科学依据。这样，才能够提高传播效率，增强营销沟通效果。

总之，一个有效的营销传播模式必然和一连串有效的信息相对应。那么，什么是有效的信息呢？有效的信息必须完成的三项任务分别如下。

（1）赢得接收者的注意。

（2）接收者和发布者都理解。

（3）刺激接收者的需求并提出满足这些需求的建议。

上述三项任务既可以与 AIDA（attention—interest—desire—action，注意—兴趣—需求—行动）概念相对应，同时也描述了消费者进行购买决策的步骤。

三、传播特点和途径

营销传播始终以实现营销目标为出发点，通过各种传播手段将信息传递给目标受众，以达到促进销售、提升品牌形象等目的。同时营销传播不仅是单向的信息传递，而是需要与受众进行互动和反馈。通过双向的信息传递，企业可以更好地了解受众需求和市场变化，及时调整营销策略，提高营销效果。

同时，营销传播的效果不仅仅取决于单一的传播手段或渠道，而是多种手段的综合作用。不同的传播渠道和方式具有不同的传播效果和特点，企业需要根据目标受众的特点和传播目的选择合适的传播组合，以达到最佳的传播效果。

营销传播可以采用多种方式进行信息传递和品牌推广，如广告、公关、促销、口碑营销、社交媒体营销等。市场环境和受众需求的变化会直接影响营销传播策略和方式的选择。企业需要及时调整营销传播策略和方式，以适应市场变化和满足受众需求。

（一）营销沟通类型与媒体

人类传播与沟通现象十分复杂，通常根据传播范围的不同分为人际沟通、大众传播、组织传播、群体传播等形式，与医药企业营销活动有关的主要有人际沟通与大众传播两种形式。

1. 主要营销沟通传播形式

（1）人际传播。

人际传播也称人际沟通，是指个人与个人之间的信息沟通与交往，即人与人之间的交流、交往、联络、联系等，亦即我们日常所称的"人际交往"、"人际关系"。尤其在自媒体时代高度发展的今天，微信、微博、抖音等媒体传播。其主要特点如下。

① 显著的私域性。人际传播的一个特点就是个体对个体，即两个人之间的交流。它具有较显著的私域性。

② 双方的参与性。在人际传播中，双方参与性强，互为传播之主客体。两个人之间一旦发生交流和沟通，双方便不断地交换传播的角色。

③ 沟通符号的多样性。除了语言、文字、图像、音响外，还有诸如信息中的眼神、表情、动作、姿态、服饰、个性化空间等，以及交往的时间、空间环境等。沟通符号的多样性使对方从感观到理智均受到多方面的信息刺激。

④ 反馈的灵敏性。人际交流能够及时作出反应来表达自己的情绪或意见，能够通过观察对方的反应及时调整自己的传播内容、方式或符号，相互间不断的信息反馈，易于达到相互适应的沟通。

⑤ 沟通的情感性。在所有传播方式中，人际传播的人情味最浓，最有温度。人类进行传播交往的动机和需要是复杂的、多方面的，有生理的需要、情绪的需要、物质生活的需要、精神生活的需要、社会或个人心理的需要等。人际沟通最有利于情感的交流，最易于达到以情动人、以情化通的效果。

⑥ 主观的制约性。人际传播主要在个人之间进行，因此最容易受营销人员个人主观因素的制约，例如受营销人员个人活动能力的限制，信息的传递受时空的制约等。

（2）大众传播。

大众传播（mass communication）就是职业传播者通过报纸、电视、广播、互联网络、电梯媒体、书籍、户外广告、电影等大众传播媒介。将大量复制的药品营销信息大规模地向社会大众的传递活动。大众传播对信息的复制和传播主要是通过大众传播媒介进行的。传播者与接受者是非直接的、非面对面地进行信息交流。大众传播的特点主要包括以下几个方面。

① 间接性：大众传播是间接性传播，传播者与受传者之间的关系是间接性的，这与人际传播的直接性形成对比。

② 覆盖面广：大众传播媒介能够覆盖广大的受众群体，使得信息能够迅速传播到社会的各个角落。

③ 传播速度快：大众传播媒介具有高效的传播速度，能够在短时间内将信息传递到受众手中，满足人们对信息的即时性需求。

④ 资源利用率高：大众传播媒介通过规模化、专业化的生产，能够高效地利用资源，降低信息传播的成本。

⑤ 公开性：大众传播媒介面向社会，具有公开性，负有舆论导向作用。大众传播媒介传出的信息正确或错误，可能使为数众多的群众受益或上当。

⑥ 时效性：大众传播媒介具有时效性，传播的信息一要新，二要快，能够紧跟时代步伐，反映社会热点和焦点。

⑦ 单向性：大众传播基本是单向传播，针对性差，反馈机制相对较

弱。这意味着传播者往往难以直接了解受众的反馈和意见，需要借助其他手段进行市场调研和受众反馈收集。

⑧ 选择性：选择性是大众传播的一个显著特点，表现在传播工具对受众有一定的选择，受众对传播工具也有一定的选择。年龄、性别、职业、文化素养、个人兴趣等因素会使受众分为不同的读者层、听众层或观众层，从而偏爱某种传播工具。此外，受众对传播内容也有任意选择的权利，同时可以自由选择参与大众传播的时间。

⑨ 组织性：大众传播的传播者是由专业从事信息生产和传播的组织构成的，如报社、电视台、电台等。这些组织具有完善的传播体系和流程，能够确保信息的准确传递和有效传播。

此外，大众传播还具有娱乐功能，能够提供丰富多彩的娱乐内容，满足人们对娱乐的需求，增进人们的生活情趣。同时，大众传播也影响着人们的价值观和行为方式，潜移默化地塑造着社会的文化形态。

2. 人际传播与大众传播的比较

（1）传播的深度不同。人际传播具有沟通直接，运用的手段丰富，符号最为多样化，双方能较全面、深刻地领会信息含义，传播过程中情感性最浓，易于导致购买行为等优点，这些方面为大众传播所不及。但人际传播具有较强的个人主观性，重点不够突出，容易引起思维意识混乱等缺点。而大众传播则比较客观，能集中吸引传播对象某方面的注意力，重点突出，但也存在信息包括面较狭窄、不如人际传播沟通程度深等缺点。

（2）传播的速度不同。人际传播时，信息只能朝单方向流动，受时空限制，传递速度慢，扩散范围小。但直接交流可以控制信息传递的速度，易达到完全理解，并且印象深刻。大众传播时信息传递速度快，短时间内就能使大范围内众多的人获知信息，不受时空限制。但传播对象对信息传来的速度无法控制，影响其对信息的理解。

（3）接受者对信息取舍性不同。人际传播时接受者对对方所传递的信息选择的自由度较小，有一定的强迫性。这种传播方式可以满足一些特殊信息传播的需要。大众传播时双方不直接见面，面对各种信息资料接受者可自由选择。但大众传播不易满足特殊需要，除经过查阅或在极偶然情况下才有可能提供特殊信息。

（4）传受双方地位不同。人际传播中传受双方均是传播主体，在信息的交流与享用上地位平等，因此容易在思想观念、价值观方面较快形成共识或相互间的认同。大众传播中传受双方地位不平等：一方是传者，另一方是受者，信息不能对等交流，阻隔因素太多，因此，形成预期的共识需有一定的时间与过程。

（5）传递信息的重要性不同。人际传播时信息只被少数人接触，信息的重要性不被大多数人认识，要引起社会强烈反响比较困难。大众传播每天都能复制并传播大量信息，且这些信息都经过传播者的"把关""挑选""过滤""放大"等过程，其重要性和权威性得到提高，因而能引起社会的普遍关注，产生"轰动效应"。这正是为什么大众传播会造成一个人或一个组织瞬间成败的重要原因。在这一点上，人际传播是望尘莫及的。

（6）传播的反馈程度不同。人际传播时，营销人员可以有连续不断的时间与机会来评判自己所传信息的效果，及时加以补充、纠正、解释、澄清，保证信息传播的准确无误，双向沟通程度深。大众传播时，信息传递距离远、范围分散，获得反馈信息十分困难，难以对信息及时纠正或补充，它是双向沟通程度最差的一种传播类型。因此，选择传播类型一定要根据传播的内容和需要反馈的程度而定.

人际传播和大众传播是医药企业营销沟通中最常用和最重要的两种手段，要想取得良好的沟通传播效果，需要把这两种传播手段结合起来综合运用，相互补充，扬长避短。

（二）营销沟通传播媒介

传播媒介是指传播信息的载体与工具，它是信息发送与接收的通道。媒介是传播过程的基本要素之一，了解并恰当地选择媒介，是营销沟通工作中的一项重要的理论与实务。不同的营销沟通传播形式，其所借助的媒介也是不同的。

1. 广众传播媒介

广众传播媒介是以网络、电视、广播、电梯、报纸、杂志为信息主要载体和工具的传播媒介。广众传播媒介根据其传递信息的特点可以分为两类：一类是电子媒介，包括电视、广播、电梯及互联网络等；另一类是印刷媒介，包括报纸、杂志、书籍、户外等。

（1）电子媒介。

电子媒介指利用电子手段传递信息的媒介，主要指广播、电视、互联网、电梯传媒。电子类媒介传递信息的优点是：信息传递速度快，扩散范围广，不受时间和空间的限制，能使接收者及时接收到所传信息；接收信息方便及时，信息接收者数量大；收听和收看电视广播乃至电影录音等，因艺术性感染力强则对文化水平高低无要求，甚至文盲都可以；电梯传媒近几年蓬勃发展，以分众传媒和新潮传媒为主，能够精准投放，并传播能力和效果非常好。但电子类媒介也有自己的传播缺点，如信息传递速度快，稍纵即逝，不便保存和查找；信息传递量有限，可以利用的频道有限，不能随时增加；信息接收受限，受者必须按广播电视的节目顺序和固定时间来接收，不能自由选择等。

（2）印刷媒介。

印刷媒介指以文字和空间因素来组织信息的媒介，主要是报纸和杂志。两者都是品种多、发行量大、信息容纳力强的传播工具。印刷类媒介传递信息的优点是：信息详细深入，印刷媒介可以为信息提供详细情节和深入的背景材料，具有独特参考价值；信息可自由选择，印刷媒介传递的信息以文字材料形式摆在受者面前，可以随时随地根据兴趣需要自由地选择；信息资料可以保存，便于查找；信息针对性强且信息容量大。印刷媒介的主要缺点是：读者数量有一定限制，因为阅读需要一定的知识水平和阅读能力，专业性印刷品更需要有专业知识才能阅读，而且人们的习惯是听多于读，所以接受者数量受限；传递信息主要以文字形式表达，有时附以图表，不够生动、形象，吸引力差，需要增加趣味性和可读性吸引读者；信息传递速度慢，信息的时效性差。

综上所述，各种传播媒介传递信息时既有区别，又有共性，不能把它们绝对地割裂开来。在开展营销传播活动时，应该根据它们各自的特点进行正确地选择，找到合适的媒介工具组合。

2. 人际沟通媒介

在人际沟通行为中几乎所有的自然物体，只要被赋予一定的符号含义，都具有媒介作用。声音、颜色、气味、语言、文字、图形等共同构成了人际沟通的符号系统，均可以作为人际沟通的媒介，所不同的是有些媒介是间接的，有些媒介是直接的。人际沟通符号系统中常用的媒介主要有语言媒介、非语言媒介、实物媒介三大类。

（1）语言媒介。

语言媒介包括有声语言媒介和无声语言媒介。

有声语言是指发出声音并具有一定语义内容的语言。如交谈、演讲、谈判、讲话、报告等，在沟通活动中反馈及时、效果明显，是一种面对面的直接沟通媒介。

无声语言是对语言语义的符号化。比如各类文字材料、信函、文件、报纸、杂志、书籍等。照片、图画、商标、徽章等寓意文图标识也属于无声语言媒介。

（2）非语言媒介。

非语言媒介包括有声非语言媒介和无声非语言媒介两类。

有声非语言媒介，也称"类语言"，指人们讲话时的语音、语调、语气等，借助其他物体制造出的声音如敲击声、琴声等均属于此类语言，这是一种让受者"意会"的沟通媒介。

无声非语言，指的是人类的表情、动作、姿态以及相关的空间领域、服饰等负载信息的一种无声的人体语言。这种无声非语言是营销人际沟通中的重要沟通媒介，它有动态和静态两种类型，在人际沟通中普遍而大量运用。

（3）实物媒介。

是指传递语言和非语言符号的物体。在人际沟通中常用的重要实物媒介有信件、卡片、电话、传真机和互联网等。

在上述人际沟通媒介中，自然语言生动、形象、直接，反馈及时，但深刻性、全面性差；书面文字语言阐述问题深刻全面，但及时性、生动性差；电话通信系统"可闻其声"但"不见其形"，即使见其形也不如见其人生动形象、情感真实，况且通信费用高。因此，像初次相识、争取项目、业务谈判等最好运用面对面的口头沟通媒介；阐述观点、报告问题等则最好运用书面文字媒介；而遥远距离的人际沟通，若经济条件允许，则使用互联网络和电子邮件等方式。

四、媒介的选择

营销传播的核心目的是劝说消费者改变态度、信念或行为。企业通过各种传播手段，如广告、促销、公关活动等，向消费者传递产品或服务的信息，激发消费者的购买欲望，提高销售量，从而实现盈利目标。同时，营销传播也有助于提升品牌形象和知名度，增强消费者对企业的信任和忠诚度。

选择什么样的传播媒介，要视所传播的对象、内容以及传播者本身的一些具体条件而定，这些具体条件包括需要的程度、目的、经济实力等。科学的媒介选择，可以取得事半功倍的效果。

（一）对传播对象的考虑

不同的医药企业或同类药品面对的目标市场不同，其面临的传播公众也存在差别，选择媒介时应予以分析研究和区别。

例如，跨国制药公司可能更倾向于使用国际性的医学期刊和专业会议来推广其创新药物，以便触及全球范围内的医疗专业人士。而地方性的小型制药企业则可能更注重本地的医疗健康论坛和社区活动，以建立与当地医生和患者的紧密联系。此外，针对非处方药（OTC）的宣传策略也会有所不同，这类产品更倾向于通过大众媒体如电视广告、互联网和社交媒体平台来吸引普通消费者。在选择传播媒介时，医药企业还应考虑目标受众的年龄、性别、教育背景和生活习惯等因素，以确保信息传递的精准性和有效性。

（二）对传播内容的考虑

传播内容是媒体传播的载体，内容的精准性、可理解性都直接能导致读者的兴趣，因此对于内容传播也要考虑以下几点。

（1）传播内容的复杂程度和专业度的平衡。

（2）传播内容时效性的长短。

（3）传播内容详细程度和趣味性。

（4）传播信息内容的表达方式的选择。

传播信息内容不同，会吸引不同的公众。总的来看，公众更愿接受知识性、理性介绍较强的信息；而对那些带有强烈情感色彩、煽动性的内容则会保持一定的距离。因此，传播者在制作和发布信息时，需要充分考虑目标受众的偏好，以确保信息能够有效地传达并产生积极的影响。

在信息传播的过程中，语言的选择和表达方式也至关重要。简洁明了、生动形象的语言更容易被公众理解和接受。此外，合理运用故事化的手法，将信息融入引人入胜的故事中，可以大大增强信息的吸引力和感染力。

同时，随着互联网和社交媒体的发展，信息传播的渠道变得多样化。不同的平台有着不同的用户群体和传播特点，因此，传播者需要根据不同的平台特性，选择合适的传播策略。例如，在微博上，短小精悍、具有时效性的信息更容易获得关注；而在微信公众号上，深度分析、系统性的文章则更受欢迎。

最后，信息的传播效果也受到传播者信誉和权威性的影响。公众往往更愿意相信那些具有专业背景、良好口碑的传播者。因此，传播者需要在长期的实践中积累信誉，通过提供高质量、有价值的信息来赢得公众的信任和支持。

（三）对经济因素的考虑

无论运用何种大众传播媒介传递信息均需支付一定费用，通常费用水平与效果大小成正比例。对于传播的内容首先要有好的诉求点，和整体的传播规划，传播的频率和传播量亦同时起到非常关键的作用，如果传播达不到一定的饱和度，传播的效果会大大降低，其间应该对企业的资金情况做客观的分析和评估。传播效果的监测和评估是整个传播过程中不可或缺的一环。通过收集和分析数据，企业可以了解传播活动的实际效果，识别成功之处和需要改进的地方。这不仅有助于优化当前的传播策略，也为未来的传播活动提供了宝贵的经验和参考。因此，企业应建立一套完善的监测和评估机制，确保传播活动能够高效且持续改进，达到最佳效果。

五、实践应用

营销传播在实践中的应用非常广泛，包括新产品上市、产品推广、巡展、经销商大会、用户大会、顾客忠诚计划等多个方面。企业可以根据自身的实际情况和目标受众的特点，选择合适的营销传播方式和策略，以实现最佳的营销效果。营销传播是一种复杂而多变的营销手段，它能够帮助企业有效地传递信息、提升品牌形象和促进销售。同时，企业也需要根据市场环境和受众需求的变化，不断调整和优化营销传播策略和方式，以适应不断变化的市场环境。

（一）传播效果的基本条件

传播效果的基本条件包括权威性、客观性和公正性，这些条件在信息传播中起着至关重要的作用。传播效果的基本条件由以下几方面构成。

1. 权威性

权威性是指信息传播者所具备的专业知识、技能或经验，以及其在相关领域内的知名度和影响力。在信息传播中，权威性的传播者能够赢得受众的信任和尊重，从而提高信息的可信度和影响力。

医药行业传播案例中，权威性体现得尤为明显。例如，赫力昂旗下的知名疼痛管理品牌芬必得，通过《人民日报》及公益机构资源开展"带给大山女孩一场梦想营"的企业社会责任活动，由于权威媒体的参与，活动迅速引发了公众的广泛关注和共鸣，创造了远超预期的传播影响力。

2. 客观性

客观性是指信息传播者在传递信息时，能够保持中立、不偏不倚的态度，确保信息的真实性和准确性。客观性有助于增强信息的可信度，使受众能够客观地理解和评价信息。

在医药行业，一些企业会发布关于药品疗效、安全性等方面的客观信息，以帮助医生和患者作出明智的决策。例如，某医药品牌在发布新药信息时，会详细介绍药品的适应证、用法用量、不良反应等，确保信息的全面性和客观性。

3. 公正性

公正性是指信息传播者在传递信息时，能够遵循公平、公正的原则，不偏袒任何一方，确保信息的公正性和公平性。公正性有助于维护社会公正和公共利益，增强信息的公信力。

医药行业传播中，公正性体现在对药品疗效、安全性等方面的评价上。例如，某药品在临床试验中取得了显著疗效，但在发布信息时，企业会客观地介绍试验数据，不会夸大其词或隐瞒不利信息，以确保信息的公正性。

（二）良好的信息制作方式

1. 明确传播目标

在制作信息时，首先要明确传播目标，即希望受众在接收信息后产生什么样的变化。这有助于确保信息的针对性和有效性。

2. 选择恰当的信息载体

根据传播目标和受众特点，选择恰当的信息载体，如文字、图片、视频等。不同的信息载体具有不同的特点和优势，应根据实际情况进行选择。

3. 注重信息的可读性和可理解性

在制作信息时，应注重信息的可读性和可理解性。使用简洁明了的语言，避免使用过于专业或晦涩的词汇；通过图表、图片等辅助手段，帮助受众更好地理解和记忆信息。

4. 确保信息的准确性和真实性

准确性是信息传播的基本要求。在制作信息时，应确保信息的准确性和真实性，避免虚假信息的传播。同时，对于可能引发争议的信息，应进行充分的调查和核实，以确保信息的可靠性。

5. 利用权威媒体进行传播

权威媒体具有广泛的受众基础和较高的公信力。在制作好信息后，可以利用权威媒体进行传播，以扩大信息的影响力和覆盖面。例如，医药行业可以通过《人民日报》、新华社等权威媒体发布新药信息、健康知识等，以提高信息的可信度和影响力。

6. 医药行业传播案例

（1）芬必得"带给大山女孩一场梦想营"。

如前所述，芬必得通过《人民日报》及公益机构资源开展企业社会责任活动，赋能大山女孩追逐梦想。该活动不仅体现了企业的社会责任感，还通过权威媒体的传播，迅速引发了公众的广泛关注和共鸣，创造了远超预期的传播影响力。

（2）开瑞坦腾讯广告投放。

开瑞坦作为抗过敏类药品，通过与腾讯广告合作，利用大数据锁定潜在用药人群，并通过创意广告及优质转化链路，有效提升与用户的沟通效率并推动药品销量增长。该案例展示了医药行业在数字化转型方面的积极探索和实践，以及利用新媒体平台进行精准营销的有效性。

综上所述，传播效果的基本条件包括权威性、客观性和公正性，这些条件在医药行业传播中尤为重要。同时，良好的信息制作方式也是实现有效传播的关键。通过明确传播目标、选择恰当的信息载体、注重信息的可读性和可理解性、确保信息的准确性和真实性以及利用权威媒体进行传播等措施，可以进一步提升医药行业传播的效果和影响力。

第三节　医药产品营销沟通决策

营销沟通是市场营销中通过广告、人员推销等多种形式，与顾客进行双向信息交流以建立共识，实现价值交换的过程。它旨在明确目标导向，有效传递和解释产品或服务信息，倾听消费者反馈，通过多渠道传播和情感共鸣与消费者建立联系，从而创建品牌、提升销量，是连接企业与消费者、传递企业价值、塑造品牌形象和推动产品销售的关键手段。此章内容主要针对客户/消费者沟通来展开。

一、医药消费者处理信息的方式

面对消费者在购买药品时主要基于自身认知而非完全理性思考，以及他们只能搜集和处理有限信息的情况，我们应该采取以下策略来接受和处理药品信息。

（一）理解消费者认知的局限性

1. 认知偏差

消费者可能受到个人经验、情感、文化背景等多种因素的影响，形成对药品的特定认知和偏见。这些认知可能并不完全准确或全面。

2. 信息处理能力

人类大脑的信息处理能力有限，面对大量信息时，消费者往往会选择性地关注那些符合自己预期或兴趣的信息，而忽视其他信息。

（二）优化信息传播策略

1. 精准定位

了解目标消费者的需求和偏好，将药品信息精准地传递给他们。这可以通过市场调研、数据分析等手段来实现。

2. 简化信息

将复杂的药品信息简化成易于理解和记忆的形式，如使用图表、图片等辅助手段，避免使用过于专业或晦涩的词汇，确保信息的可读性和可理解性。

3. 情感共鸣

通过情感化的营销策略，与消费者建立情感联系，增强他们对药品的信任和认可。这可以通过讲述品牌故事、使用情感化的广告语言等方式来实现。

（三）提高消费者信息处理能力

1. 提供教育

通过举办健康讲座、提供药品使用指南等方式，提高消费者对药品信息的理解和处理能力。这有助于他们更好地评估药品的优劣，作出明智的购买决策。

2. 鼓励互动

通过社交媒体、在线论坛等渠道，鼓励消费者分享自己的使用经验和感受。这不仅可以为其他消费者提供参考，还可以帮助企业了解消费者的真实需求和反馈。

（四）应对信息过载

1. 筛选信息

面对大量的药品信息，消费者应学会筛选和过滤，只关注那些来自可靠来源、具有权威性的信息。

2. 利用工具

利用搜索引擎、健康 APP 等工具，快速查找和比较不同药品的信息，以便作出更明智的购买决策。

综上所述，面对消费者在购买药品时的认知局限和信息处理能力限制，企业应该一是通过精准定位、简化信息、情感共鸣等策略来优化信息传播；二是通过提供教育、鼓励互动等方式来提高消费者的信息处理能力；三是教会消费者如何筛选和利用信息工具来应对信息过载。这些措施都将有助于消费者作出更明智的购买决策，提高药品市场的透明度和公平性。

二、营销沟通内容设计

营销沟通内容设计是确保营销信息有效传递并引起消费者共鸣的关键

环节。以下是对营销沟通内容设计的简要概述：

（一）明确沟通目标

在设计营销沟通内容时，首先需要明确沟通目标，包括确定希望传达的信息、期望达到的效果以及目标受众。明确的目标有助于制定更具针对性的沟通策略，并评估沟通效果。此外，确保信息的一致性和连贯性也非常重要。无论是在不同渠道之间，还是在沟通活动的整个周期内，信息都应保持一致，以避免混淆受众。这需要制定一个详细的内容日历和信息架构，确保所有沟通材料都符合既定的策略和主题。最后，评估和优化是持续的过程。通过收集反馈、分析数据和监测关键绩效指标（KPIs），可以了解沟通活动的效果，并根据需要进行调整。这不仅有助于提高当前沟通活动的成效，也为未来的营销沟通提供了宝贵的经验和见解。

（二）了解受众特征

深入了解目标受众的特征是设计营销沟通内容的基础。通过市场调研、数据分析等手段，了解受众的兴趣、需求、偏好以及信息接收习惯。这有助于选择更合适的沟通渠道和方式，以及制定更具吸引力的内容策略。随之，应深入研究目标受众的特征和需求。了解他们的兴趣、偏好、消费习惯以及他们通常通过哪些渠道获取信息。这一步骤至关重要，因为它将指导我们选择最合适的沟通渠道和信息传递方式。例如，如果目标受众主要是年轻人，那么社交媒体和移动应用可能是最有效的沟通平台。

（三）制定核心信息

在充分了解目标受众之后，进而创建引人入胜的内容。内容应具有吸引力，能够引起受众的兴趣和情感共鸣。这可能包括故事讲述、幽默元素、视觉效果或互动性。内容的创意和质量直接影响沟通效果，因此需要投入足够的时间和资源进行精心设计。设计内容的核心信息是营销沟通的重要部分，应简洁明了地传达产品或服务的优势和价值，其中包括产品的特点、功能、优势以及与其他产品的区别等。核心信息应突出产品或服务的独特卖点，以吸引消费者的注意力。

1. 设计吸引人的标题和开头

标题和开头是吸引消费者关注的关键。一个吸引人的标题可以激发消费者的好奇心和兴趣，引导他们继续阅读或了解更多信息。开头部分应简洁明了地介绍产品或服务，并突出其优势和价值。

2. 运用故事和情感元素

故事和情感元素可以增强营销沟通内容的吸引力和感染力。通过讲述与产品或服务相关的故事，可以引发消费者的共鸣和认同感。同时，运用情感化的语言和表达方式，可以激发消费者的情感共鸣，提高他们对产品或服务的信任和认可。

3. 提供清晰的证据和证明

为了增强营销沟通内容的可信度，需要提供清晰的证据和证明，其中包括产品测试报告、用户评价、专家推荐等。这些证据可以证明产品或服务的优势和价值，并增强消费者对产品或服务的信任感。

4. 注意话术风格和排版设计

话术风格和排版设计也是营销沟通内容设计的重要方面。语言应简洁明了、易于理解，避免使用过于专业或晦涩的词汇。排版设计应清晰美观、易于阅读，突出核心信息和重点部分。

第十一章

医药电商营销

电商已经成为当今经济发展的一个重要领域。随着互联网的普及以及移动互联网的发展，电商正在迅速发展壮大。线上营销的未来发展趋势呈现出移动端购物崛起、个性化购物体验、可持续性和透明度以及社交电商兴起等特点。同时，也有越来越多的新兴企业从事线上营销，利用互联网的优势快速发展壮大。根据《中国互联网络发展状况统计报告》，截至2024年6月，我国网民规模近11亿人，互联网普及率达78.0%。由此庞大的用户基础为线上营销提供了巨大的潜在市场。

第一节　医药电商的概念及趋势

医药电商可以追溯到20世纪90年代，当时美国出现了许多医药电子商务公司，其中拥有著名品牌的Rx.com、Drugstore.com和PlanetRx.com等。21世纪初，比尔·盖茨和乔治·斯科特等科技巨头纷纷投资医药电子商务，这为医药电子商务的发展提供了强劲的动力。

随着互联网技术的不断发展，近几年来，我国医药电子商务的发展也有了很大的进步，涌现出大量的医药电商平台，如京东健康，阿里健康、叮当快药等，其中也有一些平台具有线上药店、医疗服务、健康管理等功能，可以为消费者提供更全面、更便捷的服务。此外，AI智能医疗、移动医疗等新技术加速推动了医药电子商务的发展。

一、医药电商的概念

医药电商是指以医疗机构、医药公司、银行、医药生产商、医药信息服务提供商、第三方机构等以营利为目的的市场经济主体，凭借计算机和网络技术（主要是互联网）等现代信息技术，进行医药产品交换及提供相关服务的行为。

二、医药电商分类

（一）按主体特征分类

（1）"电商＋医药"：以互联网电商作为立足点切入医药领域。

（2）"医药＋电商"：原本的医药工业企业和医药流通企业从线下向线上渠道拓展。

（3）B2B：主要为企业服务，分为政府主导的 B2B 采购平台和药企 B2B。

（4）B2C：主要为个人提供药品服务，按照是否为自营可分为自营式和平台式。

（5）O2O：C 端用户可以在此平台线上下单买药，线下享受服务。

（二）主要特点

（1）技术驱动：医药电商利用现代信息技术，如互联网、大数据、人工智能等，实现医药产品的线上交换和服务。

（2）市场潜力大：随着社会对健康意识的不断提高以及互联网技术的飞速发展，医药电商市场呈现出蓬勃的发展态势。

（3）政策引导：国家出台了一系列政策，推动医药电商行业的发展，如允许电子处方流转、完善"互联网＋"医疗服务的价格和支付政策等。

三、医药电商的发展阶段

我国医药电商的发展经历了多个阶段，以下为主要发展阶段概述。

（一）初创期

此阶段为医药电商行业的起步阶段。2005 年，我国颁发了第一张医药电商牌照，标志着中国互联网医药模式正式开启。在这一阶段，医药电商企业开始尝试利用互联网技术进行药品销售和服务，但市场规模相对较小，且主要集中在一些大城市和发达地区。

（二）成长期

从 2012 年天猫医药馆正式上线开始，到 2015 年，医药电商行业进入了成长期。网上药店数量迅速增加，超过了 300 家，并诞生了一批早期医药电商企业，如七乐康、壹药网等。这些企业开始通过线上渠道向消费者提供药品销售、用药咨询等服务，市场规模逐渐扩大。

（三）发展期

2016—2019 年，医药电商行业进入了快速发展期。网上药店数量如雨后春笋般涌现，形成了以 B2B、B2C、O2O 为主要模式的三足鼎立格局。在这个阶段，医药电商企业开始更加注重用户体验和服务质量，通过优化网站界面、提升配送速度、加强售后服务等方式，提高客户满意度。同时，政府也出台了一系列政策，支持医药电商行业的发展，如放开网售处方药等。

（四）洗牌期

从 2020 年开始，医药电商行业进入了洗牌期。一些大型平台医药电商在供应链整合、场景渗透、用户体验等方面开始展示绝对实力，如阿里健康、美团、京东健康等企业通过加强合作、拓展业务、提升服务质量等方式，进一步巩固了市场地位。同时，一些小型和实力较弱的医药电商企业开始被淘汰或兼并重组，市场竞争格局逐渐清晰。

（五）新阶段（3.0 时代）

目前，医药电商行业已经迎来了 3.0 时代。在这个阶段，消费者对于医药电商的需求不再仅限于便捷购药，而是更加注重健康管理服务或体验和产品的质量。医药电商企业需要不断创新和提升服务质量，以适应这一变化。例如，提供全面的健康管理服务、加强药品质量监管、优化用户体验等。同时，政府也继续出台相关政策，推动医药电商行业的健康发展。

综上所述，医药电商行业的发展经历了从初创期到成长期、发展期、洗牌期以及新阶段（3.0时代）的演变过程。随着消费者对健康管理的需求不断提升和政策的持续推动，医药电商行业有望继续保持快速增长的态势。

四、医药电商发展趋势

（一）医药电商的数字化、智能化、平台化趋势

随着医药电商的不断发展，越来越多的企业开始注重数字化、智能化和平台化的发展趋势。这些企业通过引入人工智能、大数据、云计算等技术，实现医药电商的全面数字化和智能化，不仅提高了交易效率和用户体验，也加强了企业的竞争力。例如，阿里健康是中国最大的在线医疗健康平台之一，通过引入人工智能、大数据、云计算等技术，实现了医药电商的全面数字化和智能化。阿里健康不仅提高了交易效率和用户体验，还加强了企业的竞争力，成为医药电商数字化的领先企业之一。还有药师帮是行业领先的在线医疗健康平台之一，通过数字化技术的应用，实现了医药电商的全面在线化和智能化。虽然很多企业诟病于药师帮的乱价问题，但追其根源还是企业供应链管理体系出现的问题。而这一切亦并未影响药师帮为用户提供更多的服务选择，成为医药电商数字化有前途的企业之一。

（二）医药电商与保险公司等合作趋势

当前医药电商企业开始注重与保险公司等第三方机构合作，为用户提供更全面的医疗保健服务。这种合作模式不仅可以为用户提供更多的服务选择，还可以为企业带来更多的商业机会和利润。医药电商和保险公司合作的优秀案例是"好药师"和"平安好医生"的合作。

"好药师"是九州通旗下的一家提供药品配送、健康咨询和慢病管理

服务的医药电商，而"平安好医生"是一家提供在线医生咨询、线上挂号、远程医疗等服务的保险公司旗下医疗健康平台。

这两家公司合作后，用户可以通过"好药师"平台购买处方药，并在购买时选择"平安好医生"的在线医生咨询服务。而在咨询过程中，医生可查看用户的电子处方单，在确认用户病情后，直接开具处方药，并将处方单传送至"好药师"平台，用户再次购买时可以直接使用之前的电子处方单。

这种合作模式有利于提高用户的购药和就诊效率，同时也减少了用户的就医和药品费用，极大地方便了用户。另外，这种合作模式有助于保险公司的险种销售，可以吸引更多的用户使用"平安好医生"平台，从而提高公司的保险销售业绩。

（三）医药电商的全面服务化、法治化

越来越多的医药电商企业开始注重为用户提供全面的医药服务，包括药品研发、生产、物流、销售等全方位服务。这种服务模式不仅可以提高用户的购药体验，还可以为企业带来更多的商业机会和利润。提高消费者的医疗健康服务体验：医药电商通过整合医疗资源、优化服务流程、提高服务质量等方式，为消费者提供更加便捷、高效、优质的医疗健康服务体验，使消费者在购买医药产品时更加放心和满意。

医药电商的全面服务化和法制化建设是相辅相成的，只有在法制化建设完善的基础上，医药电商才能够更加健康、稳定地发展。因此，医药电商的法治化建设是重要且关键的一步。

医药电商的法治化建设可以分为三个步骤：立法、普法和依法监督。首先，需要制定专门的医药电商相关法律法规，明确医药电商的责任和义务，保障消费者的合法权益，规范企业的经营行为。其次，需要加强普法工作，提高消费者和企业的法律意识和法律素养，使其了解医药电商的相关法律法规和自我保护措施。再者，需要加强依法监督，对医药电商企业的经营行为进行监督和管理，保障消费者的合法权益，维护市场秩序和公平竞争。

（四）与国际接轨

随着全球医药电商市场的不断发展和壮大，医药电商的相关法律法规也需要与国际接轨，符合国际标准和惯例，以便更好地适应国际市场的需求和挑战。

京东、阿里医药电商企业在全球范围内建立分支机构、开展业务，通过全球化的业务网络为全球消费者提供服务。同时，医药电商企业为不同国家和地区的消费者提供多语言服务，包括英文、中文、其他语言等，以便更好地满足不同地区消费者的需求。

在医药电商走向全球的过程中，与国际医药组织合作必不可少，与国际医药组织共同制定医药标准、推广医药科技、提高医疗服务质量，促进全球医药卫生事业的发展也是行业发展需要做的必修课。

五、医药电商的线上线下融合

医药电商企业越来越开始注重 O2O 的融合发展，O2O 是指 online to offline（线上到线下）的商业模式，即通过线上渠道了解用户需求，线下实体店提供服务，实现线上线下的无缝对接。这种发展趋势可以提高用户的购药体验，也可以加强企业的服务质量和用户满意度。

（一）线上营销

1. 线上营销的概念

所谓的线上营销，就是把原来传统的营销工作以合同的方式委托给专业网络营销服务商或者自行进行线上推广的方式。

网络销售外包服务商以互联网为平台，在深入分析企业现状、产品特点和行业特征的基础上，为企业量身定制个性化的高性价比网络营销方案，全面负责方案的有效实施，对网络营销效果进行跟踪监控，并定期为企业提供效果分析报告。在此过程中网络营销服务商会充分发挥其在技术、营销策划、实施等方面上的各种专业优势，竭尽所能完成预定的目标以获得企业支付的服务费用。

2.线上营销的基本模式

线上营销的基本模式如下。

（1）搜索引擎营销。

（2）社交媒体营销。

（3）文章营销。

（4）论坛营销。

（5）视频营销。

（6）移动营销。

（7）电子邮件营销。

（8）联盟营销。

（9）比较购物网站营销。

（10）直播营销。

3.线上营销路径

线上营销路径主要有以下几个步骤。

（1）制定营销策略。

（2）确定目标市场。

（3）确定线上营销渠道。

（4）构建营销资源。

（5）实施线上营销活动。

（6）监控和评估营销效果。

4.线上营销的现状越来越活跃

随着技术的不断发展，线上营销技术也在不断进步。越来越多的企业开始重视线上营销，并将其作为一种重要的营销手段。此外，随着消费者消费和购买习惯的改变，线上营销随之变得越来越重要。未来，线上营销将逐渐成为营销领域的主流，企业必须重视线上营销才能提升自身的竞争力。

（二）线下营销

线下营销主要采用店面管理、陈列展示、促销活动、团队推广、活动公关、会议会展、POP 展示等手段为客户提供销售支持、品牌宣传、产品助销等服务，并通过线下门店进行销售的方式。但线下的营销手段会不断接轨线上，形成线上线下融合的局面，线下营销和传统的区别在于线下的所有活动最终会转移到线上并将信息沉淀下来形成数字资产。具体几种方式如下。

1. 社区扫码活动

组织一些有趣的社区活动，如小区同学会、慈善活动、慢跑活动等，通过活动引起当地社区人士的关注和扫码，让他们更深入地了解公司和产品。

2. 拉锯活动

拉锯活动是指将公司和客户进行一种友好的互动，将客户邀请到公司或社区等地，进行一系列活动，如拉锯比赛、烧烤、拓展活动等，通过友好互联的活动，了解客户的需求，增加客户的参与度同时通过 APP 或者公众号导入信息。

3. 广告投放

在当地的电视、报纸、广播、户外广告、移动网络等媒体上投放广告建立链接或二维码，以提高公司和产品的知名度，吸引更多的客户。

4. 主题活动

组织一些主题活动，如创意比赛、技术培训、展览会等，通过多种形式活动引流到线上让客户更深入地了解公司和产品，以提高公司知名度和市场占有率。

5. 实地考察

实地考察是指公司派出一组人员进行实地考察，考察当地客户的需求，了解当地市场，通过短视频等手段，引发公众关注。

线下的促销活动一般都是通过药房终端店来实现的，目前这个时代正从数据化向智能化进行转变，因此营销的手段也会发生一些变化，然万变不离其宗，销售本质和消费者基本消费的逻辑没有太大变化。

总之，市场的发展使得线上线下的界限越来越趋于模糊，数字化发展让数字空间和现实世界连接得也越来越紧密，从整体的发展来看医药即时零售未来会得到较大发展，当然会有一些优缺点。优点包括隐私性强、速度快等特点，缺点是存在信任问题、物流问题、数据安全问题等。

（三）其他推广方法

医药电商平台还可以通过各种线上工具，如电商平台直接面向终端客户的推送展示、建立有奖问答、互动的活动方式等，从而在全国范围内建立产品品牌宣传。还可通过电商在例如"双十一"等节日做买赠活动；现实折让或秒杀点购等。

电商的推广应用比较多的另一种方式就是利用垂类媒体（Vertical Media），也称为垂直媒体或行业媒体，是指专注于某一特定领域或行业的媒体平台。这类媒体通常提供更深入、专业的信息和内容，以满足特定受众的需求。垂类媒体可以涵盖各种形式，包括网站、杂志、博客、视频平台、社交媒体账号等，其中丁香园是中国最大的医疗健康专业网站，提供医疗新闻、学术论文和健康科普。还有 Medscape 是面向医生和医疗专业人士的在线资源，提供临床新闻、期刊文章和继续教育课等。

另外，还有搜索引擎优化（SEO）和搜索引擎营销（SEM），主要是通过优化网站关键字，提高网站在搜索引擎排名或者通过竞价排名的形式，从而获得更多流量，引起消费者的关注或者直接链接到网上商城。国内某搜索引擎，基本是商业化，在首页很难看到自己想要搜索的真正内容，前面全部充斥着各种广告，可见在电商平台的搜索引擎端竞争的激烈程度。消费者通过对产品的搜索或者对症状的搜索，直接可以通过搜索端进入店铺或者进行内容干预。

（四）私域流量

医药私域流量发展是指医药企业通过私人渠道或私有平台（如个人微信号、微信群、小程序等）来推广和销售产品或服务，目前很多做私域流量的公司多数以药店会员管理的方式来进行私域流量的引流，主要是通过药店会员来获取用户的行为和数据。医药私域流量发展主要受到政策法规和市场环境的影响，其中政策法规和税收政策的出台对于私域药品的销售和推广有很大的限制。

私域流量基本是通过会员和线下双向来转化的，因此数据化中台的建立就成了该业务的重要基础，客户在线下的体验、培育，然后在线上通过会员管理体系建立起来对应的服务延伸关系，提高客户的黏性，再通过专业话术对顾客进行一对一沟通，同时进行健康档案的标签化工作，能精准挖掘客户需求，从而带来客观的销售。私域流量主要从几个方式来运营。

第一就是全域的销售，一般属于较大的公司。换言之通过打通线上线下客户通道，激活目标人群，用广撒网的方式来筛选客户。进而通过专业化服务达到销售目的；目前私域销售已经相对广泛，规模大的公司每年销售几十亿的也很多。

第二就是定向会员私域。也是医药行业主要的私域销售方式，从目前赋能给零售药房的私域流量来看，一旦启动此项目，在一定时期内会产生一定的销售增量，但项目结束后，销售立刻就会恢复到原样，因此也给很多零售终端带来困扰。但无论如何私域流量的销售给目前竞争压力巨大的零售连锁带来了销售增量，未来的私域流量将去向何方？笔者将会持续关注此类业态的发展。

除了私域流量之外，目前为药店赋能的各种数字平台层出不穷，显然赋能终端的竞争领域早就是很多机构的争夺高地，赋能终端的各种平台也已成了工业协同，药店增量的常用工具。

第二节　玩转医药电商平台

随着科技的发展，电商平台已经成为越来越多的医药企业的重要渠道，以此来改善其市场营销和销售策略，提高企业的市场占有率，拓展新的客户群体，实现更快更有效的产品销售，降低运营成本。无论是种草还是带货直播，其实销的基本逻辑没有变，变的是销售的手段和方法。消费者的基本面消费逻辑也没有太大变化，变化的是获客渠道和沟通方式。那么我们如何玩转医药电商平台呢？

一、品牌即流量

北京同仁堂对国人来讲并不陌生，北京同仁堂在电商领域布局也很早，并且此品牌在大健康类别里一直是佼佼者。但北京同仁堂的品牌并不是哪个企业都有的，那么小品牌或者没有品牌的企业如何在线上操作呢？事实上，无论大品牌还是小品牌，如果要做电商一定还是要回归到品效合一的基本问题上来。而不能否认的是，品牌是流量的引擎。

当前在精准营销的数字化进程中，我们也需要转变思维。针对数字投放，很多平台都能精确地测算出 CPC（以点击每次一计费）、CPL（以每一条客户留资信息计费）、CPS（以每一单实际销售产品计费），这些数字媒体的投放比传统的电视广告更加精准，甚至能计算出数字精准投放的 ROI（投资回报率），如此操作便让很多企业更加安心。

（一）品牌与品效

品牌与品效是相辅相成的，品牌是企业竞争的核心，是企业的无形资产，而品效则是企业的销售业绩，是企业的有形资产。只有将品牌和品效结合起来，才能获得更好的市场效益和社会效益。

品牌是企业的无形资产，是企业的竞争优势，是企业的形象和特色的体现。一个好的品牌需要具备多方面的因素，包括产品质量、功能与主治、文化内涵、服务等。好的品牌可以让消费者记住企业和产品，并愿意购买和推荐给其他人。

品效则是企业的销售业绩，是企业的有形资产。一个好的销售业绩可以证明企业的产品和服务是有价值的，能够帮助企业实现盈利和持续发展。好的销售业绩可以通过广告、促销、市场营销等手段来实现，也需要企业具备良好的管理和运营能力。

因此，在数字化时代品牌和品效的结合是企业发展的必经之路，只有将品牌和品效结合起来，才能获得更好的市场效益和社会效益。企业需要在注重品牌建设的同时，也要关注销售业绩，注重市场营销和品牌传播。

同时，还需要不断改进产品质量和服务水平，提高消费者的满意度和忠诚度，从而实现企业的可持续发展。

（二）数字媒体中的品牌

劳拉·里斯所著的《视觉锤》一书阐述了很多对于品牌来讲，非常重要的观点，例如你的色彩差异、语言差异，动感与活力等，其中符号化是非常有趣的观点，那么我们无论是打造"视觉的锤子"还是"听觉的钉子"其实都是要占领消费者的心智，目的是让品牌符号和产品产生强烈的关联。

当然，在此我们还要提及品类属性问题，因为每个品牌符号都隐含了许多含义，它也决定了品类属性的发展方向，例如提到北京同仁堂，你可能马上会联想到补益类产品、安宫牛黄丸、同仁堂老药铺、数百年的历史、供御药等元素。这就是品牌在消费者心目中的属性。因此我们在数字时代的品牌打造当中也要关注产品品类和品牌的属性问题。下面对电商品类和品牌问题做一简述。

1. 电商品牌的打造

品牌打造是将品牌的各种元素，包括品牌名称、品牌形象、品牌口号等，整合成一个整体，以便在受众心中建立起品牌形象和认知的过程。但是电商中的品牌与传统打造的品牌方式还有一些区别。

（1）品牌宣传渠道不同。

传统品牌常常依赖广告、促销和营销活动来增强品牌知名度。电商平台则更注重利用社交媒体、搜索引擎优化、数据分析等数字化高效渠道进行品牌推广。

（2）顾客反馈及口碑影响方式不同。

传统品牌通常是通过传统市场调研和客户服务来获取客户反馈，再根据反馈进行相应改进。而电商平台则可以基于用户浏览行为、购买历史和评论等数据来源对用户反馈作出快速反应，比如定向营销、个性化推荐等。

（3）品牌形象展示方式不同。

传统品牌会注重线下实体店面设计和陈列方式，以及视觉包装等手段来营造品牌形象。而电商平台则依靠网站架构设计及视觉界面呈现来提升品牌形象。同时虚拟形式也使得电商平台可扩展成多元文化形式，满足不同区域的消费者喜好。

（4）产品销售方式不同

传统品牌重点是实体店面的销售，而电商平台则主要通过线上平台开展销售和促销活动。其中，需要注意产品销售渠道和货物配送及售后服务等环节。

因此，在电商中打造一个品牌需要更注重对于数字化方式的理解和运用，同时也多关注顾客反馈与口碑营销的形式。

2. 品类的打造

电商中的品类打造是指在电子商务平台上通过选择、组合和经营不同的商品种类和产品属性，实现对消费者需求的满足与营销策略的制定，以增强品牌和企业的竞争力。电商中品类打造有几个要点：

（1）了解消费者需求。

在电商平台上打造品类之前，需要深入调研和分析消费者群体的需求和喜好，了解他们的购物习惯和行为，从而精准地选择产品种类和属性进行推广。我们可以在社交媒体上收集反馈，如微博、微信公众号等搜集消费者的意见和反馈。也可以整合各大电商平台及评论网站信息，除了从自建的销售渠道和网站中了解用户反馈以外，在整合淘宝、京东、天猫等电子商务网站中的产品评价，以及借助数据分析工具进行消费行为分析，通过对网站流量、搜索行为、点击率、页面跳转路径等进行对比分析，就可以发现到底是什么让用户留在自己的网站并完成购买，或者通过对销售数据进行业绩分析，观察产品热销程度、品牌知名度和有效营销策略的执行情况，可以更好地了解客户情况和市场趋势。

（2）精细分类。

将品类按照特定规则细分拆解，形成有序分类。一般医药行业要通过细分功能与主治来分割市场，但是对于已经有一定销售基数的产品，如六味地黄丸，就无法再通过细分功能与主治来重新分类，对此只能通过活动手段和传播手法来进行市场切割。

（3）高品质服务。

加强店铺的产品和服务，提升客户购物体验，替代线下渠道，扩大品牌影响力。同时，通过优化物流、售后等环节，为消费者提供更好的服务，提高客户满意度和忠诚度。

品类打造需要建立足够的数据分析基础符合客户需求，结合以上要点，企业才能在电商数字平台上打造出优秀的品牌和体系，增强市场竞争力。

（三）话题营销

线上话题营销主要是运用媒体的力量以及消费者的口碑，让广告主的产品或服务成为消费者谈论的话题，以达到营销的效果。对线上话题营销的详细阐述主要如下。

1. 话题营销特点

话题营销在国外又称付费评论，是口碑营销的一种。它借助热点来宣传推广产品，通过创造具有传播性的话题，引发公众的关注和讨论，从而带动产品或服务的销售和品牌知名度的提升。线上话题营销具有传播速度快、覆盖面广、互动性强等特点，能够迅速在社交媒体等平台上形成热点话题，吸引大量用户参与和讨论。话题营销是一种高效且具有创新性的营销方式，它能够帮助企业以较低的成本达到广泛的宣传效果。然而，要想在竞争激烈的市场中脱颖而出，企业需要不断探索和创新。

2. 实施步骤

（1）确定营销目标：明确线上话题营销的目标，如提升品牌知名度、促进产品销售、增强用户黏性等。

（2）分析受众特征：了解目标受众的年龄、性别、兴趣爱好、行为偏好等特征，以便制定更具针对性的营销策略。

（3）创造话题：根据受众特征和营销目标，创造具有传播性、趣味性、话题性的内容。话题可以是与产品相关的趣事、热点事件、争议话题等，以此能够引起用户的兴趣和讨论。

（4）选择传播渠道：根据话题内容和受众特征，选择合适的传播渠道进行发布和推广。如社交媒体平台（微信、微博、抖音等）、网络论坛、博客等。

（5）引导讨论与互动：在话题发布后，积极引导用户参与讨论和互动，回复用户的评论和问题，增强用户的参与感和归属感。

（6）监测与评估：通过数据分析工具监测话题的传播效果和用户反馈，评估营销活动的成功与否，并根据评估结果进行调整和优化。

3. 成功案例

拜复乐（Moxifloxacin）的微博营销。拜复乐是一种广谱抗生素，用于治疗多种细菌感染。为了提高品牌知名度和市场占有率，拜复乐在中国市场开展了微博营销活动。拜复乐通过微博平台发布了多个关于抗生素使用和抗菌知识的科普文章，邀请知名医生和健康博主进行互动，回答网友提问。同时，拜复乐还开展了"抗菌挑战赛"，鼓励用户分享自己的抗菌经验和故事。通过系列活动，拜复乐不仅提高了品牌知名度，还增强了用户的信任感，最终促进实现了产品的销售。

4. 注意事项

话题营销的基础是客观、实事求是。只有真实、可信的话题才能引起用户的共鸣和信任。同时一个不会引起用户兴趣的话题很难引起公众的关注和讨论。因此，在创造话题时要注重其趣味性和吸引力。

一个话题的抛出需要持续报道和跟进，才能保持其热度和影响力。因此，在话题营销中要注重其持续性和连贯性。也要在话题营销中遵守相关的法律法规和道德规范，不得发布虚假信息、侵犯他人隐私等违法行为。

（四）通用的营销法则

在新兴的媒体渠道和发达的科技运用过程中，笔者经常发现一些典型的错误，同时也想起了一些传统的营销法则。而应最重视的五大法则如下。

1. 法则一："四四二"法则

四四二法则说明了营销活动效果的影响因素，具体如下。

（1）40％的成功取决于营销对象。

（2）40％取决于报价或产品。

（3）20％取决于营销创意。

这条法则由直销大师艾德·梅尔（Ed Mayer）提出，并在20世纪60年代被广泛采用，现时可能不适用于所有的情况，却是应适时或提起的一个法则。

实情显示，大部分的成功销售，其实来源于把正确的信息传递给恰当的人。如果能找到对你产品最感兴趣的人，那么成功销售的概率就很高。成功的营销并没有秘诀。

2. 法则二：RFM模型

RFM模型的含义是：最近一次消费（recency，他们最近一次购买的时间是什么），消费频率（frequency，他们多久消费一次），消费金额（monetary value，他们消费了多少钱）。这个传统模型的用途在于对客户进行细分。那些最近有消费，且经常消费，每次花销不少的客户，属于最佳客户。有一种简单衡量RFM模型的方式，就是给每个变量设定5个等级，给它们分别标记从1到5（1为最低，5为最高），然后给每个客户打分。15分的客户就是最佳客户，而3分的客户估计无利可图。

此法则经过了时间的考验，因为无论你处在哪个行业，线上或线下，客户都是不一样的。所以细分客户很重要，由此你才能给客户提供更多相关的信息。

3. 法则三：二八法则

二八法则是时间最久的传统营销法则，也被称作"帕累托法则"。在20世纪前后，维尔弗雷多·帕累托（Vilfredo Pareto）注意到20％的意大利人口占有80％的土地，接着他发现其他国家也同样如此。

其实在商界，二八法则无处不在。在许多拥有稳定客户的企业中，你会发现20％的客户创造了80％的销售额或利润。同样，20％的商品产生了80％的销售额。

网络营销也是如此。在社交媒体中，如果你做个试验，会发现80％在朋友圈、抖音和微博上公布的消息，只有20％的好友看了，而你80％

的回复也来自你 20％的好友。

运用这个法则可以理解和明白"少数决定多数"。注意培养客户，努力从 80％的群体里发掘属于 20％的客户。运用此法则不断提高网站点击率、营销效率和产品销量。试着打破这个二八定律，即使你不能，也能提高你的销售业绩。

4. 法则四：AIDA 模式

此为最重视的一条法则。AIDA 代表引起注意（attention）、激发兴趣（interest）、刺激购买欲（desire）和促成购买（action）。用创意的信息吸引潜在客户的注意力，当潜在客户开始关注企业提供的服务和解决方案时，就因此产生了兴趣。说服客户相信你的解决方案是最佳方案时，就成功激起了客户的购买欲望，最后促成购买。

举例说明：

以某知名药企的某款感冒药为例：注意阶段利用大数据分析，精准定位到易感人群和季节性流感高发地区的用户，在社交媒体平台上投放感冒药广告，吸引他们的注意。再结合当前流行的健康话题或流感疫情等热点事件，发布与感冒药相关的内容，提高产品的曝光度。

兴趣阶段在公司官网和社交媒体平台上通过发布关于感冒药成分、功效、用法用量等方面的详细文章和视频，帮助用户了解产品的特点和优势。在微信公众号上开展"感冒知识问答"活动，邀请医生回答用户关于感冒和药物使用的疑问，提高用户的参与度和兴趣。

欲望阶段发布真实的患者使用感冒药后的故事和反馈，在社交媒体平台上发布患者使用感冒药后康复的故事和照片，展示产品的疗效和患者的喜悦。同时在电商平台推出"冬季感冒防护套装"优惠活动，包括感冒药、口罩、消毒液等产品，吸引用户购买。

行动阶段在公司官网和电商平台上设置清晰的购买按钮和流程，用户只需点击几下即可完成购买。并提供 24 小时在线客服支持，解答用户关于用药和购买的疑问，确保用户在使用过程中得到及时的帮助。

通过以上 AIDA 模式的实施，该知名药企的感冒药成功地吸引了用户的注意、激发了他们的兴趣、产生了购买欲望，并最终促使用户采取了购买行动。这个案例展示了 AIDA 模式在医药营销中的有效性和实用性。

5. 法则五：降价促销＞打折促销

直接的降价促销方式比打折的促销方式能引起更大的市场反应，并带来更多的经济收益。这关乎人性。这条法则说明人们喜欢简单和直接的方式。消费者不喜欢思考，他们特别不喜欢做算术。直接的价格优惠，人们能够立刻明白。而打折需要计算，有时也会给人一种上当受骗的感觉。

以上五条亘古不变的营销定律，可以帮助提高企业的营销水平。这些法则会随时适用，所以记住它们，但更重要的是，记住它们的精髓。

记住：目标客户和营销内容，比营销方式更重要。

记住：所有的客户需要细分对待，少数决定多数。

记住：促使客户进行购买是需要一定过程的。

记住：消费者不喜欢思考，所以营销要尽量简单。

二、直播平台发展

在 2016 年前后，随着国家 4G 网络的普及和手机直播技术的成熟，市场上涌现出了 300 多家直播平台。后来随着资本的助推，一些"直播＋电商"的平台开始得到大力发展，从而迅速占领了一定的市场。淘宝在 2016 年 5 月开始了淘宝直播。与此同时"直播电商"成为一种新的电商模式。

成立于 2011 年的快手，发展到 2015 年在线用户就突破了 1 个亿，到 2016 年 2 月，其用户规模已经达到 3 个亿。2018 年快手一个知名主播，开启了一场 24 小时的直播带货活动，直播间最高在线人数突破了 100 万，当日累计完成 1.6 亿元的销售额。从以娱乐为主的直播平台到经营电商带货，快手开始了跨界发展时代。一时间带货直播站在了风口浪尖之上，随后，抖音、微视、京东、淘宝、拼多多等大的电商平台都开始布局直播电商。

今天，直播电商三足鼎立之势的格局已经形成，即以淘宝、京东、拼多多等为代表的电商平台直播化，以快手、抖音为代表的直播平台电商化，以及以微信（视频号、小程序直播）为代表的社交平台直播电商化。

三、直播电商的进化

直播电商的发展到如今已经越来越专业化，从专业化的网红打造到直播内容的设计；从真人直播到虚拟人直播；再到直播平台生态的打造，越来越凸显整个领域的专业化。医药行业作为特殊商品，在直播中目前仅开放了非常狭窄的空间，但我们依然看到，很多功能性食品的宣传显然是按照保健品的功能来宣导的，保健品依然按照药品的治疗功能来宣导，这些情况很多时候也是监管的盲区，因为很多产品的配方本身就是药食同源的中药。药品的电商直播仅限于医生讲解，普通人带货只能让产品在生活场景中偶尔出现，而不能作为主要产品带货讲解。因此医药直播电商对医药产业来讲只能是专业化来推广，没有专业的医生推广，一定会出现众多乱象。

（一）主播与 MCN 机构

MCN 是一种为数字内容创作者提供托管、运营、推广服务的代理公司，逐渐成为一种多元化而成熟的新兴产业，是从社交媒体直播职业发展而来。最初，主播是指自媒体平台上的开播者，通过网络实时直播分享自己的生活、技能或娱乐内容，与观众互动和沟通，获得流量变现收益。这是一个相对自由和简单的职业模式。随着网络直播的快速发展，越来越多的人加入了这一行业，市场竞争逐渐激烈起来。为帮助主播提高影响力和赚钱能力，MCN 公司应运而生。MCN 公司通过管理和服务优质主播，帮助其打造品牌形象、粉丝经济、商业推广等，从而实现更稳定、长期和高效的收益。MCN 公司在其中充当着扶持、支持与约束的角色，可以给网红们提供策划、经纪、拓展等完整的服务。

因此，从主播到 MCN 的发展，标志着这个数字化媒体行业日趋成熟，更多的机构开始介入并为主播们提供综合性的服务，而主播本身也需要更加专业和规范化的经营思路和工作方式。

（二）从直播工具到赋能平台

从直播工具到赋能平台的转型，是互联网、数字经济和社交媒体行业快速发展的必然结果。随着用户和市场的不断增长，视频平台逐渐向多元化、专业化和产业化方向拓展。这个时候，视频平台需要对主播进行更加专业化培训，同时大量的赋能平台是一种更高级别的服务形式，其力图推动整个行业的发展并带动相关企业和个人的创新。

1. 视频编码

在保证视频清晰度的前提下，通过优化压缩算法和网络传输协议等方式，将原始视频数据流转化为更小且稳定的数据包进行传输，实现低时延、高带宽的实时视频直播。

2. 直播 CDN（内容分发网络）

基于多节点布局的存储和调度架构，通过选取最优路径、负载均衡等技术手段实现全球范围内的高性能、低成本的视频内容分发。

3. AI 技术

如人脸识别、OCR、语音识别、情感分析、推荐算法等，可以有效分析用户画像、话题热度等信息，为主播和观众之间提供更加精细、个性化的推荐服务，进一步提升互动体验和直播平台价值。

4. 弹幕技术

通过在视频上方悬浮显示文字、表情等内容，实现用户互动交流和内容增值，同时也让直播变得更加生动活泼，更适合年轻人群体的消费习惯。

5. 移动端技术

通过优化视频编码、网络传输等技术，适配不同尺寸和分辨率的移动设备，并利用手机摄像头、计算能力等特性，进一步增强用户直播的自由度和灵活性。

随着科学技术的发展，直播电商和人工智能的有机融合也会越来越多，越来越紧密，无论是客户标签化，或是根据用户习惯进行精准投放，或是虚拟主播等都会给直播电商带来激烈的竞争，但把营销逻辑说通透，还是从需求端到生产端的链接，中间高毛利的获得在一定程度上会造成产品质量问题，因此，直播电商的客户保障体系还是会越来越健全，对于产品质量的要求和产品的标准等也会做更多的限制和要求。

第三节　医药电商供应链发展的逻辑

医药电商供应链发展经历了多个阶段，从最初的自建物流到现在的智能化和自动化物流，医药电商的供应链越来越成熟和高效。我们看到，从传统的电商供应到当今的直播带货供应也在发生着重大的变化，在高度数字化的发展过程中，电商供应链体系同样遇到了一些新的挑战，例如价格管控问题，产品生命周期难以把控等问题。

目前，医药电商开始采用智能化和自动化技术，如 RFID、自动化分拣和机器人等技术，实现了物流的高效化和智能化。

一、电商渠道搭建

医药电商平台需要解决从生产到终端市场的配送问题，通常需要与终端药店、社区或民营诊所、卫生室等建立合作关系，同时缩短供应链线路，降低产品价格。目前有很多传统企业都具备 B2B 销售体系，也有例如药师帮、药兜网等一些企业在线上、线下双重布局。药企从一开始针对 C 端的销售也开始重视 B 端的合作，搭建全体系的供应链系统已成为医药工业企业的必选项。

（一）自建物流平台模式

医药电商企业通过自建物流平台实现药品配送。这种模式的优势在于可以通过自身技术优势和平台化优势，实现药品配送的快速和高效。例如叮当快药。自建物流平台模式通过自身建立物流网络，并运用线上和线下渠道有机结合的方式，以提供更加全面、便捷、快速、优质的物流配送服务。具体来说，这种模式主要分为以下几个环节。

1. 仓库管理

通过建立自己的物流仓库系统，把商品从生产基地或者原材料来源处汇集到仓库，形成中央调配中心，实现商品整合、分拣、包装等功能。目前叮当快药等企业，针对城市配送半径建立了自己的社区药仓，采用中央统采，针对区域分仓补货的机制来满足配送要求，不过随着第三方配送服务规模的不断扩大，例如美团等大型城市配送服务，接入第三方配送平台也是自建配送的一种有力补充。随着数据化、智能化产业发展的推进，仓库管理将成为供应链体系中一个非常专业化的板块。

数据化仓储管理在现代物流和供应链领域中变得越来越重要。简言之，是把传统仓库服务改进到基于数据的仓库管理以实现更高效、准确的仓储操作和管理。仓库自动化程度越来越高，企业利用自动存储和检索系统、机器人和自动导向车辆等技术，提高仓库操作的速度，并减少人为错误的可能性。同时通过使用传感器、标签、射频识别器等设备可以监测仓库内所有商品的位置，数量，状态等信息。这些数据都被收集并分析以实现更好的库存管理。借助数据分析，开展数据挖掘与数据建模工作。例如，对库存情况进行全面分析，当库存水平达到某种状态时发出警报，以便及时补货或采取其他相应措施。

物联网、智能化将仓库管理软件和物流 ERP 系统与云端结合起来，使企业能够远程访问仓储库存数据、跟踪产品运输路径并快速调整仓储策略等。随着大模型与人工智能的发展，有的企业逐步建立了以机器学习的智能体系，用来识别库存处理方式并提高预测准确性，还可以使用人工智能技术调整仓储策略和计划。例如，利用深度学习对销售趋势进行分析，以帮助企业提前制定出优化的生产和进货计划。

2. 运输配送

企业无论是通过自建物流网点还是引入第三方的配送服务，主要以便捷、高效的服务为前提，通过分布在不同的区域内的仓口，负责各个地区之间的物流配送工作。同时，还可提供"最后一公里"配送服务，满足消费者的购药需求。

为了实现一套高效的配送管理系统，需要企业在订单接收、货物分拣、配送路线规划、配送时间安排、员工签到等功能上进行详细的筹划，以便为客户提供便捷的上门送药服务。现在的配送体系基本可以为客户提供相应的取件码/二维码识别等方式，确保取件的方便、快捷、准确性和安全性。企业在实施配送服务的同时，也需要优化配送路线，使用智能化的调度系统进行及时调整，降低配送成本且提高送达速度。在做好售后服务，保障顾客权益的同时，企业还需要为顾客提供快速反馈和解决问题的渠道，要制定明确的服务标准和收费规则，并及时处理投诉和纠纷，增强用户满意度和口碑。

总之，自建物流平台模式的优势在于可以有效掌控物流环节，提高物流效率，降低成本，并且在品质管控方面更加稳定和可靠。自建物流不足之处就是资产较重，投入大，一般小规模的企业很难支撑自建物流体系。

（二）委托物流模式

1. 第三方物流

医药电商企业通过与第三方物流企业合作实现药品配送。例如企业通过美团、饿了么等平台来进行配送，这种模式的优势在于可以借助第三方物流企业的专业优势和资源优势，实现药品配送的高效和质量。但这种模式需要支付一定的配送费用和合作费用。

在这种模式下，消费者可以在线上平台上下单、支付，并选择快递、物流等配送方式。平台则将订单信息传递给第三方物流公司，由其负责将商品从线下商家处取货并完成配送。这种方式能够让线下店铺的商品更好地展示在线上平台上，扩大销售渠道和范围。同时、第三方物流公司具有专业的物流管理能力和配送经验，能够提高配送速度和配送质量，增加消费者购物的满意度。能为小微企业减轻线下商家的配送负担，使其能够更好地关注商品的质量和服务，提升消费者口碑。

目前，医药第三方物流行业发展迅速，市场规模不断扩大。根据有关数据显示，我国已经有逾200家医药第三方物流企业，在全国范围内为医疗机构和药品生产企业提供各类物流服务。同时随着生产加工、流通销售、科技创新等环节的不断推进，医药第三方物流市场正在从传统的运输服务向更多功能集成与附带价值转变。同时，医药第三方物流领域也面临一些挑战，如低价竞争、诚信风险等。因此，行业内需要加强品牌建设和知识产权保护，并深入推进供应链整合、信息化建设等工作，通过力度的加强，优化医药物流质量、提升整体效能。

2. 联合配送模式

即由多家医药电商企业联合组建物流平台实现药品配送。这种模式的优势在于可以通过多家企业联合实现资源共享和优势互补，降低物流成本和提高效率。联合配送可以实现物流资源的整合和优化配置，同时也可以为消费者提供更快捷、可靠的物流服务。此外，联合配送平台还可以共享配送资源，减少重复建设和降低成本，提高配送服务的覆盖面和质量。

目前，我国医药电商市场中已经有一些联合配送平台，如药急送、药快好等。这些平台通常由多家医药电商企业联合组成，共同完成医药商品的配送服务。然而，医药配送中的联合配送仍面临一些挑战，如协调难度大、配送资源不足等问题。因此，联合配送平台需要加强组织协调和管理，提升专业化水平和服务质量，实现可持续发展。

二、货架电商与直播电商供应链

产业从传统线下渠道慢慢过渡到了货架电商，再从货架电商转型到了今天的直播电商。传统线下渠道和货架电商有三个优势：第一是商家对渠道的控制力较强，尤其是具有一定品牌力的商品，与渠道合作的同时有一定的议价能力；第二尤其受限于地理位置以及电商平台流量分配的规律，可以对物流需求有一定的预测性，相对需求稳定；第三由于客群稳定因此生产需求计划性相对稳定，渠道流量相对可控。那么，在如今的直播业态当中，这几个方面均发生了重要的变化。

首先，相较于传统渠道，商家对与主播之间的合作关系控制力度变弱，尤其是很多网红主播都出自草根，再加上很多主播都是从娱乐主播变成带货主播，没有商务专业化的经验，并有一部分主播契约精神较差，因此导致很多商家很难预测在直播过程中实际的供应需求。

其次，直播过程中带货的情况经常受制于主播的状态和带货能力，会受到粉丝与产品匹配度的影响，还有直播当天一些市场环境，媒体环境和社会环境的诸多因素的影响。同时，也会受当天流量控制等因素的影响，这使得直播业态中的供应系统更加难以预测。由于很多商家与主播之间的合作是低频的，尤其供应体系是可以随时终止的，加之不同主播所给商家带来的消费人群每次都不同，由此进一步加大了数据的统计难度和对货物需求的预测难度。

再者，价格体系管控问题。随着直播业态的发展，一些头部主播往往会对产品利润空间要求越来越高。由于价格是产品最主要的元素之一，素有"定价定天下"之称。因此作为商品最重要的元素——价格就成了品类开发成败的关键性因素。一些头部主播往往借着自己流量的优势，需要更多的圈粉和黏粉，因而会对商品有较高的议价权。不同主播之间也会对同一产品有价格上的对比，商品价格便经常会打破底线，这些现象对品类的建设和品牌发展都会造成相应的损害。

最后，产品周期难以掌控。一种事物的兴起一定有传统体系没有的优势，但也会伴随着很多问题出现，近些年笔者在关注直播平台的品类开发问题，看到的更多是一种品类在各种大播主的推动下成为爆品，然而整体的持续热销时间一般为几个月。同时，炒作品类的性质大于理性推广。当投流开始的时候各个平台几乎同时都在推广，有些炒家，每日的投流费用高达上百万，大幅度炒作之下，对产品的利润要求也是极高的，因此，在不断压低生产成本的前提下，很多保健食品的质量参差不齐，这对品牌产品带来严重的伤害，对消费者也是不负责任的。一些主播没有合格的职业素养，在直播过程中靠着自己的流量大力度推广产品，对于产品发展战略、品类成长维护、品牌价值创造等没有概念，仅仅是针对手上的产品进行促单，虽然达成了现实的成交额但是并不利于品类长期的发展，对品牌资产的积累更没有助益，仅仅是一次性或者说是一次性的推广，这里不妨会出现推广中的扩大宣传或者是"擦边球"等动作，这样就会让商品的销售如过山车一样，同时也大大缩短了产品的生命周期。

总之，直播业态的到来对传统的供应系统提出了更大的挑战，由于医药板块还没有完全放开直播销售，仅仅从专业医生频道能得到一些用药建议，包括除了说通用药品名，根本不能提及商品名和厂商名称，因此国家对药品直播的限制还是非常多，这也是必要的。

大模型及数字化升级是医药电商供应链未来发展的主要趋势。通过数字化技术，医药企业可以实现供应链的透明化和智能化，提高运营效率和降低成本。同时，数字化技术也可以提高医药产品的可追溯性和安全性，保障消费者的健康和权益。随着医药电商市场的不断扩大，第三方物流服务将成为医药电商供应链的重要组成部分。随着医药电商市场的发展，供应链整合将成为医药电商企业提高效率、降低成本的重要手段。医药电商企业可以通过整合供应链上的各个环节，实现物流、信息流和资金流的协同管理，提高运营效率和降低成本。

当今，随着大模型技术的不断发展，智能化配送将成为未来医药电商供应链的一大特点。通过智能化技术，医药电商企业可以实现配送路径的最优化和配送时间的及时性，提高消费者的满意度和物流效率。同时，智能化配送也可以降低配送成本和减少人工干预，提高运营效率和降低成本。无论各种业态怎么发展，现实中我们总会找出相应的应对措施，希望随着科技的进步，医药行业的全新供应链管理体系会变得越来越好，让行业发展，让大众百姓受益。

第四节　医药电商对社会消费发展的影响

一、消费观念转变

随着各种类型电商的快速发展，对社会消费发展也影响深远，除了提高消费的便利性之外，更多的是对整体的消费业态和消费观念产生了根本性的改变。在社会发展过程中，细化分工是整体趋势，尤其是直播带货的出现，从"人找货"直接过渡到了"货找人"。从社会形态来看，进一步增加了市场细分领域的渗透能力，基层群众参与感日渐增强，草根经济在这一时期开始不断兴起，网红热浪开始影响品类传统的流通渠道。意见领袖对企业产品的销售影响开始显现。

从电商到播商的消费发展中，消费者的消费观也发生着很大的变化，电商时代属于图像文字检验逻辑，通过对方的描述和图文展示，再通过自己的认知体系对产品的质量、价值等进行判断从而决定购买与否。播商是对产品实物进行展示介绍，加上播主本身的信任背书，消费者对产品的信任会大大提高。这也就是为什么抖音、淘宝、快手等平台直播带货引发巨大销售流量的原因。

二、消费结构改变

电商发展不可否认地对社会消费结构带来了巨大影响，同时随着消费观念和渠道的改变，电商还在不断地迭代，归纳总结其对社会消费结构的影响如下。

（一）便捷性和舒适感提高

在线购买药品的便利程度提高了，人们可以随时随地进行下单购买所需产品，而无需前往实体店或排队等候。如果让我们再回到为基本生活资料排队的年代，很多人肯定不愿意。现在人们可以坐在家里等着外卖小哥上门，也可以对下周的电影提前预订。对于长期在商旅中的人们来讲，购买机票、火车票还有酒店预订等都带来了极大的便利性，都可以做到足不出户便把行程安排妥帖。

（二）减少采购环节

传统零售模式需要消费者去实体店购买产品，而在电商供应链中，消费者可以通过互联网直接选择自己想要的产品并下单。这一步直接排除了不必要的采购环节，让消费者更加省心。例如美团买药，你所购买的药品可以根据不同药房不同厂牌进行选择，基本在一小时之内都能送上门，便捷到你不用去药房，更减少了购买的时间成本。

（三）快捷的物流配送

电商企业通常会对物流配送环节进行全面的优化和改进，以确保消费者能够在最短的时间内拿到自己想要的商品。例如，快递员走访社区服务站点又称"驿站"，并实现同城三小时及时送达等。目前像闪送和美团跑腿等业务都是在"快捷"这个方向上做了细分市场，从及时性入手，让快递速达，不得不说，随着信息化的发展，快捷已成为很多企业追求的目标，速达让千里之外的南方水果可以到达北方，也可以让新鲜的海鲜可以跨过大洋当天抵达内陆，快捷改变了人们的生活，也改变了人们消费的习惯。

（四）便利的支付方式

在电商供应链中，消费者可以通过多种支付方式来完成订单付款，如网银支付、微信支付、信用卡、支付宝等。移动支付的方便性、高效性、安全性和可追溯性成为其主要优势。未来，随着技术的进步和普及，支付方式将会更加多样化和便捷化，比如人脸识别支付、声音识别支付、指纹支付等技术都开始广泛应用。同时，数字货币也有机会在未来的支付领域发挥更加重要的作用。

（五）完善的客户服务体系

电商企业通常设置了完善的售后服务机制，让消费者享受到更好的购物体验。消费者可以在商品品质疑问和售后问题时，随时通过在线医生客服、售后电话等多种方式反馈自己的问题，并获得及时解决。同时电商平台还能沉淀更多的客户资源，在指定的客户中能做到信息精准推送。由于商家对于电商平台的依赖程度很高，因此平台对商家信誉会有科学的管理体系，这样也让一些不良商家轻易不敢欺骗消费者，一旦丧失信誉，店铺的销售会受到影响。同时，消费者对商家的评价体系在售后服务中扮演着重要角色。随着数字化客户的管理和互联网医院的成熟发展，客户服务体系也成为很重要的一个板块。

（六）提供更多选择和更好的价格

医药电商平台提供更多产品种类包括同类的药物，可以便于消费者比较和购买，包括国内产品和进口保健食品产品，同时增强了价格竞争力：相比传统实体药房和医药连锁店，医药电商通常会以较低的价格提供药品。不同渠道，不同终端往往价格有很大的差别，目前C端价格问题让很多企业棘手，价格是产品体系中很重要的因素，价格不稳定，会造成市场极大的波动，尤其是在C端，会带来实体药店毛利的损失，从而不愿意销售价格混乱的产品。但对于消费者而言，有不同平台的价格比较，会带来购买的实惠。

第十二章

国际医药市场营销

随着我国市场经济体制的日益健全及与国际经济的接轨，越来越多的医药企业正在积极准备或已进军国际市场。但是，现代国际医药市场，行情瞬息万变，关系错综复杂，竞争异常激烈。有些医药企业虽能成功地进行国内营销，然从事国际市场营销却有可能遭遇挫败。

世界上许多成功企业的实践证明，一个企业要想顺利地进入国际市场，进而占领巩固和不断扩展国际市场，必须以国际市场营销的基本理论为指导，注重国际市场营销的战略、策略、方法及技能的学习、研究和灵活运用，注重分析和研究企业所面临的复杂多变的国际营销环境，正确地选择企业的国际目标市场，在产品、价格、国际分销渠道、国际促销及国际营销组合等方面作出切实可行的、科学的营销决策，以巩固和壮大企业在国际市场上的实力地位。否则，要想开展国际市场营销活动并获得成功，需要具有充分的思想准备。

本章主要阐述国际医药市场营销的基本概念、国际医药市场的进入决策、国际医药市场营销策略等方面的问题，给想要进入国际市场的国内企业予以参考。

第一节　国际市场营销概论

目前，我国直接从事药品进出口或在国外生产经营的医药企业正与日俱增。其他企业虽未直接参与对外经营，但也不能摆脱那些从事国外经营的竞争对手和买主的影响。当今世界，已经逐渐形成一个全球性的经济体系。一个医药企业不管是否愿意，想要避免其影响是越来越行不通了。形势所迫，要求有越来越多的人学习、研究国际营销理论，掌握科学的国际营销技巧。这也是我国改革开放不断深入进行的客观要求。为此，我们必须对国际市场营销概念有正确的认识。

一、国际市场营销的基本概念

（一）什么是国际市场营销

国际市场营销（international marketing）的定义是各种各样的，尽管这些定义在表述上不大一样，其实并不存在本质的区别。它与国内市场营销管理内容相似，只是由于要跨越国界而必须采取一些不同的方法。

前述已说明，市场营销是企业从生产到销售，一切活动都要以市场为出发点，以满足顾客需要为中心，生产合适的产品，制定合适的价格，运用合适的销售方法，选择合适的时间和地点，针对合适的消费者出售商品，以获得经济效益的过程。国际市场营销是指企业在两个或两个以上国家进行的市场营销活动，它与国内市场营销具有相同的过程，但必须超越国界。所以同样的活动过程，却需要采取不同的方式，因而具备不同的特点。

国际市场营销，就是以国际市场（某国市场）为出发点，以满足国际顾客（或某国的顾客）的需要为中心，生产合适的产品，制定合适的价格，选择合适的销售方式，选定合适的时间和地点，针对合适的消费者出售商品，以获得良好的经济效益的过程。

为正确理解和掌握国际营销的定义，我们必须注意以下几个问题。

第一，国际营销是一种多国性或国际性的经济活动。这种活动必须跨越国界，但商品却不一定跨越国界从一国转移到另一国。例如，我国外贸企业将我国的医药产品，通过各种途径销往世界各地。这种情况下，企业的营销活动已跨越国界，商品实体也跨越国界，从一国转移到另一国。但我国的一些生产企业在外国（如非洲、越南）建立工厂，生产产品直接在当地销售。这时，营销活动虽已跨越国界，但产品却并未跨越国界。

第二，国际营销是企业进行的跨越国界的市场营销活动，它是企业国内市场营销活动在国际市场上的延伸，或者说是企业国内营销活动向国际市场扩展。但由于国际市场与国内市场的差别很大，因此，国际营销与国内营销既有联系又有区别。另外，国际贸易活动也是一种跨越国界的经济活动，它与国际营销活动也存在着某种联系和区别。国际营销不是国内营销的简单重复，也不是国际贸易的另一种形式。

第三，国际营销不是国际推广。医药企业的国际营销活动应该是一套完整的系统管理工程。其中应该包括国际市场调研、国际营销环境的分析与政策研究、国际营销战略与计划的制定、国际目标市场的选择与确定、产品开发、定价、分销、广告、人员推广、公共关系、营业推广以及售后服务等一系列内容和环节。推广仅是现代企业国际营销活动中的一部分，而非最重要的部分。

（二）研究国际市场营销的意义

随着我国市场经济体制的确立，对外开放的深入，生产经营的国际化已成为必然趋势。在新的形势下，医药企业只有充分掌握国际市场的营销知识和技巧，才能做到在国际市场竞争中抓住机会避开障碍，凭借过硬的产品和先进经营理念，在国际市场上站稳脚跟。

目前，我国医药行业出口基本上集中在中药产品和西药原料药上，西成药出口虽有增长，但由于仿制产品多、国外注册的限制、消费国的偏见、出口退税不尽合理等因素，出口仍然比较困难。这同时说明我国医药企业要从事国际化经营仍具有非常大的困难。

研究国际医药市场，可以促使医药企业经营尽快国际化，配合医药科技发展不断提高产品质量，改善服务态度，提高经营管理水平，增强医药企业在国际市场上的竞争能力、应变能力、盈利能力、发展能力、自我完善能力等，还有利于扩大我国的药品出口贸易，增强我国药品在国际医药市场中的影响。

二、我国医药对外贸易的政策

（一）出口药品管理的基本原则

我国对外出口药品总的原则是先国内、后国外，即首先必须优先满足国内市场需要，自给有余之后，再鼓励出口。对于国内紧缺、满足不了国内市场需要的中药材、中成药应适当限制出口。

我国出口药品管理遵循的原则如下。

（1）凡我国制造销售的药品出口，须经出口单位所在省、自治区、直辖市药品监管部门审核批准，并根据外商需要出具有关证明。

（2）对出口的药品，必须坚持质量第一，优质优价、维护国家声誉，不合格的药品不准出口。外贸部门要根据药厂检验合格证进行收购。

（3）药品生产企业必须按照药品监管部门批准的质量标准进行生产，外贸部门要根据药厂检验合格证办理出口业务。

（4）各省、自治区、直辖市的药品检验所和各口岸药品检验所可根据具体情况对出口药品进行抽验，以确保出口药品的质量。

（5）对国内供应不足的中药材、中成药按照中华人民共和国国家药品监督管理局批准的品种出口。国家限制或禁止出口的品种不得办理出口业务。

（6）出口药品的商标、包装及使用文字等按照国家有关规定办理。除使用的包装材料符合国内药品包装规定外，要力争做到优质、美观，符合供货合同要求。

（7）麻醉药品、精神药品的出口，必须按卫健委或国家药品监督管理局颁布的有关规定办理。

（二）为外商出具出口药品证明书的条件

在办理药品出口业务时，外商如果需要我国药品监督管理部门出具证明书时，须具备如下条件才能为其办理。

（1）出口药品的生产厂家必须经批准并获得《药品生产企业许可证》。

（2）出口的药品必须是经卫生行政部门或药品监管部门批准并获得药品批准文号的合法产品。

（3）药品经检验必须符合药品标准并有药品正式检验报告书。

（4）所出口的药品品种不违反国家有关药品出口的各种规定。

（三）出口药品转内销的管理

经国内卫生行政部门或药品监督部门正式批准仅供出口的药品如转内销，须报所在地的省、自治区、直辖市药品监督部门审核，经省药检所检验合格后，并发给批准文号，方准在国内市场销售。

三、国际医药市场营销的研究内容

（一）国际医药市场营销环境的分析

包括对国际医药市场的调查研究和市场预测，对国际医药市场环境（竞争、文化、经济、政治、法律、贸易等）的分析，对国际消费者需求、购买动机和购买力的分析，以确定目标市场（细分市场），寻求最佳经营销售机会。

（二）国际药品营销组合因素

从药品市场经营销售因素 4Ps（产品、价格、促销、渠道）的组合，来探讨国际医药市场经营销售决策（何时、何地、何物、何价）的内容，从而使我国药品顺利进入或扩大国际医药市场。

（三）研究国际营销惯例

研究世界先进制药企业药品营销经验，学习他们在药品市场经营、销售机会分析、营销因素组合、推广手段等方面的经验，为我所用，以创立符合我国国情的、科学的国际医药市场营销学。

四、国际国内医药市场营销的区别

国际医药市场营销是市场营销学在国际医药市场上的应用，因此在国际医药市场营销中运用的经营销售理论与国内医药市场营销基本是一致的。但是由于国际医药市场环境与国内医药市场环境有很多差异，有时具有根本性的差别，使得国内市场营销与国际医药市场营销上也存在着差异。主要体现在：

（一）经营的国际性

药品要跨越国界销售，就使市场、产品、销售等具有国际性。药品跨越国境时要受到双方国家海关的管理和两国经济贸易政策的限制，形成不同的销售环境。这就是"药品经营的国际性"。例如北京同仁堂的很多产品都出口到国外销售，尤其东南亚地区销售量十分可观。

（二）需求的异国性

不同国家的消费者的需求因其收入、消费习俗、宗教、文化存在差异而不同，经营销售体制不同、方式也不同，每个国家有各自特色的市场，即"医药市场的异国性"。因此必须了解每个国家和地区的医药市场情况，找出国际国内医药市场的不同之处。

（三）竞争的多国性

国际医药市场上常常有很多国家和地区的许多企业和成千上万个产品在同时进行竞争，竞争之激烈称之为"商战"毫不夸张。这可以称为"竞争的多国性"。我国医药企业要研究如何调整经营策略以适应不同国家和地区市场的需求，同时避免本国各口岸之间的恶性竞争。

第二节　国际医药市场环境分析

医药企业要想顺利进入国际市场，必须首先对国际医药市场的经营环境进行调查研究。调查研究的内容与国内市场调研内容基本相似，主要有以下几方面。

一、国际政治经济环境因素

（一）国际医药市场的政治因素

医药企业是一种经济组织，企业的市场营销活动也是一种经济活动，但当其涉足国际市场时，常常会遇到政治因素的干预并深受其影响。国际政治对企业营销的影响，主要取决于国家之间的双边关系，以及协调国家集团之间关系的多边协定等。

1. 双边关系

国与国之间的贸易联系不单纯是两国经济关系的反映，同时也体现着包含政治因素在内的非经济因素。世界上某一国家和任何其他国家或地区都有一种独特的关系，这种体现政治、经济、文化、法律、军事等内容的双边关系，既可能给该国企业的国际市场营销创造有利的外部条件，也可以形成不利的阻力，而且这种双边关系又是不断变化的，会随着时间的推移而演变，有利与不利的局面经常交替。由此看来，贸易关系是以两国政治上的和平共处为前提的，国与国关系的紧张，无论是冷战还是公开冲突，都会有损于国际市场营销活动的开展。医药企业如果不了解国家间的这些非经济因素，就很难取得跨国营销活动的成功。

2. 多边关系

在日益开放的国际环境下，世界上任何一个国家都难以奉行闭关锁国的政策，或者完全按照本国意愿开展对外交往。与此相反，国家间的协调行动常常是必要的和有用的，战时的军事联盟就是国家间的一体化组织。和平时期，不少国家出于利益上的考虑，也结成不同形式的国家集团。尽管集团内的成员国可能不完全同意集团的目标和任务，但只要在行动上被看作是一个集体，就以国家集团的形象出现在国际政治或经济舞台上，如欧佩克——石油输出国组织，它对集团内成员国企业的国际营销会产生重要影响。国际上的多边关系总的可以分为意识形态上的东西方关系和经济发展水平上的南北关系。

（二）国际经济因素

1. 国际经济发展阶段

目标国家的经济发展水平，对于欲进入这个国家的外国企业来讲具有重要意义，它涉及企业的产品档次、价格定位、促销策略等营销战略的决策。关于各国所处经济发展阶段问题，W.罗斯托（Walt Rostow）的六阶段理论有一定的参考价值。

（1）传统社会阶段。传统社会是以自给自足为主的自然经济社会，生产能力有限的农业居于首位，产品用于商品交换的比例较低，加工制造业、交通运输业、能源供应及其他基础设施状况也较差。在对外经济交往中，多以资源型的初级产品出口为主，如朝鲜、老挝等国家。

（2）起飞前的准备阶段。处于这一阶段内的国家和地区，资金短缺局面有所缓解；投资和储蓄开始增加；现代科技开始应用于农业和工业生产；农业人口的城市化流动开始起步。与这一过程相伴随，产品的商品化水平不断提高，商品市场逐步扩大。例如印度、越南等国家。

（3）起飞阶段。罗斯托认为，起飞就是突破经济的传统停滞状态，它是一国工业化的初期。尽管时间较短（20—30年），但基本经济结构和生产方式的转变是剧烈的，因而是一个具有决定性意义的转变时期。在这一阶段，需要大量的投资以满足工业的不断扩张，整个经济呈现持续稳定的增长。

（4）成熟阶段。成熟阶段是指起飞之后，经过较长时期的经济持续成长而达到的一个阶段，此时的经济已经吸收了技术的先进成果，并有能力生产自己想要生产的产品。这一时期内整个国家的经济结构已经比较健全，国内产品具备了一定的国际竞争力，企业国际化进程迅速加快，出口产品在国际市场上占有了越来越多的份额。

（5）高额群众消费阶段。高额群众消费阶段是一个高度发达的工业社会，它在技术上的成熟使得社会的主要注意力从供给转移到需求，从生产转移到消费。在这一阶段，由于大量需求和高额消费，越来越多的资源被用于生产耐用品，耐用消费品已普及到一般居民家庭，居民家庭对耐用消费品的购买，保证了以大量生产耐用消费品为基础的经济的繁荣。处于这一时期的国家，已具备系统而完备的产业结构以及应有尽有的产品结构。

（6）追求生活质量阶段。追求生活质量阶段的主导部门是以公共服务业和私人服务业为代表的提高居民生活质量的有关部门。这些部门包括公共投资的教育、卫生保健、住宅建筑、城市和郊区的现代化建设、社会福利等部门。此类部门和前述各阶段的主导部门有一个显著的区别：以前各成长阶段的主导部门都是生产有形产品的，产品可以出口，而追求生活质量阶段的主导部门是服务业，提供的是劳务，以提供服务为特征的第三产业成为社会经济的主导部门。

在罗斯托的六个经济成长阶段论中，最为关键性的是起飞和追求生活质量两个阶段，起飞是相当于工业化开始的阶段；追求生活质量阶段则是工业社会中人们生活的一个真正的突变。对于国际市场营销来讲，罗斯托经济发展阶段论的理论意义在于，每一阶段内的产业结构、需求模式、消费心态等方面均有所不同，企业面临的市场机会和进入国际市场的障碍也不尽相同。因此，医药企业必须依据各个目标市场国家所处经济发展阶段的市场特点，有针对性地制定市场经营策略。

2. 区域经济组织

第二次世界大战后的经济一体化已经成为影响国际市场发展变化的主要因素之一。各国都希望结成某种形式的经济合作关系，以便有效地利用各自的资源为成员国市场提供产品或服务，经济活动的一体化导致了各种区域经济组织的产生。区域经济组织根据经济结合程度及相互依存关系可分为：优惠贸易安排、自由贸易区、关税同盟、共同市场、经济联盟、完全一体化。目前国际医药市场的区域组织情况包括以下几个方面。

（1）欧洲联盟（EU）：欧洲联盟是一个由 28 个欧洲国家组成的政治经济联盟，其中包括医药行业的监管和协调机构。欧洲联盟通过欧洲药品管理局（EMA）对药品进行审批和监管，并制定了统一的药品注册和监管标准。

（2）美洲自由贸易区（FTAA）：美洲自由贸易区是一个由北美自由贸易协定（NAFTA）成员国和其他南美国家组成的区域经济组织。该组织致力于促进成员国之间的自由贸易和经济合作，包括医药产品的贸易和合作。

（3）亚太经合组织（APEC）：亚太经合组织是一个由 21 个亚太地区经济体组成的区域经济合作组织。APEC 成员在医药领域进行了合作，包括药品注册和监管的协调，以及知识产权保护等方面的合作。

（4）非洲联盟（AU）：非洲联盟是一个由非洲国家组成的政治和经济合作组织。非洲联盟致力于促进非洲国家之间的经济一体化和合作，包括医药行业的发展和合作。

（5）东南亚国家联盟（ASEAN）：东南亚国家联盟是一个由东南亚 10 个国家组成的政治和经济合作组织。ASEAN 成员国在医药领域进行了合作，包括药品注册和监管的协调，以及药品贸易和合作。

这些区域组织的存在有助于促进国际医药市场的发展和合作，在药品注册、监管、贸易和合作方面提供了更加统一和协调的框架。

3. 国际贸易政策

区域经济组织尽管对成员国的对外贸易有统一协调的职能，但各国政府毕竟有权制定本国的贸易政策，所以企业进行国际市场营销还必须了解有关国家的外贸政策。主要的国际贸易政策有关税、非关税壁垒及外汇管制等。后疫情时代的中美贸易博弈给中国的医药企业带来了一定的冲击，国际大国的通常做法是提高质量层次，重新审计进口产品质量，不能达到该层次的就宣布为问题产品，并要求企业进行召回，这无疑会给企业造成巨大的影响。

4. 关税征收

关税的目的在于增加政府收入和保护国内经济。经常性的关税种类有：进口税，即进口国海关对本国进口商征收的正常关税，又可分为最惠国税和普通税；出口税，即出口国海关向本国出口商征收的关税；过境税，也称转口税，是本国海关对由他国出口通过本国运往另一国的货物所征收的关税。除上述三种关税外，还有临时性关税、差价税和进口附加税三种非经常性关税。关税将直接影响企业的国际市场营销活动，特别是在价格决策方面，出口商品被课征关税后，价格的大幅度升高会降低企业产品在国际市场上的竞争能力；进口商品的高额关税政策，也会招致别国的报复行为，导致企业的国际市场营销活动受阻。

5. 非关税壁垒

除关税之外的限制进出口贸易的各种贸易保护措施，均可称作非关税壁垒。主要的非关税壁垒包括：进口配额，这是进口国政府限制一定时期内某特定商品的进口数量或进口金额的政策举措，可分为绝对配额和关税配额两种。出口限额，这是出口国政府在一定时期内对特定商品所规定的出口额度，超过额度则禁止出口。进口许可证，这是由进口国外贸主管机构发给本国进口商的对特定商品的进口许可凭证。外汇管制，是指一国政府以法令形式对国际结算和外汇交易所实行的限制性措施，国家通过外汇管理局对外汇买卖的控制，就可有效地控制商品进出口的数量、种类和进出口国别。

除上述内容外，非关税壁垒还包括其他间接的限制性措施，如政府采购政策、各种技术或卫生标准等。非关税壁垒对企业的国际营销活动影响很大，有时甚至比关税限制更严厉。如进口配额，它可使企业降低生产成本、开拓新市场等营销决策失去效用。

二、国际医药竞争环境

医药行业是国际公认的国际化产业，医药的生产经营活动日益超出一国国界。因此，医药行业将面临比其他产业更为激烈的国际竞争。药品出口是某些发达国家大型医药企业的重要销售途径，它们大多以国际医药市场为目标，进行跨国经营，其分支机构遍布全球，生产力国际化已迈向更全面、更高级的阶段。如瑞士罗素公司国外销售所占比例为97%。

1. 各主要竞争企业情况

从全球药企统计数据看，辉瑞在2024年前三季度实现了458.64亿美元的营业总收入，同比增长2%。其中第三季度营业收入177.02亿美元，同比增长32%，远超市场预期。其肿瘤业务同比增长31%，新冠药物前三季度销售额达27亿美元，排在全球榜首。强生、罗氏、默沙东、阿斯利康这些企业营收表现优异，均显示出强劲的国际市场竞争力。

2. 医药国际竞争的趋势

（1）世界制药企业集中化趋势与兼并浪潮在世界制药工业迅速发展和医药市场激烈竞争条件下，为提高生产效率，保持市场优势，获取高额利润，企业联合兼并和发展规模经济实行企业集中化的浪潮正在全世界进一步发展。制药企业间的兼并与重组，使制药业的企业组织结构发生了根本性变化，它不再是单一的生产型产业，而是向着融制药、销售、清洁卫生服务、健康医疗服务、医疗保险等综合经营方向发展。

（2）全球制药工业因高技术渗透而获得新的竞争力全球医药高技术的发展，尤其是生物技术、分析技术、基因技术等高技术的发展，以及它们在医药产品研究开发与医药产业中的应用，使医药行业在其发展过程中出现了一系列值得人们关注的新动向，并取得了一些可喜的成果。在新药开发方面有：单克隆抗体技术、DNA 重组技术、细胞与组织培养、生物发酵、生物反应器、蛋白质工程等生物技术运用于新药开发的成果；用计算机技术从事药物分子设计、药物筛选模型分析，以及美国正在开发治疗癌症和心血管病的药物的计算机模拟软件，提高了药物开发效率，降低了成本。

（3）由于高技术被用于新药开发，以及人们回归自然的强烈愿望和用药需求，引起了天然药物和生物医药的迅速发展，使原本化学合成药一统天下的局面发生了巨大变化，逐步形成三足鼎立的对峙状态。这充分体现了世界制药工业的产品结构有了新的调整。天然药物主要是用现代技术手段研究开发以天然动植物和矿物为原料的药品和海洋药物，虽然目前新药占世界市场比例不是太大，但各国均十分重视并投入人力、财力，研究开发其新产品。生物技术药物发展速度较快，涉及的面也较广。

三、营销目标国家的人口经济环境

（一）人口因素

考察人口经济环境的主要目的，是估算某目标国家或地区的市场规模，即能够形成多大的实际购买能力，这是医药企业进入国际市场所必须考虑的问题。根据目标国家的人口状况、收入水平及经济基础结构等因素，可大致描绘出这一地区的人口经济环境。

人口虽然不是决定一个国家或地区市场规模的唯一因素，但它对于估计商品潜在需求，尤其是消费品市场需求有非常重要的意义，因为市场就意味着持有货币的人，所以研究市场规模不能脱离人口因素。人口特征可由人口数量、人口增长、人口结构、人口分布及人口流动的状况及发展趋势来反映。

1. 人口数量

从某种意义上讲，医药市场规模是由人口总量决定的。一个国家的医药市场规模与其人口总数是成正比的，其市场潜力都与人口数量有直接关系。在其他条件相同的情况下，一个国家的人口总数越多，则这一国家的药品市场规模就越大，说明越容易发现和寻找市场机会，企业进入该国医药市场也就越为有利。

2. 人口增长

从事国际市场营销的企业若从战略角度考虑医药市场规模问题，不仅要关心目标市场的当前人口总量，而且要了解该地区的人口发展趋势，即人口增长状况。国际营销的战略决策受人口增长率的影响较大。世界不同地区人口增长速度的差异是极为悬殊的，低收入和中等收入国家的人口年平均增长率远远高于高收入国家。

由于高收入的发达国家人口增长率降低，其市场规模从长远看会相对缩小。当然，这是在收入因素不发生变化的条件下所作出的判断，倘若将收入增长的因素考虑进去，人口增长率对市场容量会产生扩大与限制两个方面的作用。

3. 人口结构

人口结构对购买行为的影响并进而对医药市场规模的影响，主要体现在年龄结构方面。因同一年龄层次的消费者群体，其购买偏好具有一定的共性，年龄可作为细分市场的依据之一，所以不同年龄层次的人口构成不同的子市场。这将会影响医药企业的市场选择。目前世界人口年龄结构变化与药品营销有关的一个主要特征是人口老龄化，例如，日本，老龄化直接导致老年人市场在不断扩大，与"银发消费"相关的药品、保健品等的需求日益增长。

4. 人口分布

人口分布状况将决定着人口密度，人口密度虽然与一国的医药市场规模没有直接联系，但它会影响到企业进入市场的难易程度。一个国家的人口分布是不均衡的，从人口分布角度看，企业一般都希望在人口密度较大的地区从事营销活动，因为此类地区购买力比较集中，企业能以较低的营销成本取得较高的市场规模效益。人口密度对于国际营销企业评估分销渠道和物流成本尤为重要。

5. 人口流动

人口流动或人口转移表明了市场规模的空间变化，世界人口流动或转移的趋势是从农村到城市，人口的城市化趋势所带来的许多后果对市场经营活动都有直接的影响。在大多数国家城市居民和农村居民的消费类型是不一样的。城市居民一般受到良好教育，乐于接受新鲜事物，收入较高，购买力水平也较高；而农村市场在各方面都略逊一筹。城市市场对企业的营销更有吸引力，营销人员也更愿意在城市从事这一活动。

（二）收入因素

医药企业在进入目标国家的某个市场之前首先要考虑其市场规模，市场规模是由既有需求又有购买能力的人组成的。因此研究市场规模不仅要看人口，还要看收入。收入是决定市场规模的另一重要因素。

与药品营销有直接关系的是目标市场的人均收入。除基本生活必需品的需求量可由人口规模作出直接估算外，对大多数消费者而言，人均收入是最能表现非生活必需品市场潜力的因素。消费者对文化娱乐产品、休闲旅游产品以及服务用品需求层次上的差异，主要是由收入层次的差异所引起的。因此，不同国家的人均收入的确可能是说明购买者行为的主要原因，人均收入也就成为考虑目标市场消费水平的重要依据。

（三）经济基础设施

经济基础设施主要包括目标国的能源供应、运输条件、通信保证以及各种商务基础设施。任何一个从事国际市场营销的企业都要依赖当地市场的这些物质设施。一般来说，一个国家的经济实力越强，其基础设施水平就越趋完善，也就更加便利外国企业在本国市场的营销活动。作为国际营销的约束条件，交通、通信、能源以及具有销售辅助功能的机构设施，是构成国际市场经济环境的一个重要方面。

1. 能源

能源供给是反映经济基础结构的一个重要方面，丰富的能源资源不仅是吸引外资的优势，而且关系到整个市场的工业化水平。特别是欲在目标市场国家开设生产基地的医药企业，在进入该国时对此因素须予以高度重视，如中东地区的一些国家。

2. 交通

交通条件是指由公路、铁路、水路及空中航线组成的运输网络。企业的后勤供应依赖于目标国的运输基础设施，比如进入东南亚市场的企业，往往先打入新加坡，因为该国拥有可停靠大型轮船的深水港和效率极高的机场，通过新加坡的海运、空运可向东南亚地区市场渗透。发达国家与发展中国家在运输能力、运输方式方面的差异很大，直接决定了各自不同的产品实体分配效率，这就不能不影响到国际市场营销活动的顺利进行。

3. 通信

通信与交通同等重要，国际营销中的营销调研和促销都有赖于目标国通信设施的质量，通信的装备水平及普及程度直接影响到商品交换的便利、对市场机会的把握以及交易成本。

除了能源、交通、通信这些基础设施之外，医药企业的国际市场营销还依赖于目标国的商业性基础设施，诸如金融机构、广告公司、市场调研组织以及包括批发商、零售商在内的分销渠道结构。一个医药企业的国际营销活动开展得越广泛，就越是需要依赖现有的银行、广告代理商和由经销商组成的销售网络。这方面的配套设施越完善，企业国际营销活动的开展就越便利。

四、营销目标国家社会文化环境

国际医药市场社会文化环境代表了国际医药营销中的人文因素。人类虽具有共同的生物学意义上的自然特征，但人与人之间却有着更大的社会和文化方面的社会性差异。由于人处在不同的阶层或群体，具有不同的价值观念，风俗习惯和审美观也各有不同。生活在不同国度里的人们，在语言文字、宗教观念与道德信仰上也有极大的区别，这些因素都直接地影响着医药企业的国际市场营销活动。由于各国历史、地理、人文等原因的影响，使国家之间在社会文化环境方面存在着很大差异。

医药国际营销需要调查研究的内容有以下几方面。

（一）社会阶层

包括目标营销国家中家庭组织、阶层、行为准则等内容。

（二）文化素质

目标国家教育普及程度及人们的文化知识水平，通常是指受教育程度高低。

（三）宗教信仰

各国宗教信仰不同，其伦理道德和价值准则都不同，在产品需求上也会呈现出宗教特色。

（四）语言文字

各国的语言文字差异很大，对事物的解释和理解也不同。例如"大象"在我国和东南亚很受欢迎，但在英语里却是"累赘而无用"；仙鹤在印度是伪君子的象征；乌龟在日本非常受欢迎等。因而在外贸中文字的应用和产品名称、商标、装潢的设计等应充分考虑进口国的特点。

五、营销目标国家政治法律环境

作为一种经济和贸易活动的国际医药市场营销活动，离不开目标国的政治、法律环境的制约。世界各国有着不同的政治制度，政局的安定、政策的连续以及具有不同法律效力的条约、公约及协定等，使得企业在不同国家开展营销活动所面临的情况及采取的对策都有所不同，因而医药企业的国际市场营销策略必须充分考虑这方面的法律环境。

（一）政治环境

指营销目标国家国内政治环境对医药企业跨国营销的制约。这种政治环境主要包括一国的政体制度、政治的稳定性以及可能出现的政治风险等。

1. 政治制度

政治制度是指一个国家的政体、政党体系及有关制度。

（1）政体。一国的政体按权力的归宿可分为君主制与共和制两种，共和制国家又可分为议会制和总统制两种形式。不同的政体组织代表着不同的国家管理经济的形式。熟悉一国的政体对医药企业顺利进入国际市场很有必要。

（2）政党体系。目标国的政党体系按行使政权或干预政治的形式可分为一党控制、一党制、两党制、多党制四种类型。国际市场营销人员了解一国的政党体系，对分析该国的现行政策和预测未来政局变化是有益的。

2. 政治稳定性

政治稳定才能保证政策的持续，医药企业最关心目标国政府的政策能否得到长期而稳定的贯彻，由政策摇摆不定而引起的政局动荡会使外商望而却步，投资信心不足。目前世界上一些局部地区的武装冲突都与文化差异和教派论争有密切关系。此外，政治的安定性也可从诸如暴动、罢工、骚乱事件发生的多寡来判断。

3. 政治风险

目标国政局的不稳定预示着欲进入该国市场的企业所面临的政治风险。一般来讲，作为主权国家的东道国往往有着绝对的权力来影响和制约外国企业在该国的营销活动，国际营销企业必须对其可能遇到的政治风险作出分析和判断。这些风险主要来自以下几个方面。

（1）没收、征用和国有化。没收是指东道国政府无条件地把外国企业在该国的投资收归本国所有，由此会导致财产所有权从外国公司向东道国的转移。征用是东道国政府将外国企业在该国的投资收归国有的又一种形式，与没收的区别只是在于，征用时东道国政府给予外资企业一定额度的补贴。与没收、征用相比，国有化是一种更微妙的国家管制形式，它不同于带有突然性的没收、征用方式，而是采用渐进方式，逐步以各种手段和方法将外资企业的所有权全部或部分地转移到东道国手中。没收、征用及国有化是国际营销企业所可能面临的最严重的政治风险。随着近些年来国际局势的缓和，来自这三种形式的政治风险有所降低。这一方面是因为各国政府已认识到引进外资对本国经济发展的作用；另一方面东道国所采取的这些极端措施也会招致投资国的报复或制裁，从长期来看不利于本国经济的成长。

（2）进口限制与外汇控制。这两项风险虽不像上述的那么严重，但却可能更为普遍。任何主权国家都设有不同种类的进口障碍，以限制那些与本国利益发生冲突的产品进入该国市场，如东道国可以利用发放进口许可证来限制某些产品的进口；进口配额从数量上限制了国外企业某一产品的出口；关税虽不是一种直接的数量限制，但提高关税也足以阻止某些外国商品的进入；外汇控制是政府对本国外汇交易和流通实施管制的一种手段，各国政府会依据对本国的有利与无利，选择松紧程度不一的外汇政策。外汇管制既限制了国际企业在东道国的销售，也影响了所实现利润的顺利返还。

（3）价格管制与劳工问题。价格管制是国际营销所面临的风险之一。目标国政府对那些关系到本国国计民生的重要商品或劳务的价格，有时会予以行政干预，尤其是不愿意看到此类价格为外国企业所操纵。如果外国厂商涉足这些领域或部门，就很容易成为价格管制的对象。由劳工问题牵涉到的就业问题，在近些年来变得相当敏感，当外国企业因故解雇工人或某项决策有损于当地劳工的经济利益时，工会组织在政府的支持下，则会要求外国企业禁止解雇工人，或给工人以某种优惠待遇。这些压力会给在当地从事生产经营活动的企业造成一定影响。

除上述风险外，医药企业在东道国还面临着诸如政府的行政廉洁程度、民族主义与国民感情、医药企业所在国与东道国的国际关系等问题。医药企业只有对进入国际医药市场后所可能面对的各种政治风险作出全面的分析和预测后，才能在风云变幻的国际政治环境中制定出行之有效的国际营销对策。

（二）法律环境

一个国家的法律制度与其政治体制有着密不可分的关系，从某种角度讲，法律代表着一个国家书面的或正式的政治意愿。就市场营销来讲，世界上没有一部统一的国际商法，来据以调节各国企业间的交易和投资活动。跨国界交易必然面临着不同于本国市场的、陌生的法律环境。熟悉国际市场法律环境就成为医药企业跨国营销活动顺利开展的前提条件之一。国际市场法律环境主要包括各国不同的法律制度、有关贸易活动的法律规定以及具有法律效力的条约、公约及协定。

1. 法律制度

对世界各国法律制度的划分比较成熟的方式是二分法，即把各国国内法分为两大体系：英美法和大陆法。大陆法体系以法律条文为依据，以成文法规为基础，由商事法典、民事法典和刑事法典组成，也就是说，专有一部调整商业活动的法律法规。属于大陆法系的国家包括西欧的一些国家、整个拉丁美洲国家和非洲的部分国家。英美法体系的基础是传统、惯例以及法院的判例，而不是依赖成文法规与法典，属于英美法体系的国家除英国、美国外，还有加拿大、澳大利亚、新西兰及亚洲一些国家。

由于两大法系渊源不同，两大法系间也存在着一些明显的差异，比如对工业产权的保护，在不同国家有不同的措施和条例。在英美法国家，像著名商标等企业无形资产的财产权利依赖于使用该项财产的历史，按照"使用在先"的原则来判断工业产权的所有者，谁先使用，谁就拥有产权。而在许多大陆法国家中，工业产权是按照"注册在先"的原则来确定所有权，财产权利是依据哪个当事人最先实际注册登记这个商标来判定，即谁最早办理工业产权的注册，谁就是该产权的合法所有人，就受到有关产权法律的保护。如果一家企业将本国的"使用在先"或者"注册在先"的原则原封不动地照搬到国际市场其他国家，就很可能造成误解。因此，企业必须熟悉各个国家的法律规定及其具体的法律解释。

2. 涉及国际营销的法律规定

各国法律规定主要围绕以下两方面内容：保持和控制竞争、保护消费者利益。这些内容大多都涵盖了市场营销的四个基本要素，即产品、价格、渠道和促销。

（1）有关产品的法律规定在产品的包装、标签、品牌、商标、保证和服务等方面，企业必须了解目标国的特殊要求。越是发达的国家，在产品的生产、经销方面的限制就越是严格。企业在哪个国家从事营销活动，就必须遵循哪一个国家政府的法律规定。

（2）有关价格的法律规定对价格的控制因不同国家而异，通常市场化程度越高的国家越鼓励企业在价格方面展开竞争。然而即使美国，也颁布了不少干预价格的法规条例。一般而言，生活必需品最容易受到政府价格政策的干预。在干预方式上，既可以直接控制价格本身，也可采用诸如控制利润水平的间接控制手段。

（3）有关渠道的法律规定各国法律对渠道决策的影响，只有在企业与当地经销商或代理商签订或终止某一协议时才会发生，有些国家对本国不同类型的分销商的经销范围可能会作出规定，企业在选择渠道对象时应考虑这一因素。一般情况下，企业可比较自由地选择国际渠道模式。

（4）有关促销的法律规定在各种促销手段中，受到政府限制较多的是药品广告促销。大多数国家都有对广告进行管理的法律法规，从广告信息的内容到广告媒体的选择，政府都有详细的规定。因此，凡从事国际营销的医药企业，在进行市场环境分析时，必须顾及目标市场国的法律规范，并据此制定出符合目标市场特点的营销组合策略。

3. 具有法律效力的国际公约、协定及仲裁机构

医药企业进行国际营销时除遵守本国政府颁布的法规和目标国的法律规定外，还要了解国际通行的条约及协定。既然国家间的贸易往来没有一部统一的国际商法来调节，那么国与国所签订的条约、公约和协定对于缔约国的双方或多方就具有法律约束力，运用哪一国的法律来解决国际商务

争端，需在合同中予以明确，一旦发生纠纷无法通过协商解决，就只有求助于国际仲裁。尽管世界上没有一个凌驾于各国家之上的立法机构，但建立了一些为各国所承认的国际仲裁组织。比较著名的国际仲裁机构有：泛美商事仲裁委员会、加拿大——美国商事仲裁委员会、伦敦仲裁院、美国仲裁协会、国际商会等。在大多数国家，仲裁条款具有在境内强制执行的法律效果，而且国际上也有在联合国主持下缔结的《承认和执行外国仲裁裁决的公约》，来维护国际仲裁的法律效力。

第三节　国际医药市场战略抉择

一、未来国际药品市场展望

专家分析认为，由于欧美等发达国家药品市场已呈饱和态势，加之目前一些受专利保护的畅销药品专利期将至而不得不降低药价，以及新的专利药品开发速度缓慢等多种原因所致，国际药品市场结构将呈现以下新趋势。

（一）药品开发领域

在药品开发方面，胆固醇控制、充血性心力衰竭、精神分裂症、老年记忆衰退、阿尔茨海默病、糖尿病、艾滋病以及各种癌症等治疗领域，药品研究开发速度加快，市场前景广阔。

（二）生物技术药品

据悉，世界上一些以生物工程技术人员作为后盾的小型制药企业很有可能开发占总数 50％ 的新药。从发展趋势来看，生物工程制药业已成为近年来美国和欧洲投资者的新一轮投资热点。

（三）通用名药品

从近年来看，通用名药品在处方药品中的销售额已大大高于整个世界制药工业的平均年增长速度。通用名药品是专利期已过的药品，它们以大众化的价格来满足消费者的需求。

（四）非处方药品

近年来增长速度也不断加快，平均年增长幅度为 14％，高于整个制药工业的年平均增长幅度。

（五）靶向药

靶向药药物前景广阔，由于这类药物制剂能够使药物达到患者病灶部位，使药物得到充分利用，并极大地减少了副作用，其开发前景广阔。

（六）老年人及妇女儿童药品

随着老年人口的增加，老年性疾病和妇女儿童疾病用药会增加。

（七）预防性、保健、营养滋补性药品

预防性、保健、营养滋补性药品开发竞争激烈。近年来，预防性药品、保健药品、营养滋补性药品正在持续发展，市场方兴未艾，未来将持续升温。

（八）天然药品潜力巨大

据不完全统计，目前全球植物药品的年销售额约占 150 亿美元。美国人过去曾对植物药冷落，可是近年来对植物药的治病价值认识越来越高。所以美国已成为世界最重要的植物药市场之一。世界许多国家也在新药开发方面寄希望于天然药品。

二、国产医药商品进入国际市场的策略

目前我国扩大出口主要是国内生产的商品。在国内生产，不仅可提供

就业，国家获得外汇，还能内外贸结合，充分利用劳动力资源的优势，因而风险小。扩大国内商品出口的方法有两种。

（一）间接出口途径

（1）医药企业通过外贸出口的方法，即医药企业把出口药品卖给或委托外贸机构（如国药控股公司国际部），由该机构负责把药品推向国际市场。

（2）由外贸机构实行代理，经营决策由企业拍板，外贸代理则相当于医药企业一个对外部门。企业对出口有控制能力，代理机构可为一批企业服务，收取佣金。代理制在西方非常盛行，我国目前也正在普及。

（3）工贸联合形式，由医药工业企业和外贸企业联合起来成立联合体，各负其责，发挥各自优势，互相补充。这是比较有前途的半间接半直接出口方式。

总之，对于间接出口，生产企业不直接从事国际市场营销，风险较小，不需要建立专门的国际营销机构，节省费用，有利于中小企业产品推向国际市场。当然，从发展来看，企业不直接参与国际市场竞争，对市场变化反应欠灵敏，不能及时调整其营销策略。因此，从长远来看，应该向直接出口过渡。

（二）直接出口途径

直接出口指医药企业独立完成所有出口任务，其好处是对外贸有出口控制权，直接承担海外经营风险，不仅收益与经营直接挂钩，而且可以不断积累国际医药市场营销经验。一般有以下四种做法。

（1）有出口权的医药企业直接与外商签订药品生产销售合同。企业按规定负责生产，销售由外商负责。企业承担出口的全部风险。

（2）有出口权的医药企业可参与国外工程项目的招标或海外国家部门订货的竞标工作。

（3）寻找国外的代理商、经销商。通过他们来了解、摸清医药市场的潜力和前途，推广企业药品。

（4）在国外直接销售。优点是医药企业可以控制出口活动，掌握医药市场信息，减少分销商的费用，提高销售和服务的责任性。缺点是需要合适的外贸人才（要求进行医药贸易人员既有药学知识，又有贸易知识，还要有较高的外语水平），需要时间建立销售网络，需要投入许多建立与维持经费。

三、补偿贸易策略

补偿贸易是二次大战后兴起的一种贸易方式，对于缺乏外汇的国家，是利用外国资金和技术，发展本国经济的一种好方法。主要形式有以下三种。

（一）产品返销方法

即我国进口某国的设备和技术，用生产出来的产品偿还设备和技术的货款及技术转让费。这样，既引进了先进技术，又扩大了出口，而没有花外汇。

（二）易货补偿办法

即我国进口某国的设备和技术，而用出口给某国其他产品来偿还。

（三）部分补偿方式

即一部分用现汇偿还（或用贷款），一部分用返销产品或易货的办法补偿。

四、租赁策略

租赁方式是指某企业在没有外汇的情况下向外商（或我国外贸机构）租赁生产设备，企业用这些设备生产出口商品，返销后获得外汇，交付租赁费用。

优点是企业不需要外汇就可以引进设备，加速企业的技术改造和扩大出口能力。不足之处是租赁代价较高。此方式在西方十分盛行，称为"借鸡下蛋"。

五、在国外设厂的策略

在国内生产再出口到国外存在关税、进口配额以及运输等问题。为解决这些问题，可直接到国外设厂生产销售，有如下几种做法。

（一）在销售地区设厂

直接投资，在当地招工，利用当地资源生产。独立经营，风险较大。

（二）在国外设立分装厂

由我国供应主要产品原料，到目标国进行分装，因关税运费支付减少，故可降低产品成本，从而有利于占领市场。

（三）许可证贸易

即我国出口专利技术、设备工艺和商标，利用当地企业组织生产，提取许可证费。

（四）合资经营

即我方与外商合资在国外建厂，共同经营，共担风险，按股分利。直接投资可迎合当地市场需要，产品成本低，竞争力强，收益较高，但投资费用多，风险也大。

第四节　国际医药市场营销组合策略

类似于国内市场营销的方法，国际医药市场营销也是从产品、价格、渠道、促销四因素的组合上来研究如何进入国际市场。

一、国际市场产品策略

（一）直接延伸策略

即将在国内市场上营销的药品和方法，类推到国外市场。优点是不需额外研制费，生产费用低、投资少、收益好。缺点是局限于类似于国内市场地区。这种产品策略在医药行业非常普遍。

（二）产品适销策略

将产品做适当修正，做到适销。如生产减肥药的企业，可以生产减肥茶，然后销往以饮茶为主的国家。

（三）双重适销策略

同时改变产品和促销方法。这是由于"多国性产品周期"所致。即由于不同国家经济发展水平、收入、消费水平的不一致，同一产品在本国已进入衰退期，而在另一国则刚进入导入期。经济发达国家常采用这种策略，当某种产品升级换代后，就将老产品转让到其他国家，利用这部分收入反过来加强新产品的开发。

（四）开发新产品策略

当通过市场调查和预测了解到某国外市场有新的需要，就立即组织力量研究试制，创造新产品。这种策略对企业素质要求较高，需占用一定的人力、物力、财力，而且风险较大。但是一旦成功，收益也大。

通过以上策略，企业可以选择合适的产品到合适的市场上销售。为减少经营风险，同时采用几种产品定位策略，效果会更好。

二、国际市场定价策略

（一）国际市场价格的构成

1. 出口价格的构成

出口商品的价格构成一般有以下内容：生产成本（或进货成本）、国内运费、商品包装费、仓储费、商品检验费、出口税金、出口关税及出口报关手续费、外运费、货运保险费与办理托运、结汇及签发所需单证手续费和其他各种杂费、毛利润、分销商佣金、促销费、服务费、损耗等。

2. 进口价格的构成

进口商品价格的构成一般有：出口国的成本费、运费、运输保险费、进口关税及其他税、卸货费、理货费、进口商检费、仓储费、国内运费、杂费、毛利润、分销商佣金、促销费、服务费、损耗等。

（二）国际市场定价策略

产品进入国际市场，应考虑如下因素。

1. 国际市场价格

即把国际市场价格作为定价的基础和水准。

2. 国际市场竞争

国际市场竞争分为两类：直接竞争是指两家产品相同或类似的公司之间的竞争；间接竞争是指完全不同的产品为满足用户需要而产生的竞争。考虑市场竞争因素。对于产品定价一般有以下几种情况：对于新产品，必须把价格压得比平均市场价格低，以利于进入市场；对有一定市场占有率或声誉好的产品，价格可以与平均价格相当或偏高；具有特色、没有竞争对手、价格弹性小的产品，价格可高一些；质量比竞争者高，则价格也高；产品供不应求，价格可以上浮。

3. 货币形式

即用什么货币定价。一般采用美元定价，但有些国家愿意采用本国货币定价。因此需要及时掌握和预测货币的相对利率、汇率、相对通货膨胀率、贸易顺逆差、心理的期望值等。从事国际市场营销的企业对货币波动极为敏感，但尚未找到更好的方法使自己免受其害。如果在长期合同中忽视货币因素的变化，将会使企业在不知不觉当中付出很大代价。因此，必须考虑到汇率浮动所增加的成本，特别是从签约到发货间隔时间较长时更应如此。

4. 付款条件与定价方式

一般采用对方到岸价，即离岸价加上运输和保险费，对我国更为有利。

（三）价格升级及应对措施

价格升级指的是最终价格由于装运费、关税、分销渠道的延长、分销商毛利的增加、各种专门税金和汇率波动而上涨。价格升级的现象表现为：在本国市场上售价很便宜的商品，到了其他国家却贵得惊人。人们自然而然地认为这种高价是生产企业牟取暴利造成的，因此一些厂家也往往跃跃欲试，想把产品打到这些新的外国市场中去。现实生活中超额利润事实上可能存在，但更常见的是前述提到的各项附加成本，是造成国内产品国外售价高得异乎寻常的根本原因。

生产企业可以采用若干战略性措施来消除价格升级现象，以下是较常用的几种。

（1）通过降低在国外市场销售商品的净价（成本）来抵销关税和运输费。然而这并不是总能行得通，因为它可能被进口国视为倾销，从而征收反倾销税，使预期的价格优势化为泡影。

（2）改变产品的制造形式，即把原料运到进口国，在当地分装，就可以按较低的税率缴纳关税，降低产品成本。

（3）在国外建厂生产，以保持在海外市场上的竞争能力，减少价格升级的影响。缩短分销渠道也可能使价格得到控制。不过，无论国际国内市场，取消分销商，虽然渠道缩短了，但市场经营的功能却无法取消，因此营销成本不一定能够降低。

三、国际市场销售渠道策略

医药企业只要熟悉本国销售渠道的知识，那么对国际营销中所能使用的销售渠道类型也就有了一个基本认识。国际销售渠道的特别之处不在于结构上的选择，而在于那些影响渠道决策的经营与市场因素的变化。

（一）国际渠道决策考虑因素

医药企业在进行国际渠道决策时必须考虑以下四大因素。

（1）有无分销商可以利用。

（2）为取得分销商的服务需要多少费用。

（3）分销商应承担哪些义务（以及效率如何）。

（4）制造商对分销商可以进行控制的程度。

国际市场营销中可利用的渠道可分为两大类：国内渠道和国际渠道。销售渠道和分销商的种类很多，这里不再赘述。

（二）影响国际销售渠道选择的因素

影响国际销售渠道选择的因素有以下几项。

1. 成本

分销渠道的成本有两种：一是开发渠道的成本，即投资成本，另一种是维持渠道的连续成本。后一种成本可能是维持公司销售力量的直接开支，也可能是经销商品的各个分销商的毛利、加成或佣金。国外成功的经验是由经营药品的公司将产品直接销售给外国一家拥有自己分销渠道的经销商。

2. 资本要求

如果企业建立自有销售渠道，使用自有销售力量，通常需要很大的投资。利用独立分销商可减少现金投资，但生产企业必须在寄售时提供期初存货，提供货款等。

3. 控制

建立自有销售力量虽然会增加成本，但却能保证企业对销售渠道最大限度地控制。随着销售渠道的延长，公司对价格、销售额、促销方式等的控制会逐渐减弱。有些企业放弃了对中间渠道的控制，有些企业却深入地参与国际营销，加强对渠道的控制，结果更熟悉市场且增加了销售额。

4. 覆盖

覆盖的要求包括：获取每一市场所能获取的最佳销售额；获取合理的市场份额；取得满意的市场渗透率。为了实现足够的市场覆盖，分销系统必须随着国家或时间的不同而有所改变。许多企业并不奢求对市场充分覆盖，而侧重在人口稠密区提高市场渗透率。

5. 特性

企业选择的销售渠道必须符合企业产品及目标市场的特性。有些产品具有明显的特点，如是否易污染、体积大小、销售是否复杂、是否需要销售服务、产品价值高低等。

6. 连续性

即销售渠道的寿命问题。一般而言，大多数分销商（批发、零售）并不在意经营上的连续性，前提是能否盈利，否则就会拒绝。因此，企业应尽力在分销商中树立商标信誉。

在建立销售渠道的总体战略过程中，要认真调整、平衡以上六个因素，使之协调一致，建立起一个经济、有效的分销系统。国外经验表明，销售渠道的建设是国际营销中最艰难的任务之一。

在国际市场中，应根据营业额、财力、管理的稳定性和管理能力、业务性质和信誉等四个标准来选择分销商。当分销商一旦选定，就要用合同形式确定下来，并努力调动分销商的积极性：物质鼓励、精神鼓励、通信联系、公司支持和共同协调。

对于分销商，企业应认真考核绩效和加以控制。绩效标准包括：销售额、每一目标市场的市场份额、存货周转率、每个地区的客户数目、增长目标、价格稳定目标、广告宣传质量等。控制通过掌握以下情况实现：销售额、市场覆盖面、提供何种服务、价格、广告宣传、付款情况、利润额等。

当然，如果企业发现失去对某个分销商的控制，而该分销商的经营不符合公司的最大利益，那么就应该立刻终止同该分销商的关系。

四、国际市场促销策略

国际市场促销活动是国际市场营销组合因素中的一项基本内容。为满足消费者需求而研制出来的一种产品，经过适当定价，然后投放市场，这时就需要让那些潜在的消费者知道市场上已经有了这种产品，并向其介绍这种产品的使用价值。国际市场促销组合与国内市场促销组合一样，包括广告、营业推广、派员推广、公共关系四个要素。它们目标一致，彼此互相补充。

（一）国际市场促销策略的制定

国际市场促销策略的制定包括五个下述步骤。

（1）依据市场情况制定出促销组合要素（即广告、派员推广、营业推广等因素的混合）。

（2）确定对世界各地的促销业务实行标准化的程度。

（3）确定最有效的广告主题。

（4）选择有效的广告媒体。

（5）建立必要的管理制度，从而有助于实现国际市场营销目标。

国际市场促销活动的基本原则和概念与国内的促销活动没什么差别。与国际市场营销活动的其他方面比较，促销活动在世界各地所呈现的相似之处最多。但同时，促销所涉及的与文化背景有关的独特的问题也最多。因此，如何使促销战略适应世界各地市场的文化差异乃是国际市场营销人员所面临的最需要解决的复杂课题。

（二）广告

广告是国际市场营销活动的一个重要手段，但其重要作用会因时间、地点、企业而异。有必要将广告的可能费用和所起的作用与促销组合或市场营销组合中的其他因素的费用和效益进行比较。对广告也要像对其他战略手段一样，只有当它能够经济有效地为实现公司目标发挥作用时，才可以采用。

由于各个国家的经济发展水平和民族文化习惯不同，所以各国政府和民众对广告的态度也有差别。因此，必须首先了解各国在语言文化、法律等方面的限制，以利于扬长避短。

有些国家对广告的管制比较严格，因此，做广告要根据不同国家的情况创造性地因地制宜。例如，在德国，法律禁止在广告中使用比较的手法，不能含有贬低另外一种商品的语言。在意大利，甚至连"除臭""排汗"这类普通的字眼也不能在广告中出现。

语言的限制是阻碍广告有效传播信息的主要因素。困难在于不同国家使用不同语言，甚至同一国家内也有不同的语言。此外，还有语言上外人难以掌握的细微差别和方言问题。例如，马戏扑克在英语中为"最大限度的呕吐"（MAXIPUKE）；"芳芳唇膏"（FANGFANG）在英语中为"毒蛇的牙"等。

另外，广告的语言抽象、简洁、精练，是广告的最大优点，但对翻译人员来讲却是难题。因为文化传统、教育水平方面的差异很大，即使是对一句话或一个简单概念的理解也不尽相同。

对于国际市场营销人员来说，如何适应不同文化已经是老生常谈的问题了。了解各种颜色的不同象征意义也是国际市场营销工作的一部分。白色在欧洲是纯洁的象征，在亚洲却通常与死亡联系起来。如果知道了颜色在各种文化中的象征意义，那么市场营销人员在使用颜色时就可以选择得当。在充分考虑了国外市场与国内市场在广告方面的差异后，运用与国内相类似的制订广告策略的方法，在比较经济性和可行性后，就可确定国际市场促销中的广告策略了。

（三）营业推广

除了广告、派员推广和宣传报道以外，任何鼓励消费者（用户）购买产品、提高零售商和分销商推广能力并改善其合作态度的市场营销活动都属于营业推广的范畴。

简言之，收款时去掉零头、在商店里进行送样品、发优待券、搭卖商品、发行彩票、举办音乐会和商品交易会等特别的活动，以及零售店的橱窗布置等，都是国际市场促销手段中营业推广的种种手段。

在那些由于媒体的限制而难与消费者相沟通的市场上，营业推广就会显示出它独特的作用。在某些不发达的国家，营业推广活动在农村和偏僻地区是促销活动的主要组成部分。例如，在拉丁美洲的一些地区，百事可乐和可口可乐公司都采用"游艺巡回车"推广产品。这种车每到一个村庄，就演出电影或搞其他娱乐活动。只要在零售商那里买一瓶没有打开过的饮料，就可以入场观看。零售商在得知巡回车将要到来就会更多地进货。

与做广告一样，营业推广活动成功的关键之一是能否因地制宜？有些国家的法律对发放彩券或免费纪念品加以禁止，对折扣的数量加以限制，规定一切营业推广活动，必须获取许可。一般来说，当企业受外界条件的限制而不能充分运用广告手段时，营业推广就能起到替代作用。

（四）人员推广

由于国际市场竞争激烈，国外营销人员在促销方面的作用越来越明显。企业为了完成既定的营销任务，必须使国外市场的营销人员负起直接责任。任何一级的营销人员都有以下三个来源。

（1）公司所在国。

（2）公司业务所在国。

（3）第三国。

当国际营销活动只处于一个或几个国家只需要有一名营销人员的水平时，由本国外派营销人员是合理的。而现在，在同一市场上就需要上百名营销人员。营销队伍如果全由国内外派，不仅要动用大量经费，而且实际上是不可能的。

如果企业产品的技术性很高，或销售工作需要大量的背景知识和应用知识，那么由公司外派人员组成营销队伍恐怕是上策。派驻国外的营销人员可能受过较多的技术培训，对企业及产品情况比较熟悉，企业对其忠诚程度和办事能力早就了解，这是有利之处。但缺点是成本高，有文化和法律方面的障碍，缺少愿意长期在国外工作的高水平人才。因此，只要有可能，应尽量利用销售国或第三国人员作为公司的营销人员。由他们与国外市场的中间人和公众进行最直接的交易。

建立一支干练的国际营销队伍，既有助于企业产品在国外市场顺利销售，也是企业综合实力的体现。然而要建立一支高效能的营销队伍，就必须对外派人员及其家属进行谨慎的招募、挑选、培训、鼓励和酬偿，以保证企业的人员投资得到最大的收益。使国际营销队伍保持高效率的最实际的办法是在人员培训的各个阶段以关心的态度仔细地规划，调动营销人员的积极性，促进企业产品的销售。

此外，企业在国外市场营销产品时，还应充分利用公关活动及宣传报道的作用。利用各种机会，在国外市场树立企业和产品的良好形象，增加公众对企业和产品的信任感，避免有意或无意的反公关行为，积极参与国际政治经济事务，为企业产品顺利进入国际市场打通道路。

致谢

完成书稿已经午夜时分，北京正是初夏季节，靠在座椅上，浅浅地品着茶，随机地翻阅着医药行业各种资料，回想 1999 年加入医药行业的情景，转眼我已从业 26 载，时光荏苒，令人唏嘘。

这个行业历经了数次的创新改革，一批一批的医药人为了自己的理想前赴后继地努力着，同为医药人，我们深爱着这个行业。在我的职业发展道路上得益于许多前辈、老师、领导的帮扶和指引，还有行业中许许多多优秀的同道，以及工作上的伙伴，他们都是我值得学习的榜样。新一代年轻的医药人正逐渐成为行业的中流砥柱，他们更是中国医药行业的未来。

行业中很多平台公司助推了医药行业的发展和企业之间的交流，乌镇健康大会、万舺会、西普会等不断地推动着工业和零售企业之间的融合，更有像"八点健康会"柏煜先生这样的行业义工，为医药行业的知识传播、品牌传播不断地付出和奉献。

一个行业的兴盛和发展一定离不开一群有情怀、有格局的行业引领者，他们一路披荆斩棘，在重压中前行，却从来无怨无悔。为此，我作为一个医药人，深感荣幸和自豪，继而时刻鞭策自己要保持"博观而约取，厚积而薄发"的心态。

在这本书即将出版之际，我还要特别感谢中国医药市场百人会的各位朋友，同时要感谢《E 药经理人》的谭勇总对此书出版的大力支持；感谢六力文化的继明总和姚丽萍老师，姚丽萍老师对本书提出了细致的修改建议；还要感谢复旦大学出版社的各位老师对本书规范的排版和审校，确保了文稿的质量。可以说没有他们的助力，这本书就不会顺利和各位朋友见面。同时，我更要感谢我曾任职过的医药企业，是这些企业为我的事业发展提供了职业沃土，是这些优秀的企业领导，用他们的智慧和勤勉以及百折不挠的敬业精神鼓舞着我一路前行。因此，各位读者如果有意从专业或是营销无论是深度还是广度交流，欢迎添加邮箱【hansonwht@163.com】随时联系沟通。

最后，我要感谢我的家人，是他们一路上默默的陪伴给了我莫大的包容和鼓励，也让我在学习和工作上始终保持积极心态，并富有生活乐趣。

王泓涛

2025 年 5 月于北京

参考文献

［1］ 关键. 新电商运营完全操作手册（第 2 版）［M］. 清华大学出版社，2024.

［2］ 张大禄，薛建欣. 药品营销策略与技巧实战［M］. 中国医药科技出版社，2007.

［3］ 大卫·科利尔，杰伊·弗罗斯特. 医药代表实战指南［M］. 季纯静，译. 电子工业出版社，2013.

［4］ 米基·C. 史密斯、E. M. 米克·科拉萨，格雷格·珀金斯，布鲁斯·西克. 医药营销新规则：环境、实践与新趋势［M］. 电子工业出版社，2019.

［5］ 安迪·法兰. 医聊：医药代表拜访指南（第 3 版）［M］. 电子工业出版社，2009.

［6］ 廖以臣. 市场营销教学案例［M］. 高等教育出版社，2012.

［7］ 孟韬，毕克贵. 营销策划方法、技巧与文案［M］. 机械工业出版社，2008.

［8］ 甘特·乌姆巴赫. 医药产品经理营销呈现［M］. 电子工业出版社，2015.

［9］ 唐燕，杨蒙莺，吴菁. 医药市场营销理论与实践案例［M］. 清华大学出版社，2022.

［10］ 盛德荣. 民族医药营销与品牌文化建设研究［M］. 中国言实出版社，2015.

［11］ Morgan Brown，Sean Ellis. 数据化运营：电商增长黑客指南［M］.

李海芳，译. 中信出版社，2020.

[12] 菲利普·科特勒. 营销管理（第 16 版）[M]. 中信出版社，2024.

[13] 邱家学，席晓宇. 医药管理统计学 [M]. 中国医药科技出版社，2015.

[14] 丛淑芹. 医药市场营销实务 [M]. 山东人民出版社，2016.

[15] 彭崇胜. 中医药与中华传统文化 [M]. 上海交通大学出版社，2017.

[16] 申俊龙，王高玲. 中医药管理学 [M]. 科学出版社，2017.

[17] 董贾寿. 医学器材与管理 [M]. 西南交通大学出版社，2006.

[18] 秦勇，张黎. 医药市场营销：理论、方法与实践 [M]. 人民邮电出版社，2018.

[19] 徐祝封，付元秀. 药品营销与管理 [M]. 第四军医大学出版社，2007.

图书在版编目(CIP)数据

药界营销密码:数字时代 OTC 的出路/王泓涛著.
上海:复旦大学出版社,2025.8. -- ISBN 978-7-309
-18102-9

Ⅰ.F763

中国国家版本馆 CIP 数据核字第 2025P9E788 号

药界营销密码:数字时代 OTC 的出路
YAOJIE YINGXIAO MIMA:SHUZI SHIDAI OTC DE CHULU
王泓涛 著
责任编辑/王雅楠

复旦大学出版社有限公司出版发行
上海市国权路 579 号 邮编:200433
网址:fupnet@ fudanpress.com http://www.fudanpress.com
门市零售:86-21-65102580 团体订购:86-21-65104505
出版部电话:86-21-65642845
常熟市华顺印刷有限公司

开本 787 毫米×1092 毫米 1/16 印张 24.25 字数 360 千字
2025 年 8 月第 1 版
2025 年 8 月第 1 版第 1 次印刷

ISBN 978-7-309-18102-9/F · 3119
定价:96.00 元